U0720022

中國古代地理總志叢刊

讀史方輿紀要

十二

〔清〕顧祖禹撰
賀次君 施和金 點校

中華書局

江西第八

按江西當吴、楚、閩、越之交，險阻既少，形勢稍弱，然觀其大略，固亦四出之疆也。是故九江雄據上游，水陸形便，足以指顧東西，非特保有湖濱而已。嗟乎！得失之機，存亡之故，苟非智者，難與深言也。

江西古揚州地，漢領以揚州部刺史，唐隸江南道，後分爲江南西道，宋置江南西路，元設省及江西湖東道，今爲江西等處承宣布政使司，治南昌。左右布政使一，清軍一。左右參政三，分守二，督册一。左右參議三，糧儲一，分守二。領府一十三，州一，縣七十三。總爲里九千九百五十六里半，户一百五十八萬三千九十七，口七百九十二萬五千一百八十五。夏秋二税共米麥八萬八千五十九石五升八合三勺，秋糧官民米二百五十二萬八千三百五十五石八斗二升，絲八千二百三觔，絹一萬一千五百二十六匹，布一千三百四十一匹，鈔九千九百七十九錠。

江西都指揮使司，隸前軍都督府。指揮三，掌印一，僉書二。會昌、鄱湖守備二，領衛三，屬所十五。守禦千户所十二，百户所一，本都司屬舊有馬步官軍一萬一千七百員名，儀衛司二。

提刑按察使司，按察使一，副使六，提學一，清軍、驛傳二，兵備三。僉事七，分巡五，屯田二。分道五。

巡撫都御史一，駐南昌。提督南、贛等處軍務都御史一，駐贛州。巡按監察御史一，或清軍一。駐南昌。

王府：二。淮府，仁七，封韶州，徙饒州。郡，十：永豐，清江，南康，德興，順昌，崇安，高安，上饒，吉安，廣信。益府，憲五，封建昌。郡，三：崇仁，金谿，玉山。

江西輿圖補註

一、彭蠡，在南康府東南，北連九江府，東九十里流入大江。

一、潯陽江，即岷江也，自湖廣黃州流入九江府境，繞府城北而東下四十里合彭蠡水，又東北流入安慶府宿松望江縣界。

一、廬山，在九江南二十五里，南康西北二十里，九江在其陰，南康在其陽，峰巒奇秀，壁立千仞，盤亘五百餘里，實東南之名鎮。

一、圖中諸山有圖載而志不載者，識以訂訛。

江西輿圖

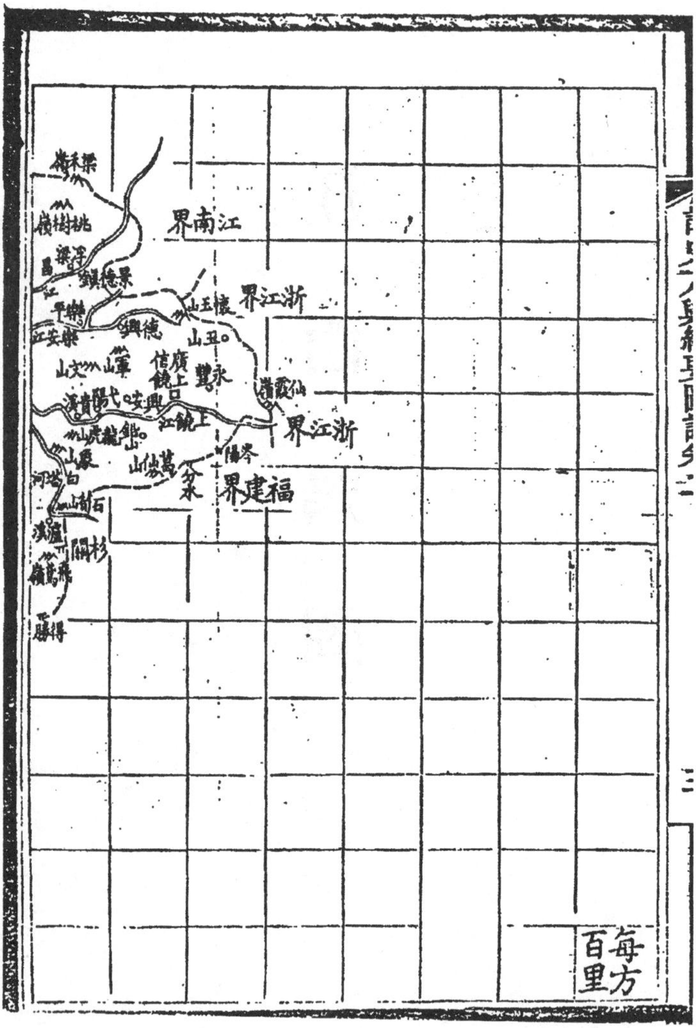
江南界
浙江界
浙江界
福建界
每方百里

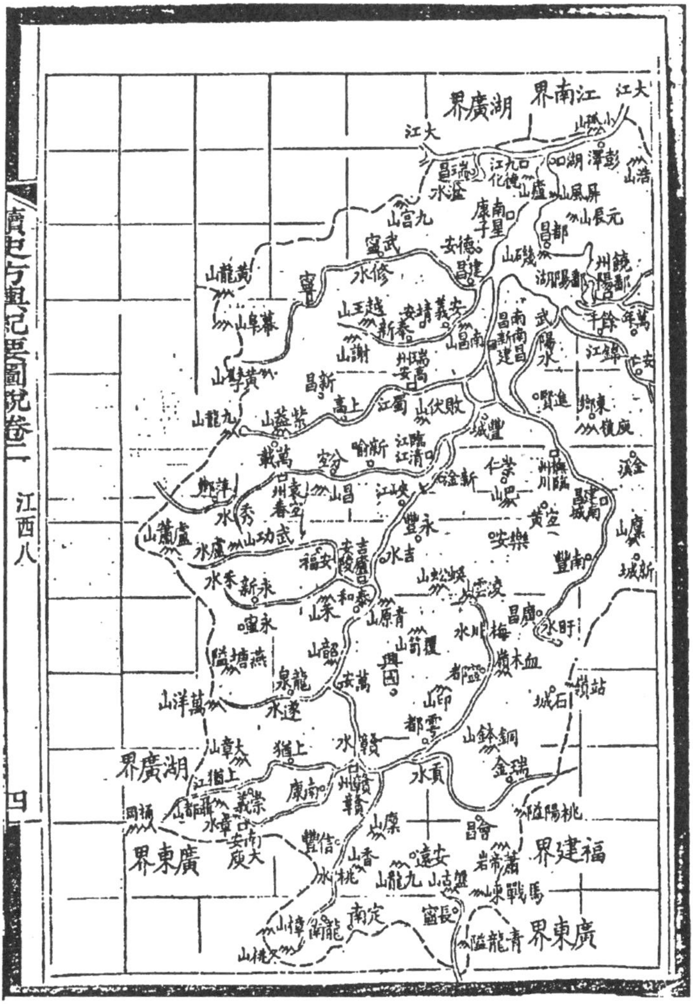
讀史方輿紀要圖說卷一
江西八
四
江南界
湖廣界
大江
福建界
廣東界
湖廣界
廣東界
贛水

道	五	府十三	州一　附郭	并外縣七十三		衛	所
南昌道，	巡撫，巡按。西湖南平江界四百九十里，至京師四千一百七十五里。	南昌，漢豫章，洪州、隆興府。煩，上。州一，縣七。米五十萬石零。南昌控扼江、湖，三楚重輔，誠水道之都會也。山險 鷄龍山，府西南，盤旋竦秀，下枕大江，爲一方之望。几山，府東北百四十里，屹立鄱陽湖中，峰巒高秀。吉州	南昌，見上。五百九十三里。新建，晉宜豐，或西昌。穴，上。二百十四里。	豐城，漢南昌地，或富城、廣豐、富州。衝。三百九十里。府南百六十里。進賢，晉鍾陵，或鎮。盜，刁，中。百四十里。府東百二十里。奉新，新吳。穴，上，陸衝。二百八十里。府西百二十里。	靖安，場。民貧，簡，中。府西北百六十里。武寧。漢海昏地，或豫寧、西安。中。五十四里。府北三百二十里。水道 武揚水，府東南三十五里，源出南豐，流經建昌，支流達豐城東北爲武陽渡，北入宮亭湖。蜀水，	南昌前，南昌左。	

山，府北百八十里，居民數十家，相傳秦時移此。百丈山，奉新西百四十里，馮水倒出，飛下千尺，故名，又其勢出羣山，亦名大雄山。葛仙山，靖安西北四十里，四面險阻，人跡罕到。登高山，奉新治北，一名龍山，其頂平坦。旌陽山，寧州東，隔水，山勢壁立，横截水口，上

寧州。漢艾縣，或武寧。僻。八十七里。府西三百六十里。米二萬石。

附考

艾城，寧州西百里。

太祖曰：「南昌衿江帶河，控荆引楚。」

府西南六十里，一名筠河，自瑞州高安縣東流入南昌境，與章江合，當即瑞州之蜀江。修水，寧州西六十里，源出幕阜山，東流六七百里入彭蠡湖，以其流長而遠達章江，故名。

有旌陽觀。

東南昌新建界五十五里，西袁州萬載界百八十里。

瑞州，漢建城縣，或靖州、筠州、高安郡。奸頑，訟，中。縣三。米二十二萬五千石零。

府境山川環繞，森列郡中，爲襟要地。

高安，或華陽、雲棚。煩，上。二百八十六里。

山險

鳳嶺山，府西北十里，唐應智項屯兵處，嶺勢峭拔，望之如鳳。敗伏山，府南百里，陳武帝破賊於此。蒙山，上高南三十五里，上有多寶峰及上、下兩洞。末山，上

上高，上高鎮。僻，中。百六十七里。府西南百里。

黄岡山，新昌西八十里，山勢竦秀。又縣西北九十里有八疊山，縣東北七十里有北嶺，形如屏幛，縣北六十里有西嶺。

新昌。或鹽步鎮、康樂縣。僻，刁悍，中。百三十三里。府西百二十里。

水道

蜀江，源出袁州萬載縣龍河渡，流至上高滕江，合新昌淩江，歷郡城而東，匯於南昌之象牙潭而入章江。華陽水，府西南百里，源出新喻界，流入蜀江。

有旌陽觀。

高西六十里，東與九峰山相連。

鹽溪，源出寧州，逕新昌淩江口入上高，東流合蜀江。

湖東道，

分巡僉事。東浙江衢州府玉山縣界百二十里，南福建建寧府崇安界百六十里。

廣信，信州、上饒郡。民淳，訟簡，中。縣七。米十三萬三千石。府當吳、楚、閩、越之交，爲要衝之會。山險靈山，府西北八十里，山有七十二峰，巖石高峻。龜峰，弋陽南二十五

上饒，漢鄱陽地。頗淳，煩，上。百十二里。龍虎山，貴溪西南八十里，山峰峭拔對峙，如龍昂虎踞，即張真人所居也。鉛山，鉛山縣西南七十里，産銅、鉛。仙巖，貴溪南，去龍虎山二十里，峰巒削立，高出雲表，有

玉山，隋信安，須江。衢，煩，上。五十九里。府東百里。弋陽，葛陽。煩，上。七十四里。府西北二十里。貴溪，漢餘汗地。刁頑，煩，上。二百十二里。府西北九十里。

鉛山，鉛山場，或爲州。衝，煩，上，近淳。五十七里。府南八十里。永豐，本上饒地。盜，僻，簡，下。六十七里。府東南四十里。興安。嘉靖中置，本上饒、弋陽、貴溪地。二十里。府西

廣信，鉛山。

里，有三十二峰，植如笋，峭不可攀，中有一峰如龜，又有層樓吐納雲氣，可驗晴雨。寶峰山，弋陽南三十五里。

二十四巖，皆嵌空靈異。鬼谷洞，貴溪南八十里鬼谷山中，可容千餘人，入者必以燭。水簾洞，貴溪南八十里，可容千人，洞口泉水懸崖而下。

水道

上饒江，府城北，上流會諸溪，下經弋陽、貴溪流入饒州府境。葛溪，弋陽東七十里，源出靈山，下流入饒州府。弋陽江，源亦出靈山，經弋陽縣，亦名弋溪，合葛溪入貴溪縣南之薌溪，亦曰貴溪，下流入饒州府。

八十里。

信義港，弋陽東二十五里，源出福建邵武府，下流入葛溪，其旁土地膏沃，人多信義，因名。永豐溪，出福建建寧府界，經永豐下流合玉山東五里之玉溪，入上饒境。

東福建邵武府光澤縣界二百十里。

建昌，漢南城縣，或建武軍。險，上上。縣四。米十一萬石。

府咽喉五嶺，襟帶三吳，山清水秀，爲江表之望。

山險

麻姑山，府南十里，澗谷幽勝。劍山，府東八十里，高數百仞，有數百峰。日山，新城治西，隔溪，形勢峭拔，其頂有井，深不可測，

南城，或臨川郡，又東興、南豐、永城縣。淳，上。二百五十里。

水道

盱江，源出廣昌南百二十里血木嶺，流六十里爲盱水，又二十里爲巴溪，又十五里爲小勳溪，又七十里至廣昌縣前，又三十里入南豐境，東北流百餘里，至府城東南會新城縣飛

新城，本南城地。淳，中上。七十八里。府東南九十里。

南豐，同上，或州。淳，簡，中。百二十三里。府南百二十里。

廣昌，宋置。簡，糧輕，下。二十三里。府西南二百四十里。

瀘溪。萬曆七年置，本南城縣瀘溪巡檢司。

建昌。

鄉人稱爲日岫海門。東嵒山，新城東四十里，巖石疊出排空，與日山相望。軍山，南豐治南，吳芮攻南粵時駐此。金障山，南豐西南百里，盤百餘里，高十餘里。

猿水，又東北流九十里入撫州境。冰壺水，新城西四十里，源出福建太寧界，水之西有神山。

北南昌進賢界九十里，西吉安永豐界三百二

撫州，吳臨川郡，或昭武軍。煩，頗難，上中。縣六。米三十一萬石零。

臨川，臨汝、西平、西豐、定川。訟，煩。四百四十里。

水道

汝水，其源接盱

崇仁，新建、巴山。僻簡，上中。二百二十四里。府西百二十里。

金谿，本上幕

樂安，興平、巴山。二百十六里，府西南二百四十里。

東鄉。正德八年置，簡，僻，

撫州。

十里。

府界江湖之表，襟閩、粵之疆，稱形勝地。

山險

羅山，崇仁西，跨撫、洪、吉之境。旨山，府西南。石門山，府南，兩峰如門，垂流數丈，有石可坐千人。

江，流經金谿南，曲折行百餘里，東流合豫章水，其上流之分派，自千金陂西南至郡城東，抱城而北，合崇仁、宜黄二縣溪水流至南昌界，合豫章水入鄱陽湖。鰲溪水，出崇仁南百里之芙蓉山，東流至樂安治南，又西流而入贛水。

鎮。僻，煩，中。二百八十三里。府東南百十里。

宜黄，吳置。僻，刁，中。六十五里。府西南百十里。

下。二百二十一里。府東七十里。

湖西道，

分巡僉事。南贛州贛縣界二百八十里，北臨江新淦界百四十里。

吉安，漢廬陵郡，後安成、吉州。縣九。米四十萬石。府咽喉荊、楚，贛江上遊。山險螺山，府北十里，下臨贛江，與府南十里神岡相對。香城山，府南四十里，中有一峰尤奇秀。青原山，府東南十五里，旁有一徑，縈澗而入。方田嶺，府南百里，層巒疊

廬陵，石陽。訟，煩。六百三里。

西平山，萬安東八十里，峻巖懸削，惟東面平坦，梁水出焉。秋山，永新西四十里，亦名禾山，有七十二峰，溪水出其中。綏原山，永新南四十里，其趾六十里。城頭嶺，太和西十里，上有獅子寨，下有蛟穴。聖嶺，永豐南

太和，西昌，石城省入，或南平州。沿江，衝，煩，上。三百五十五里。府南八十里。

吉水，吉陽地。淳樸，沿江，衝，煩，上。四百二十一里。府北四十里。

永豐，吳陽城。僻居山谷，中，刁。三百二十五里。府東百二十里。

安福，漢安平，安成、平都，或

龍泉，吳新興，或泉江。僻居山谷，刁，中。六十七里。府西南二百七十里。

萬安，晉遂興，五雲驛。衝，上。九十二里。府南百八十里。

永新，廣興。僻居山谷，刁，中。百八十三里。府西二百里。

永寧。本永新地。簡，下。四十二里。府

吉安，龍泉，永新，安福。

嶂，宋文天祥爲元兵追敗處。郭山，永豐東八十里，連三縣境，棧道崎嶇，行七八里有平田數百頃。武功山，安福西百里，根盤八百餘里，跨吉、袁二郡，亦名葛仙峰。高峰山，安福西二百二十里，路峭險，人跡罕到，上有龍潭。錢塘山，龍泉東南六里，山壤沃衍，有徑

三十里，上有井，舊有土城，周數里。

水道

盧江，吉水南，源出永豐縣，合上盧、中盧之水，西流爲盧源，又西北流爲盧陂，灌田數萬頃，又北合縣南之義昌水。恩江，永豐東南，合龍門江，經吉水入贛江。府境遠近溪水，總達於贛江。

穎州。煩，刁，中。二百十七里。府西百二十里。

禾水，太和西五十里，一名旱禾江，縈流合永新江，又合安福江，至府南神岡山合贛江。瀘水，安福城北，出縣西二百二十里盧蕭山，東流合縣之王江，又東合毛停水，合禾水而入贛江。

西二百八十里。

附攷

白石城，太和西南五里，陳杜僧明擒李遷仕處。相公坪，吉水北，彭玕作亂，置堡於此，可容數萬人，倉庫之跡尚存。牛羊寨，龍泉西，宋建炎時縣令趙迪築。張欽寨，吉水北九十里。張欽，楊吳將，與彭玕對壘之所也。

通南康。石含山，龍泉西百五十里，延袤數百里。蕉源山，萬安東四十里，山形尖峭，樹木森茂，産鐵，一名東溪。

東南昌豐城界八十里，西袁州分宜界七十里。

臨江，秦九江郡，宋臨江軍。訟，煩，衝，劇，上中。縣四。米二十三萬石。府居四會之衝，而山川名勝，尤稱冠冕。山險

清江，漢建成，或高安、蕭灘鎮。沿江，煩，上。二百五十三里。小廬山，新淦東北六十里，周數百里，上有石池及石泉。玉笥山，新淦

新淦，秦縣，或巴丘。沿江，煩，上。二百二十五里。府南七十里。新喻，或西吴州。僻，簡，中。二百六十七里。府西百二十里。

峽江。嘉靖五年置。百八十里。新淦南八十里之峽江鎮。蛇溪，在府東，源自臨江鎮之下五里，分江水爲溪，五十里至蛇溪復與江合流。蕭水，

西湖廣長沙醴陵界二百四十里，東臨

閣皂山，府東六十里，形如閣，色如皂。府西三十五里有棲梧山，亦名勝處也。

袁州，宜春郡。縣四。米二十一萬石。府山川回合，稱江右奥區。

南六十里，峰巒岊谷，極爲幽勝。銅山，新喻西二十里，舊有銅礦。蒙山，新喻北七十里，巉巖奇秀，高插雲漢。其相連又有寶珠嶺。仰天岡，新喻西北十五里，高聳數千仞。

宜春，漢縣，晉宜陽。民淳，簡，中。百四十八里。

水道

袁江，源出袁州府，流合渝水入府南十里之清江。淦水，府南三十里，經府東之紫淦山入清江。泥江水，一名泥溪，在新淦南，源出撫州樂安，流二百里入清江。

分宜，本宜春地。淳，簡，下。百十九里。府東八十里。

源出棲梧山，經府西十里至南昌境入江。府境諸水大小悉達清江。

萬載。漢建城地，或陽樂、康樂。僻，中，刁。百四里。府北八十里。

袁州。

江新喻界百五十里。

山險

震山，府東二十里，一名馬鞍山，下有巖，幽冥深險。石屋山，府西北二十里，洞深百餘丈。蟠龍山，府南二十里，自大路至山頂凡三十六曲，上有寺，四面峭拔。仰山，府南六十里，周數百里，高萬仞，可仰不可登，因名。其南十里有木平山，高秀相

昌山，分宜西二十里，崇山對峙，下瞰秀江，中有巨石，横流湍激，又名昌山。峽鍾山，分宜東十里，有石臨江，亦名鍾山峽。九疑山，萍鄉東七十里，連帶九峰，一名仙鶴嶺。武功山，萍鄉東百二十里，宋趙扆平洞寇於此，因名。見吉安府。大軍嶺，府西北九

萍鄉，本宜春析置。山阻。百二十里。府西百四十里。

水道

秀江，府北，源發武功山，流經府西十五里爲稠江，至此爲秀江，下經分宜入臨江境合章江。龍江，萬載北五里，源出縣西百二十里爲金鍾湖，下流入瑞州境。羅霄水，源出萍鄉東南四十里羅霄山，分二派，

似。石門山，府南六十里，石峭如壁，中有小徑通。

十里，世傳爲隋末戰場。聖岡嶺，萍鄉東五十里，衆山透迤，望之蒼翠，晉甘卓築壘其上。萬勝岡，府東五里，相傳柴再用敗劉景崇處。

西流入醴陵境，東流即秀江也。

九江道，

兵備副使。東浙江開化界三百七十里，北南直池州建德界百七

饒州，秦鄱陽縣，或吳州、永平軍。訟，刁，煩，上。縣七。米二十一萬三千石。府據大江上流，廣谷大川，號爲吳、楚重地，

鄱陽，漢置。衝，煩，上，多湖。三百二十一里。

餘干，古干越，漢餘汗。多盜，衝，中。百五十四里。府南百二十里。

樂平，樂安地。多盜，衝，訟，阻山。二百四十里。府東百

德興，本樂平地。僻山谷中。七十二里。府東百四十里。

安仁，晉晉興。衝，近淳，上。八十二里。府南二百十里。

饒州。

十里，西南康都昌界百六十里。

肥饒多湖澤，而鄱陽其最也。

山險

郭璞山，在府東和南鄉，盤亘五十里，崇高百仞，峰巒峭拔，高出羣山。萬春山，餘干東七十里，二峰峭拔，中有天池。康郎山，餘干西北八十里，濱鄱陽湖，一名抗浪山，即明初與陳友諒戰處。

石城山，樂平東南六十里，仙人城，怪石縈結十餘里，中有崆洞。軍山，樂平東六十里，山勢崇高，唐末鄉兵保此捍寇。文山，樂平東南七十里，山石磅礴，亘連廣信、弋陽、貴溪縣，多幽險，今設官鎮之。鳳遊山，樂平東北八十里，山勢磅礴，爲徽、饒間巨鎮。九

二十里。

浮梁，唐新平、新昌。上。百十四里。府東百八十里。

水道

鄱江，府南，會德興、浮梁及徽州、廣信諸水，流經城南，環城至西北復分爲二，入鄱陽湖，亦名雙港水。樂安江，出徽州，經德興會諸水入鄱江。錦江，一名安仁港，源

萬年。正德七年置。下。六十四里。府東南百二十里。

昌江，浮梁南，西流會諸溪經此下入鄱江。康郎湖，餘干西七十里，即鄱陽湖，流經德興入樂安江。白塔江，安仁東，源出廣信龍虎山及撫州金谿縣，合流入錦江。大谿，德興北二十里，源出徽州婺源縣，流至

英山，浮梁南五十里，甯穀據此以拒黃巢。大茅山，德興東南，千峰萬嶂，深林幽遠，爲一邑之冠。

出廣信，經安仁下流，經餘干入鄱江。東湖，府東，一名督軍湖，相傳吳芮習水戰處。

縣境會諸溪水，下流入樂安江。

鄱湖守備。東饒州鄱陽界二百里，西九江德安界六十里。

南康，南康軍。負山濱湖，地窄田少，事簡，中下。縣四。米七萬石零。府境控五嶺而壓三吳，匯岷江而豬彭澤，匡廬奇秀，復甲天下。

山險

星子，漢彭澤縣地。下，僻，民貧。二十八里。

山險

長山，建昌西南五十里，與龍安山相峙，李成軍於龍安山北，岳飛屯此，望其陣勢，遂

都昌，唐縣。地窄民貧，下。五十九里。府東百二十里。

建昌，漢海豐地。地惡人强，下。八十四里。府西南百三十里。

水道

落星湖，彭蠡湖

安義。正德十一年置。僻，下。四十六里。府西南二百二十五里。

盧山，府西北二十里，古名南障，其山疊嶂九層，崇峰九仞，周二百五十里，上有淩霄、獅子諸巖，皆奇秀，蓋南方巨鎮。白鹿洞、棲賢谷在盧山五老峰下。

邀之於棲子莊。回城山，建昌西五十里，中有高峰，俄然如城郭。城門山，建昌西八十里，山形對峙，遠望如城門，中有龍泉，溉田甚廣。兆州山，建昌西南二百十里，岸巘磊落，其形如兆，下多良田。又建昌西南三十里有雲山，山迂回峻極，常出雲，故名。

西北，湖有小山，相傳星墜水所化，陳王僧辯破侯景於落星灣，又隆佑太后過落星寺，舟覆，宫人多溺此處。修水，建昌治南，源出寧州幕阜山。已見南昌。

鈔關主事，兵備副使兼管安慶。西湖廣武昌興國州界二百里，東南直隸池州東流界三百里。

九江，秦九江郡，或潯陽、江州、湓城、奉化、定江軍。負山，沿江，民貧土瘠，淳奸相半，訟多糧少，水陸衝，上中。縣五。米十萬石。

府面名山，背大川，爲吳、楚咽喉，據江湖津要，湓城形勝，古爲烈焉。若夫彭蠡逼近大江，固亦東西之衝也。

德化，或柴桑、汝南、彭蠡縣、潯陽、湓城。裁，十六里。

山險

龍門山，府西南五十里，與駱駝山對峙如門。瑞昌西有清湓山，出湓水，經此二山入大江。大孤山，府東南，與建昌分界，四面洪濤，屹然獨聳。又有小孤山，在彭澤北。博陽山，德安南二十

德安，漢歷陵，或蒲塘場。簡，下。十八里。府南百五十里。

瑞昌，吳赤烏。簡，下。十三里。府西九十里。

馬當山，彭澤東北四十里，象馬形，橫枕大江，風撼浪，舟船艱阻，昔人謂山水之險，此爲第一。

水道

龍開河，府城西，源自瑞昌湓鄉

湖口，舊爲鎮。簡，衝，下。十七里。府東六十里。

彭澤。舊名，隋龍城，唐浩州。簡，衝。十八里。府東百里。

志云：縣西據彭澤，北灣海門，前控文筆之峰，後繞小孤之水，環連形勢，江右咽喉之邑也。

九江。隸南京前府。

嶺北道。	
提督軍務，兵備副使。東福建汀州界四百六十里，南韶州界	
贛州，晉南康郡，隋虔州，昭信軍。瘴，山險多盜，訟煩，衝甚。縣十。米七萬石。	
贛縣，漢名。淳，簡，上。百十二里。水道 虔化水，寧都境內，舊虔州以	里，古文以爲敷淺原，根盤三十里，奇峰疊秀，爲一邑重鎮。石門山，湖口治南，兩岸對聳，形如門闕，當雙石間，長流數丈。其相連有石鐘山、幞頭山，皆秀拔。
雩都，漢名。田少，地窄民貧，下，刁。十五里。府東百五十里。信豐，漢南野	東，由大江逆泛爲鶴問湖，便於舟楫，相傳龍所開也。
寧都，吳新都，又虔化。上。百十七里。府東北三百六十里。瑞金，象湖鎮。	
贛州。	
信豐，	

五百二十五里。

府廣川長谷，關鍵江湖，嶺海之樞，稱形勝焉。

山險

賀蘭山，府西北隅，其右隆阜突起，舊名文筆峰，其左綿亘爲白家嶺。崆峒山，府南六十里，章、貢二水夾此以北馳，爲郡之鎮山。記云：其頂有湖，湖有鯿鱧底，人動之風雨立至。淩雲山，寧都北二百里，高

此爲名。寧都水，出寧都，會散水、篔簹、曲陽、黃沙、長樂五水，經雩縣入貢水。綿水有二，一出汀州白頭嶺，一出瑞金陳石山，合流於瑞金東南入貢水。廉水，出安遠，會烏林嶺、紫欣山、上林等水，流至會昌境入貢水。瀲水，興國東北，一名平川，亦合黃田諸水入贛。

地。裁，簡，淳，中下。六里。府東南七十五里。

興國，瀲江鎮。中，刁。七十七里。府東北百八十里。

會昌，舊爲鎮。賊盜，裁，中。六里半。府東二百里。

安遠，本雩都地。巢賊盜，裁，簡。五里。府南三百四十里。

定南，本龍南、

裁，簡，下。八里。府東三百八十里。

龍南，唐百丈及虔南鎮。下。五里。府南四百十里。

石城，石城場。山多，聳嶼如城。裁，簡，下。九里。府東北六百四十里。

長寧。本安遠、會昌二縣地，萬曆四年置。四里。府東南三百四十里。

會昌。

東贛州贛縣界二百十里，南廣東南雄保昌界二十里。

萬丈。香山，信豐南七十里，有九十九峰。猶山，信豐西百二十里，山分九十九面。歸美山，龍南南三百里，左右高聳如關，一名神仙山。

南安，本贛地，宋南安軍。炎瘴，煩雜，訟野，糧少。或名橫浦。縣四。米二萬石。

府居江西上游，

三江水，龍南治後，乃桃水、渥水、廉水之會，流經信豐入贛水。

大庾，或鎮。裁，衝，簡，中。十六里。

羊嶺山，南康北三百里，西連蓮花山，峰巖泉石，亦極高

安遠、信豐三縣地，萬曆六年置。四里。府東南九十七里。

南康，本名南安。衝，刁，中，難治。三十一里。府東北百六十里。

上猶，或南安。負山多盜，裁，下。六里。府

崇義。本定南、南康、上猶三縣地，新裁，正德十四年置。下。七里。

南安。

爲交、廣咽喉，湖、湘襟帶，溪谷深險，驛送往來，蓋重地也。

山險

東山，府東，隔江一里，山勢特起。穀山，府東，高千丈，上有池。金蓮山，府北三里。西華山，府西三里，諸峰連亘。南原山，府西北，四面陡絶，飛瀑百丈，下有龍湫，深不可測。南聳。書櫃山，上猶西八十里，形如書櫃，一名大傅山，出美材。天柱峰，府東北四里，北有雙秀峰，皆挺拔。齊雲峰，上猶西百五十里。大庾嶺，府西南二十五里，磅礴高聳，南接南雄。初嶺路險阻，唐張九齡開鑿新路，兩壁峭立，中平坦，上多梅，亦名梅嶺，東北二十里。

水道

南江，府南門外，亦名聶都水，經城南迤邐入章江，一名橫江，亦名橫浦。南野水，南康治西，一名挑水，下流合蓮塘水入章江。縣前水，上猶縣治東，源自縣西，會北勝水、橫水、禮信水、料水、稍水，流經縣前，下入南野水。九十九曲水，源發

臺山，南康南五里，上有巖可容千人。畫錦山，南康西北百里，高十餘丈，盤亘三十里。雲主山，南康南百六十里，高數百丈，形如飛騎，亦名馬山，上有仙巖、仙池。

亦名梅關，官兵守之。猶石障，上猶西北二十里，聳拔中峙，衆山環拱，頂有深池。

上猶東北四十里，西南流合縣前水入章江，其灣九十九曲，故名。

湖廣第九

按湖廣居八省之中，地方廣大，山川險固，爲南北之要會，自古稱雄武焉。中原有事，必争之地也。是故襄、鄧其頭顱也，黄、蘄其肘腋也，江陵其腰腹也，保商、陝者存乎鄖陽，跨南粤者在於郴、桂，捍雲、貴者重在辰、沅，而大江制東西之命，五溪成指臂之形，三楚大略，蓋有可言者焉。志稱長沙、岳州之際，恒多水患，永州、寶慶之閒，頗苦苗夷，而永順、保靖諸蠻，嘗憂搆釁，則時異世殊，吾未遑深論也。

湖廣古荆州地，漢置荆州部刺史，唐初領以山南道，後增置山南東道，宋荆湖南、北二路及京西南路，元置省及江南湖北等道，今爲湖廣等處承宣布政使司，治武昌。左右布政二，左右參政四，左右參議五，領府十五，屬州十六，縣一百零六。總爲里三千四百七十六里半，舊户五十三萬一千六百八十六，口四百五十二萬五千五百九十。夏秋二税共米麥豆芝麻二百十六萬七千五百九十九石，絹二萬七千九百七十七匹，布七百五十匹，鈔一百七十五貫。

湖廣都指揮使司，隸前軍都督府。都指揮三，掌印一，僉書二。領衛二十六，屬所一百三十三，宣撫司

四，安撫司九，長官司十，蠻夷長官司五。守禦千户所二十六，宣慰司二。屬長官司八。又鄖陽行都司領衛七，屬所三十。守禦千户所八。本都司所屬舊有馬步官軍舍餘七萬一千六百餘員名。留守司一，儀衛司十一。

提刑按察使司，按察使一，副使十三，常鎮一，池太一，兵備二，撫民一，提學一。僉事六，分道七。

巡撫都御史一，駐武昌。提督一，提督軍務兼撫治都御史一，駐鄖陽。平蠻將軍總兵一，巡按監察御史一，或清軍一。駐武昌。

王府：八。楚府，高六，封武昌，護衛一。郡，十三：巴陵，永安，壽昌，崇陽，通山，通城，景陵，岳陽，江夏，東安，太冶，保康，武岡。遼府，高五，封廣寧，徙荆州，二千石。郡，十九：興山，灊山，宜都，松滋，益陽，沅陵，湘陰，衡陽，應山，宜城，枝江，長垣，麻陽，衡山，蘄水，長陽，光澤，廣元，句容。岷府，高十八，封岷州，改雲南，徙武岡，千五百石。郡，十四：鎮南，南渭，江川，黎山，安昌，沙陽，唐年，江陵，南豐，善化，建德，漢川，長壽，遂安。襄府，仁五，封長沙，改襄陽，護衛一。郡，四：棗陽，陽山，鎮寧，光化。荆府，仁六，封建昌，改蘄州，護衛一。郡，六：都昌，都梁，樊山，富順，永新，永定。吉府，英八，封長沙。郡，一：光化。榮府，憲十二，封常德。郡，五：福寧，惠安，永春，富城，貴溪。華陽，蜀獻澧州。南渭，岷莊六，永州。景府，肅二，封德安，國絶。

湖廣輿圖補註

一、漢江，由漢中府流經鄖陽，至均州光化，過襄陽北，又東南經宜城入承天西，其上至襄陽七百里，下至沔陽亦六七百里，去荆門東九十里名滄江，過潛江名沔，自沔陽入漢陽，至大别山入江，所謂漢口也。

一、大江，自四川夔州流入荆州之歸州、夷陵、宜都及公安、石首，東經岳州，西下流合洞庭諸水，至臨湘入武昌嘉魚境，過府西及漢陽東南，又北爲烟波灣，流四十里，至黄州而東，過蘄水，入江西，謂之九江。

一、武水出臨武之西山，下經縣南，東流至郴州宜章縣，合大、小二章，入廣東韶州界。

一、湘水，源出廣西興安縣海陽山，流經永州北，去城十里，至湘口，瀟水合流，經衡州東北入長沙，環城而下入洞庭。志曰：水自海陽山西北流，至分水嶺爲二流，流而南者曰灕，流而北者曰湘，有灌水會焉，在永州合瀟水曰瀟湘，在衡陽合蒸水曰蒸湘，在沅江合流曰沅湘，會四水以達洞庭。

一、耒水，出桂陽縣南五里之耒山，西流合資陽水，又北會郴水入衡陽，至耒口入湘。

一、舂水，出道州寧遠之舂陵山，東流至藍山界，東北至桂陽北會歸水，北至常寧入湘。

一、清江，一名夷水，自紹慶發源，繞施州衛而東，入荆州長陽縣南，至宜都合大江。

一、沅江，源出四川播州，經辰州西南，酉水、辰水皆入焉，流經常德南至龍陽北入洞庭。

一、資江有二，一出溆浦，一出新寧，至武岡合流東下，經寶慶，至益陽西南，過沅江入洞庭。

湖廣輿圖

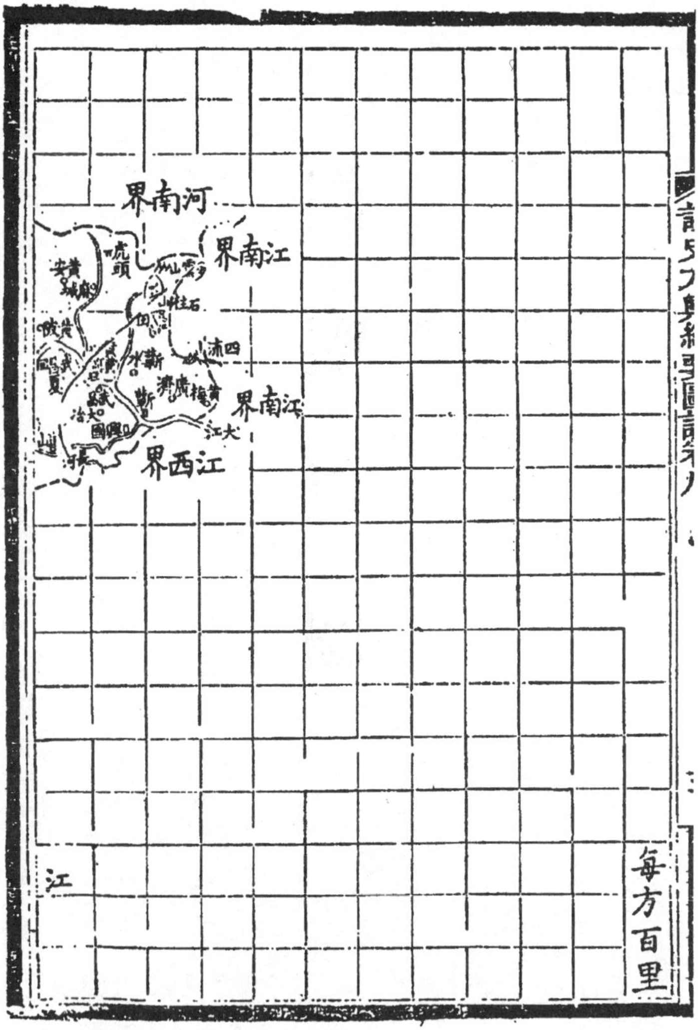
河南界
江南界
江南界
江西界
大江
江
每方百里

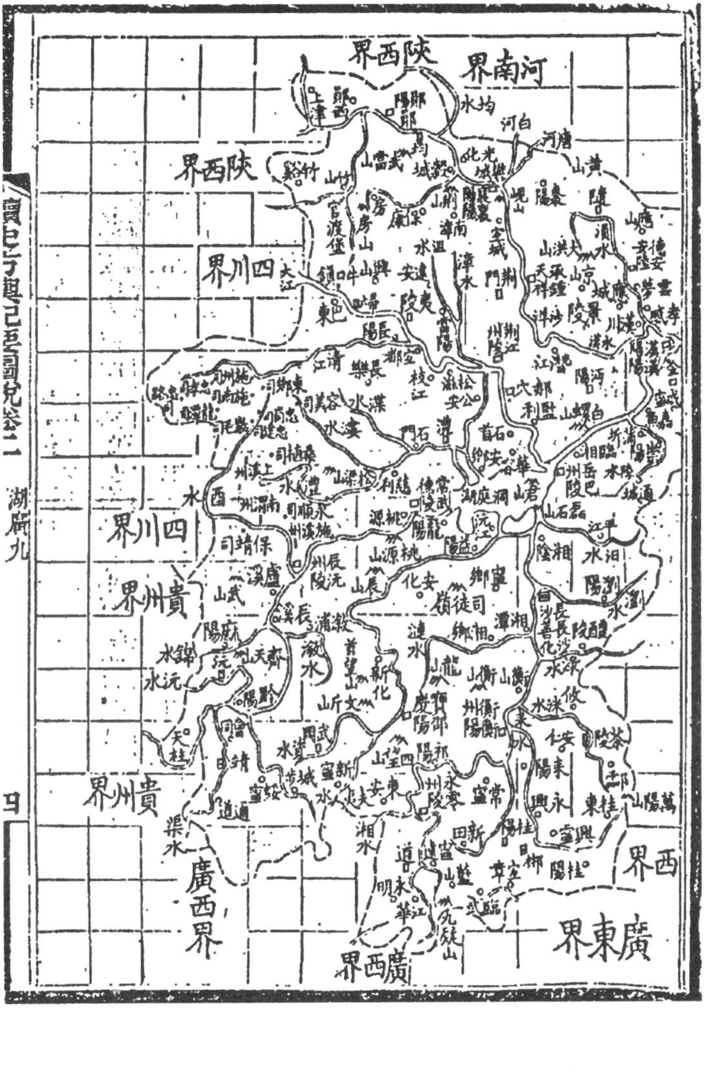
廣輿記圖說卷二
湖廣九
陝西界
河南界
陝西界
四川界
四川界
貴州界
貴州界
廣西界
廣西界
廣東界
西界

道七	武昌道，巡撫，巡按。東江西瑞昌界五百二十里，至京師五千七百十里，至南京千七百十五里。
府十五	武昌，古夏汭，漢江夏郡，或郢州、北新州、武昌軍，又路。淳，煩，衝。上。州一，縣九。米十六萬三百石零。府東扼江、湖，襟帶吴、楚，南通五嶺，北連襄、漢，自古形要之區也。山險 黄鵠山，亦名黄鶴山，府西南，舊因山爲城，
州十六 附郭	江夏，漢沙羨，或汝南、金口。衝，煩，淳，上。六十三里。
并外縣百零六	武昌，秦鄂縣，或壽昌軍、樊口。僻，中。三十九里。府東北百八十里。嘉魚，本沙羨地，或沙陽。裁，衝，下。十二里。府西南二百八十里。蒲圻，亦沙羨地，官塘、陸口。煩，衝，中。二十里。府西南三百里。
	崇陽，漢長沙下雋縣地，後上雋州、唐年縣。裁，簡，中。十六里。府南四百二十五里。通城。亦下雋地，或通城鎮。裁，僻，下。十五里。府西南五百里。水道 塗水，府南百里，一名金水，入江夏塗口，亦名金口。陸水，
衞二十四 護衞二	武昌，武昌左，武昌護。
所三十	

即今萬人敵及子城也。梁城山，府東北十六里，梁武築城屯兵處。又東北有烽火山，亦梁末屯兵處也。大觀山，府東南五十里，有千嵒萬壑之勝，亦名金華山。江夏山，府東南六十里，其山層疊，亦曰夾山。九曲嶺，樊山西南，嶺有九折。又其下有萬松嶺。

興國，三國時陽新縣，或富川及興國軍。四十六里。府西南三百八十里。米二萬一百五十七石。驚磯山，府東南九十二里，臨江有石磯甚險。金城山，府東南二百

咸寧，本江夏地，唐永安鎮。裁，簡，中。十六里。府東南四百二十里。

大冶，本武昌地，唐大冶青山場院。僻，煩，中。九里。州西北百五十里。

通山。本永興地。裁，頗險僻，簡，中。六里。州西百八十里。

通城北，自巴陵歷通城、崇陽境，北通蒲圻入江，即陸口，吴吕岱屯此，亦名隽水。樊溪，在樊山西，亦名樊港，控縣南湖澤九十九，東爲樊口入江。鸚武洲，府城西南大江中，尾直黄鵠磯下，有軍浦，即黄蓋屯兵處。峥嵘洲，武昌及黄州之交，乃劉毅破桓玄處，

銅盤堤，咸寧南六十里，有四門，各廣三丈，古僚蠻保聚處也。赤壁山，府西南九十里，昔志謂在嘉魚、蒲圻之西，與烏林相對，蘇軾以黄州赤鼻山爲是。按當日形勝，赤壁當樊口之上，又在江南而不在江北也。江、漢閒赤壁有五，當以此爲據。

里，吴將陸焕屯兵處。樊山，武昌西四里，一名樊岡，下爲樊口，産銀、銅、鐵。石門山，武昌東五里，兩山夾道如門。百匹山，嘉魚南，勢綿延如百匹練。錫山，通城南二十里，産銀、錫。幕阜山，通城東南五十里，周五百餘里，有水四出，東流入湘。白雉山，

壺頭山，崇陽東北六十里，如罌壺口，下有溪名桃花洞。龍泉山，崇陽西南六十里，周二百餘里，山有洞可容千百人，山南産茶。

附攷

夏口城，府西黄鵠山，孫權築此，對岸入沔津，故名。依山負險，堅不可攻。萬人敵城，舊在黄鵠山頂。陽羅洑，

亦曰新生洲。夏口，在荆江中，正對沔口，又曰夏水之首也。侯景據夏首，積兵屯糧於此。

關隘

鷄鳴關，武昌縣內，即孫吳東宫之門也。華容鎮，武昌西五十里。成山寨，咸寧西五里，周十餘里，可屯數千人，四壁峭拔，惟一徑可入，宋末民保此，賊

	東武昌府界隔江七里。
	漢陽，古鄖國，漢安陸，或沔陽、沔州、漢陽軍。訟，中上。縣二。米七萬九千五百石。府南枕蜀江，北帶漢水，山倚大別，澤浸白湖，爲荆、楚之
大冶北七十里，山南有銅礦，宋以來置銅場、錢監。西塞山，大冶東九十里，右連回山，山有風、水、雲三洞。	漢陽，或漢津。裁，湖多田少，衝，下。十九里。臨嶂山，府西六十里，名城頭山，於下置郡縣，南有烏林
府西北六十里。見黃州。	漢川。亦安陸地，又江州。湖多田少，衝，下。八里。府北百六十里。水道 太白湖，府西南，周二百餘里，源出襄水，與漢江合流。沔水，府西南四
不敢窺。	
	武昌後，漢陽。武昌右。漢陽。

重鎮。

山險

大別，府東北，一名魯山，三國及南北時必爭地也，晉賦所云「鎮南楚之要衝，壯荊、鄂之形勝，俯江、漢之朝宗」者也。湖蓋山，府西北，形如蓋，南臨漢水，北接太湖。小軍山，府南四十里，南又有大軍山，皆吳、魏相持處也。

峰。香爐山，府西九十里，元主南巡時駐此。

附攷

甑城山，漢川西四十里，晉宋伺與李桓、杜曾相持處也。梁城，府城東北，梁鄧元起築於此守甑山。

十里，源出襄水，經流自漢水，分繞漢陽縣入江。灄水，自黃陂入漢陽，北與淪、索二水合流，南入江。吳王磯，府東北，吳、魏時以沔口爲重鎮，吳守此山爲險，故名。煙波灣，府東北三十里。大江自岳州入本府境百五十里，轉煙波灣，四十里入黃州界。

東安慶宿松界五百十里。

黃州，古黃國，又邾縣，漢西陵，又邾縣地，或西陽國、齊安郡，又衡州、永安、黃州路。中。州一。縣七。米二十五萬二千石。府前臨大江，後連崇阜，據淮甸之上游，通中都之脈絡。

山險

赤壁山，府西北，屹立江濱，截然如壁，而有赤色，故名。

黃岡，南安、巴州、弋州，木蘭省入。衡，煩。中上。八十六里。

蘄州。亦蘄春地，或蘄陽，齊置羅州。民貧。六十里。府東三百十里。米二萬八

蘄水，漢蘄春，或浠水、蘭溪。訟，刁，中，煩，衝。七十六里。府東南百十里。

羅田，亦蘄春，或義州、義城郡、石城鎮。多山，民野好訟。四十九里。府東百四十里。

廣濟，永寧。衝，中。五十三里。州東六十里。

麻城，漢西陵地，後信安、定州、陽城、亭州。刁。百三十里。府西北八十里。

黃陂。亦西陵地，或南司州。近湖，衝，中，刁。四十七里。府西三百四十里。

關隘

陽邏鎮，府西百二十里，宋置堡於此，東接黃、蘄，西抵漢、沔，要害地也。宋夏貴守

黃州，

蘄州。

崎山，府北百二十里，有大崎、小崎二山，爲郡之勝。穆陵山，麻城西北八十里，有穆陵關。陰山，府西北，有陰山關。霸王山，麻城北十五里，項羽駐兵處。神山，蘄水西北二十里，孫權進兵赤壁時屯此。

千一百四十五石。

州居江山之間，北接光、蔡，東峙灊、皖，占淮壖之上腴，爲舟車之衝會。

四流山，州北，山嶺透池，有水南入蘄水縣，北流入壽州霍山縣，東流入安慶太湖縣，西流入蘄水縣，故名。龍平山，黃梅北二十里，亦名鳳平山，宋戚

黃梅。新蔡、南晉州。衝，中。

四十三里。州東百七十里。

水道

赤東湖，州北十里，有九十九灘。高岸河，在黃岡，自河南光山縣發源，至麻城入長湖。又府境諸水多從河南來，麻城縣前河、界河自光山流入，閻家河自固始流入，若黃陂之灄河則自羅山

此，伯顏令阿朮泝流而西，從青山磯夜渡，南岸兵遂潰。赤壁鎮，府城南門外。虎頭關、黃土、木陵、白沙、大城等關，俱在麻城北。虎頭形勢最險，兩山千仞，一水中流。黃土形勢聳峭，與白沙、木陵山路峭險，委折而上。大城山勢不甚高峻，而橫斜盤繞。平

荊西道，	
興都留守司。西荊州江陵界二百二十里，北襄陽宜	
承天，漢雲杜縣，後竟陵郡、石城、郢州、溫州、長壽郡、富水郡。中。州二，縣五。米	
鍾祥，南司州、安州、郢州。煩，衝，中。二十一里。	方置寨於此。東衝山，廣濟東三十里，高處衝霄。積布山，廣濟西百里，臨大江，疊石壁立如積布然，亦名積布磯。
京山，安陸、新市、新陽、角陵、富水縣。水陸衝，中。二十一里。府東百十里。	流入。草埠潭河，黃岡西北發源，南流至黃陂三十六灣，通汚口。龍驤泉，黃陂南七十里，晉王濬屯軍處也。附攷 夏隩，府西南二里，宋夏竦鑿此以藏舟。
潛江。本江陵地，白洑、安遠鎮。煩，中。二十一里。府東百十里。水道	湖關，羅田西，北抵黃岡界。
承天，顯陵，府城。	

城界百里。

十一萬一千八百十石。嘉靖初以安陸州改。

府上接漢江，下臨湘澤，水陸要衝，荆、吴都會也。若夫荆門一鎮，實扼巴峽之咽喉，據郢、襄之腹背，其爲形勝，莫與京焉。

山險

張良山，京山北八里，峰巒高峻，草木秀美，相傳張良息兵處。屏風山，荆門治北，絶

荆門，漢臨沮，或武寧、基州、長林、荆門軍。六十四里。米三萬二千九百石。府西南九十里。

沔陽。漢竟陵郡，或沔州、建興。民貧，宂；中，衝。四十四里。府東南三百二十五里。米三萬一千七十五石。

當陽。漢縣，或平州、漳川郡、玉州、麥城。僻，裁。五里。州西百二十里。

景陵。舊名，或霄城、復州。民强横，衝，煩，中。二十六里。州北二百十里。

關隘

塘港關，府南三十里。池河關，府西南十五里。虎牙關，荆門州西

撞河，源發隨州，經京山東北境，下流至漢川入江。直江，荆門州東南百六十里，南流入潛江界以合沔水。沮江，當陽北，出房陵縣，與漳水合流，通沱江，至枝江縣入大江。漳江，當陽北，源出臨沮，至當陽合沮水流入大江。潛江，潛江縣，漢水循源而下，經

沔陽。

北河南信陽州界百八十里。

頂平衍，中有兩泉。當陽坂，當陽北百里，即昭烈敗走處。內方山，荊門南百八十里。綠林，當陽東南百二十里。

德安，古雲夢，或安陸、南司州、安州、溳州，宣威、安遠軍。州一，縣五。中上。米四萬一千石零。

府北連汝、潁，南

安陸，吉陽省入。淳，中，裁。八里。

三里。候埠關，沔陽東六十九里。范溉關，州北二十五里。

雲夢，西陵、安陸二縣地。裁，衝，下。八里。府南四十六里。

應城，古蒲騷，漢安陸地，或城陽、應陽。磽薄，中，裁，衝。九里。府

本縣界入大江，所云「漢出爲潛」也。熨斗陂，當陽東北八十里，宋吳獵遏走馬湖、熨斗陂之水西北，置李公匱以陷戎馬。

孝感。孝昌，或岳山郡、澴州、汝南。煩，中下，刁。二十九里。府南百二十里。

水道

西河有二，一出河南信陽縣，至孝感北合澴

德安，

臨沔、鄂，而隨州因山據險，道路交錯，古稱都會云。

山險

大洪山，州西百二十里，崛起巉然，四面陡絕，頂有大湖，宋末寇亂避此者依山立寨，賊不能破。栲栳山，州西北二百里，跨南陽唐縣境。九嵕山，亦名九宗，在孝感東北八十五里，環阜疊嶂，林

隨州。古隨國，或隨郡、并州、漢東郡、崇信軍。山川險峽，中，淳，簡。十八里。府西北百八十里。

隨州嵒山險隘，昔志謂自棗陽至方山九十九岡，有囊括之勢，易入而難出焉。

南八十里。

應山。漢隨縣地，或永陽，應州。栽，簡，中。十里。州東北三十里。

關隘

平靖關，應山北六十里。白雁關，應山北九十里。武陽關，應山東北百三十里。崎山鎮，應城北二十五里。

河入漢；一出隨州大洪山，流入應城界會襄水流至漢口入江。義河，在應城西北，上接安陸，下入漢陽張家河。溳水，府西北，源出府東之陪尾山，繞城西北，東流入漢。按府境諸水總匯入漢水。

附攷

新市，在孝感。

厲山，在隨州北八十里。

隨州。

	上荆南道，
	抽分廠。西四川巫山界六百六十里。
木深杳。四望山，應山北百里，可周覽四方。	荆州，楚郢都，秦南郡，漢臨江，或新郡、江陵、南都、荆南、江陵路，又中興路。州二，縣十一。穴，中上。秋米十九萬四千二百石。府東連吳、會，西通巴、蜀，南極湘潭，北接漢沔，山陵形勝，
	江陵，郢縣，安興省入。最衝。百二十五里。
	公安，漢孱陵地，或南平郡。衝，中。三十二里。府東南七十里。石首，本華容地，建寧省入。煩，衝，中。三十一里。府東百八十里。監利，本華容地，玉沙省入。田低塌，煩，衝，中。三十
	松滋，漢高成地，上明、樂鄉城。煩，衝，中。二十一里。府西南百二十里。枝江。古羅國，或長寧，澌洋洲、下沱市、流店。裁，下。八里。府西百八十里。
	荆州，荆州右。
	枝江，

江川流通，允爲上流重鎮。

山險

馬鞍山，夷陵西北三十里，昭烈爲陸遜所敗，升馬鞍山，陳兵自繞，即此也。黃牛山，即黃牛峽，夷陵西九十里。府北四十里有紀山，乃郡之主山也，西北與荆門、當陽諸山相接。石鼻山，夷陵州西北三十里，高五百

夷陵，古名臨江郡，西陵、宜州、峽州。裁，煩，衝，中。七里。縣三。米二千八十七石四斗。府西三百四十里。

歸州。古夔子國，丹陽、巴東郡、長寧、萬流。簡，淳，

二里。府東三百十里。

長陽，漢佷山，睦州、清江、夷水。裁，僻，中下。三里。州南九十里。

宜都，漢夷道，或宜昌、江州、東松州。山多田少，裁，衝。四里半。州東南九十里。

興山，在高陽城東。裁，簡，下。二里。州西北百里。

遠安。漢臨沮，或高安。裁，僻，下。二里半。州東北二百里。

關隘

南津關，夷陵南一里。白虎關，夷陵東北六十里。古捍關，長陽南七十里，古佷山縣地，楚肅王拒蜀處也。梅子八關，俱在長陽，四臨江南，

夷陵，

長寧。歸州城。

餘仞，下臨江流，中有巨石，橫亘七十餘丈，如簰筏，亦名竹簰山，後周時移州治於此。荆門山，宜都西北五十里，在大江南，與江北虎牙相對，昔公孫述遣將依二山作浮橋拒漢兵，蓋江流險絕處也。虎牙山，與荆門相對，形似虎牙，下有虎牙灘。將軍山，長陽南，隔江，山勢崇

衝，中。六里。府西五百二十五里。秋米一千九百二石五斗零。

石門山，在巴東北三十餘里，山有石徑，深若重門，昭烈爲陸遜所敗，走此，追者甚急，乃燒鎧斷道得免。西陵峽，夷陵西北二十五里，峽長二里，層崖萬仞，三峽之一也。又歸州東有白狗、馬肝、空舲等峽，

巴東。漢巫縣地，或歸鄉、信陵郡、樂鄉縣。中。九里半。州西九十里。

水道

魯洑江，在監利治東南，即大馬河，南通荆江，北入漢沔，魯肅屯此，故名。清江，在長陽，一名夷水，源出舊施州開蠻界，經建始境入長陽，至宜都入大江，其流獨清，故名。川

四臨江北，元人設此以備洞蠻，明朝改設二巡檢司。

增攷

寸金堤，府城龍山門外，五代倪福可所築，激水捍蜀，以其寸寸堅厚，故名。宋吳獵嘗分高沙、東漿之水由此堤外歷南紀、楚望諸門東匯沙市，爲南海。沙市，府東南十五里，相傳楚故城也。

上江防兵備。東武昌通城界二百里，西辰州沅陵界八百二十五里。

峻，崖石如帶鎧甲。

岳州，古三苗及羅國、麇國地，後建昌、巴陵、巴州、羅州、岳陽軍、純州、華容軍。衝，穴，中。州一。縣七。秋米十七萬石零。

皆極險。叱灘，歸州西三里，舟行至此多覆，名人鮓甕。虎頭、鹿角、狼尾三灘，俱在夷陵三峽中，乃最險處也。

巴陵，本長沙郡下雋地。臨江，穴，煩，衝，上。五十七里。

江，松滋北，岷江至此分爲三派，下流三十里，復合爲一，達於江陵，入於大江。赤溪，夷陵西北二十里，陸抗討步闡築城處也，東合大江。

臨湘，本巴陵地，或王朝場及縣，赤亭、雲溪。裁，衝，中。八里。府東北九十五里。

平江。秦羅縣，或漢昌、吴昌、湘陰、昌江。刁，煩，上。五十里。府南二百四十里。

水道

三江，府城下，岷江爲西江，澧

岳州，

岳州襟山帶江，而洞庭一湖，尤爲要會，至其控扼百越，接連巴、蜀，則澧州固形勝之區也。

山險

巴丘山，府城南，魯肅屯此。君山，府西南十五里洞庭湖中，亦名洞庭山，狀如十二螺髻，岳飛討楊么，伐君山木爲筏，即此。九馬觜山，在洞庭東岸，有

澧州。秦黔中地，或南平、天門等郡，又松州、澧陽郡、蘭江。頗煩，上。三十里。府西百五十七里。秋米二萬二百石。

華容，本孱陵地，或南安及南安郡、湘郡，又容城。中。二十二里。府西百八十里。

石門，漢零陽地，或天門郡。裁，簡，下。二十五里。州西九十里。

慈利，漢充縣地，或漊中、臨澧、崇義等縣。中。五十八里。州西百六

江爲中江，湘江爲南江，皆會此，故名，亦名三江口。慕容延釗大破周保權於此。洞庭湖，府西南，沅、漸、潕、辰、敘、酉、澧、資、湘九水皆合此，故名九江。又九江，沅、資、湘最大，皆自南而入，荊江自北而過洞庭，瀦其間，名五渚，六七月閒岷、峨雪消，水暴漲，自荊江逆入洞庭，

永定，慈利西百八十里。

九谿，慈利北九十里。

澧州，

大庸，慈利西二百十五里。

添平，慈利北百五十里。

九口觜，舟行多險。鹿角山，府南五十里，洞庭湖東，古屯戍之所。桃花洞，在慈利界，郭逵破彭仕義之處。城陵山，府西北十五里，蜀江西來，洞庭南注，合流於此，乃一郡水口山也。燕子洞，慈利東南二里，深廣可坐千人，其後又有穴，極深邃。大雲山，臨湘東九十

幕阜山，平江北九十里，一名天岳，高千八百丈，周五百里，石崖壁立，頂有田數畝，東有温泉三穴，多嵒壑之勝焉。賓郎洞，慈利茆岡寨之南，羣蠻往來之境，徑一穴而入，後有大門，過此皆傜境也。又有風洞、雷公洞，皆在慈利境。石牛山，平江東百里，山多岑石如

十五里。

安鄉。亦孱陵地，或作唐縣，南平、義陽郡治此，九溪、永定。衡，煩，中，裁。十里。州東南百二十五里。

關隘

九淵關，與三江口、閘口、野牛共四關，俱在九谿衛境。魚洋隘，添平所西北五十里，與走避、細沙、遙望、鷂兒、中靖、磨岡、石

清流爲之改色。青草湖，一名巴丘湖，北連洞庭，南接瀟湘，東納汨羅之水，夏秋水泛，與洞庭爲一，涸則青草在焉。赤沙湖，洞庭西，夏秋水泛則合爲洞庭，涸時惟赤沙耳。記云：洞庭南接青草，西連赤沙，七八百里，謂之三湖。澧湖，府東南五里，亦名灨湖，泛涸不時，華

安福，慈利西北二百九十里。

麻寮。慈利北三百里。

里，接連九十餘峰，雲霧蒙其上。龍窖山，臨湘東南百里，跨臨湘、通城、崇陽、蒲圻四境，上有龍湫，下有石門，山傜居之。東山，華容東十里，峰巒連亘百里，古松夾道，驛路經其中。鼓樓山，華容東南五十里，上有石室，下瞰洞庭，中可容數千人。昌江山，平江東南

牛。又有大寨石，大者可容萬衆，小者可容千人，上有井泉，可以避地。關山，澧州東十五里，以關鎖水口而名。大浮山，澧州西南百三十五里，跨石門、武陵、桃源界，中多靈異。層山，石門東北三里，外望如一，山内有兩層。天門山，慈利西南百八十里，古松梁山，有十

磊、長梯、龍溪共十隘，有兵戍守。靖安隘，麻寮千户境内，與山羊、九女、櫻桃、曲溪、梅梓、欄刀、黄家、青山、宋所共十隘，有兵戍守。古樓寨，華容境内。臺宜寨，石門境内。安福寨，慈利境内，與索口、西牛、武口、澧川凡五寨，皆宋置。赤亭城，華容西三

容河，華容北，杜預開此以通郴、桂之漕，北源江水，南達洞庭。澧水，慈利之西，歷山發源，流至石門，會溇水，又流入澧州城下，合涔、澹二水入洞庭。溇水，石門西百七十里，流經水南山、鯉魚山，合陽泉、南溪水至縣西四十里入澧水。漊水，在慈利縣源出歸州

二里，魯肅屯此，亦名魯德山。連雲山，平江南五十里，舊名純山，峭拔萬仞，雲氣常覆其上。永寧山，平江北六十里，四壁削成，履雲梯飛棧而後可躋，其端沃衍可耕，斷戈朽鏃時出其上。

六峰，最高者爲天門，其東北有赤松山與之對峙。銅盤山，慈利境内，與連錢、石馬爲澧陽之險灘。道人磯，臨湘南十五里大江濱，有崖石如道人，故名。中有二洲，南爲黄金瀨，北爲黄金浦。彭城洲，府東北，於此畫界，到彦之敗處也。

十里，三面臨水，極阻隘，梁胡僧祐破任約於此。

東，流至索溪，合四十八澗而爲一，南至觀嘉觜會澧水。汨水，平江東百十里，源出江西寧縣，至平江東南合純、盧二水，又西南會昌水，下流合羅水，所云汨羅水也，西北入洞庭。

下荆南道，

提督，撫治，行都指揮使司，轄鄖陽、九溪、永定并清浪、鎮遠、銅鼓、偏橋七處。府西漢中平利界五百六十里，南襄陽均州界九十里。

鄖陽，裁，簡，減，土薄民淳，中上。縣七。秋米一萬二千四百石。府東連漢沔，西接梁、洋，爲宛、洛、楚、蜀之要衝焉。

山險

古塞山，府東南，戰國時楚城以備秦，今名大寒山。龍門山，府南七十里，有二崖對峙如門，水從中流。錫義山，府境内，一

鄖陽，古錫穴，漢錫縣、鄖鄉、南豐州。中。四十一里。

黎子山，府東百里，昔曾置關於此，名黎子關。筑山，竹山西五里，筑水所出，昭烈屯兵筑口，即此水口也。方城山，竹山東四十五里，上平坦，四面險固，山南有城，

房縣，漢房陵，或新城郡、遷州、保康軍。僻，下。十五里。府西南三百十里。

竹山，古庸城，或上庸、安城。裁，僻，山險，中。四十九里。府東南二百八十里。

上津，古商國，秦商縣。裁，僻，下。八里。府西北四百八十里。

水道

堵水，出陝西平

鄖西，下，山險。八里。府北二百九十里。

保康，下，山險。十里。府西北二百里。

竹谿。同上。九里。府西二百六十里。

鄖陽。

房縣，

竹山。

	撫民副使。東德安隨州界二百十里，南承天荊門州界百八十里。
名天心山，方圓百里，形如城，四面有門，上有石壇，列仙所居處也。	襄陽，秦南陽地，後荊州治此，或南雍州、襄州、山南道、忠義軍。州一，縣六。秋米六萬三千七百石。次衝，上。府外控關、洛，內連江、漢，山川深固，南北之
周十餘里，春秋庸地有四方城，此其一也。	襄陽，臨漢江，煩。三十五里。
利界，經竹山縣南，東入漢。吉水，出上津西，源出鶴嶺，過縣西南百里入漢江，俗呼夾江。	宜城，楚鄢縣，秦邔縣，或率道，漢南省入。裁，頗衝，中。十七里。府東南百三十里。 南漳，漢臨沮地，或重陽、沮州、思安，中廬省入。簡，下。三十五里。府
	穀城，古穀國，漢筑陽或義城、酇州、洛陽城。裁，煩，衝，穴，上。四十八里。府西百八十里。 光化。古穀國，漢陰、酇二縣地，或陰城、乾德、光化軍。
	襄陽，襄陽護。
	襄陽，

分守太和山參議。

衢，而水陸之會也。

山險

虎頭山，府南五里，元阿朮登此指漢東白河口曰：「若築壘於此，襄陽糧道可斷也。」遂築鹿門、新城諸堡。峴山，府南七里，即羊祜登處。百丈山，府南三十里，元兵逼襄陽，來興國以百船侵百丈山，即此。太和山，均州

均州。漢武當縣，或始平、齊興郡、興州、武當郡及軍。山僻，中，裁。二十九里。府西北三百九十里。秋米五千四百八十六石。

山險

老鴉山，南漳南五十里，上接文陽洞，下接三泉山，周四百餘里，洞險峻幽深，人不能上。八疊山，南漳西六

東北百四十里。

棗陽，漢蔡陽，或南荆州、昌州、廣昌、舂陵郡。僻，下。府東北百四十五里。

荆山，南漳西北八十里，三面險絕，惟西南一隅通人徑。山海經云：「其陽産鐵，其

中。三十七里。府西北百八十里。

水險

白河，府東北，源出南陽鄧州界，棗陽西南之滚河、光化東南之泌河，皆合此同入漢。蠻河，發源房縣界，經南漳，清涼河入焉，至宜城西南六十里入漢江，亦名夷水。襄水，府西北，源出府北七里之柳子山，北流爲檀溪，南流爲襄水，又名涑水。

均州。

南百二十里，山有二十七峰，三十六嵒，十四澗，五臺，五井，三泉，三潭，初名仙室，又名太岳，中有最高峰曰天柱，曰紫霄，即武當山也。牛頭山，州東北五十里，山高險，曾於此置關，因上有石如油瓶，名油瓶關。四望山，南漳南三十里，東望襄陽，西望房縣，南望荊州，北望穀城，皆見，亦名大府。

十里，司馬懿鑿山開道，屈曲八疊，故名。鷄頭山，南漳西百八十里，北臨漳水，一名臨漳。

陰多赤金。」頂有池，旁有石室，相傳卞和宅也。資山，棗陽東南六十里，上深邃闊遠，可以耕種，修篁大木，環山之民資焉，故名。赤眉山，棗陽東北八十里，赤眉嘗經此山，地名北寨。穀城山，穀城縣西十里，上有石城。九十九岡，棗陽東，宋邢居實詩：「岐路劇羊腸，重岡九十九。」

附攷

樊城，在府城北。鄧城，府城東北二十里，元攻襄陽，於其旁築牛首等十城，據津要以絶其援，今城址猶在。南漳縣南有荊山，禹貢所云「北據荊山」者也。

湖北道，

南長沙安化界百二十里，東岳州華容界二百六十五里。

常德，秦黔中，漢武陵、義陵、建平、武州、朗州、沅州、武正、武順、武平軍，又鼎州、永安軍。縣四。秋米六萬九千四百三石。府多水患，民貧，又衡。

府左包洞庭之險，右控五溪之要，爲荆渚之脣齒焉。

武陵，本臨沅，武州、和豐。衡，煩，中。四十五里。

山險

武山，府西三十里，山畔有盤瓠口，水出其下爲武陵溪，其溪流入沅江。霞山，府南百里，有淘金場。靈嵒山，桃源北七十里，五洞相通。壺頭山，即馬援戰處，有石穴，援穿此以避暑，在桃源西二百里。

桃源，本沅南地，渌羅。山險，頗衡。三十一里。府西八十里。

龍陽，本索縣，或漢壽、辰陽、鼎口。簡，中，頗衡。二十九里。府東南八十里。

滄山、浪山俱在龍陽西南九十里，各有水，相合出江，名滄浪水。軍山，龍陽東百二十里，潘濬討樊伷屯此。

沅江。本益陽地，或樂山、安樂、橋江。裁，簡，下。五里。府東南三百五十里。

水道

洞庭湖，龍陽、沅江境內。

常德。

總督，辰、沅兵備。西貴州鎮遠界六百五十里，東常德桃源界百四十里。

辰州，本黔中地，或沅陵、盧溪郡、酉陽。頗衝。州一，縣六。秋米五萬一千三百石。

府環山複嶺，帶水深溪，險固而廣遠，控諸蠻之咽喉，爲中土之屏蔽。

山險

明山，沅州北二十里，周二百餘里，爲州主山，岡巒重複，環抱州城。雙髻山，州西南

沅陵，北溶驛。煩，衝，上。山川險峻。五十八里。

沅州。亦黔中地，或巫州、潭陽郡、漵州，又懿州、盧陽、懷化、峨溪。上，衝，煩。二十

瀘溪，本沅陵地，或盧州、武溪驛。裁，山川險峻，中。十二里。府西六十里。

辰溪，漢辰陽，或建昌、靈州、巫陽城。裁，下，頗衝。八里。府西南百十里。

黔陽，漢鐔城地，或龍標、朗溪、黔江城。中。二十二里。州西南八十里。

漵浦。本漢義陵地，漵溪。上。三十四里。府南二百七十里。

關隘

樊州寨，沅州西百里，古州名。托口寨，在黔陽，九衛諸蠻之衝也。洪江寨，在黔陽東百六十里之洪江溪。竹灘鋪，黔陽西北二十里，控扼要路。銅安鋪，黔陽東北二百五十里。

辰州，

沅州，

平溪。沅州西南百六十里。

鎮溪。瀘溪西二百三十里。

五十里，古鎮江寨，二峰並聳如髻。保牢山，州東百里，昔人保聚其中，以牢險得名。高明山，州東百三十里，高峻爲諸山之冠。羅公山，黔陽東南百六十里，周五百里，四面險絶，頂有池，廣數十里，山南有沙溪與武陽江合，北流分兩溪，西北有地平坦數百

七里。府西二百七十里。山川險峻。雙石崖，黔陽南九十里，有二石對立，亦名屏風崖，三面如一，景泰時土人避亂於此，因築寨置戍，名安江雙崖城。紅旗洞，溆浦東三十里，五代馬希範曾屯其上，山高脊平，可屯數萬人。又縣北二十里有楠木洞，亦

麻陽。古奬州，後沅陵、辰溪地，又龍門、招諭縣、錦州。裁，簡，下。七里。田土肥磽，山川險曲。州北百三十里。

水道

酉水，府西北五里，出酉陽，一名酉溪。辰水，府城東，源出府東一百四十里三岴山。潕水，沅州西，亦名潕溪。溆水，溆浦西三

茇托鋪，黔陽東北百六十里。自安江寨至茇托鋪，皆溪洞傜賊出入要路。劉尚城，府西南百二十里，今雖廢，猶足以控扼諸蠻。

	沅、靖分巡，參將。
畝，歲大旱，此處獨稔，名熟平。西晃山，麻陽南五十里，與東南五十里之齊天山俱峻聳。	直隸 西貴州黎平府界百六十里，南廣西柳州融縣界百八十里。
險峻。	靖州。亦黔中地，谿洞，誠州，又徽州、渠陽，永平省入。山瘴，煩，僻，
十里，亦名漵溪。四水並入沅水。五溪，在盧溪西百八十里之武山下。水經曰：「雄溪、樠溪、西溪、潕溪、辰溪，五溪之名也。」武溪，盧溪西百三十里，即馬援所攻者。	會同，舊狼江寨，或三江。僻，下。二十八里。州東北百里。
	綏寧。唐溪洞，徽州，或蒔竹縣。瘴，民悍，僻，中。三十五里。州東百十里。
	靖州。
	天柱，靖州西北二百里。

靖州旁通諸郡，咽喉百蠻，山川險阻，爲湖南之保障。

山險

侍郎山，州南百八十里，與廣西分界。寶溪山，州城東北，下有溪，大抵洞中諸溪多産金，故名。古城嶨，州西三十里，洞穴深廣可六七里。

中。二十二里。

縣三。

飛山，州西北十五里，俗呼勝山，比諸山最高峻，突起雙峰，四面斗絕，下甚平廣，夷人保險處也。宋置飛山堡。旺溪山，會同西百六十里，四山相照二十餘里。福湖山，通道北六十里，宋時通道廣西，正出此間。佛子嶺，通道東百里，接廣西境。

通道，唐恭水，又羅蒙。裁，瘴，民薄，下。五里。州南百里。

關隘

豐山堡，會同境。黄石寨，綏寧境内。收溪寨，通道南五十里，自寨至廣西佛子坡三十里，設巡檢防守。大田堡，在州境。

水道

沅江，會同西百五十里。郎江，會通西南百五十里。渠河，州城東，源出佛子嶺，下合衆流，環州城，會於郎江。雄溪，會同東百里。九溪之名，曰雄，曰辰，曰郎，曰潕，曰龍，曰叙，曰桂，曰武，曰酉，而雄爲衆水之會，故名雄，亦名洪江。洗馬池，飛山上，舊屯兵處。

汶溪。靖州西北二百五十里。

上湖南道，

兵備副使。南廣東連州界四百八十里，西寶慶邵陽界百二十里。

衡州，衡陽、湘東、衡山。中。州一，縣八。米四十一萬四千八百九十七石。

府襟帶烝、湘，控引交、廣，山川秀拔，湖右之奧區也。

山險

石門山，桂陽西北六十里，有嵓穴如門，歸水自藍山穿此西注，舟筏皆經其下。衡山，衡山縣西三十里，五嶽

衡陽，漢承陽、酃縣地，後烝陽及新城、重安。頗煩，衝，五十一里。

衡山，古麇國，漢湘南地，湘西縣省入。煩，衝，中。二十三里。

耒陽，秦耒縣，或耒陰，又耒陽州、耒江驛。頗衝。二十八里。府東南百二十里。

常寧，本耒陽地，或新平、常寧州。頗衝，七里。府西南百二十里。

安仁，安仁場、永安鎮。裁，衝，中。二十八里。府東二百里。

酃縣。本茶陵地，裁，下。十九里。府東三百四十里。

衡州。

常寧，

之一也，盤遶八百里，七十二峰，十洞，十五嵒，三十八泉，二十五溪，九井，九潭，九池，有最大者五峰，祝融尤其最也。馬阜山，耒陽北二里，山勢高大，盤據二十餘里。侯計山，耒陽東七十五里，有七十峰，亦名侯憩，謂武侯嘗憩處。

桂陽。舊郡名，或平陽縣，又桂陽軍，或路或府。簡，僻，山險，楚、粵關要，府東南三百里。

熊耳山，安仁東南七十里，狀如熊耳，有遠天洞，可容萬家。萬陽山，酃縣西南八十里，周三百里，多古木怪石。舜峰山，臨武西北二里，上平而北垂，邑民避難，曾據此築柵拒守。

臨武，漢縣，或隆武。山川險害，瘴，中。三十四里。州東南百二十里。

衡山，七十二峰，自回雁至仙上七峰，在衡陽界，自祝融至天柱五峰及巾子、金簡等五十五峰，俱在衡山界，餘吐霞至岳麓諸峰，則在長沙府境。

水道

烝水，府城北，水氣如烝，出寶

藍山。南平。次衝，瘴，中。三十八里。府西南三百里。

小江水，安仁南，源出郴州，經縣界合茶陵洣水入湘。又永樂水亦出郴州清溪，流經安仁北，流至衡山義塘江，北合洣水入湘。歸水，在藍山南，亦名舜水，源出道州寧遠九疑山，東流經藍山、桂陽州會舂陵水。

桂陽，寧溪，藍山西二十里。均隸茶陵衛。

西廣西全州界百四十里，南廣西富川界四百二十里。

永州，漢零陵，晉營陽，或永陽。僻，中。州一，縣六。秋米六萬八千石。
府後依列嶂，前阻重江，山川深固，屹然名

楊梅峰，安仁西十里，馬殷將侯陽頵屯此以備南漢，宋沈通父子亦保障於此。

零陵，漢泉陵，應陽，祁陽省入，湘口驛。山川險阻，衡，淳，平。二十八里。

道州。營陽、南營州、營道、江華郡。山險地

慶邵陽界，東流至衡陽境，會清揚水，又東流經府城北會於湘。耒水，府北，出郴州之耒山，西北流經耒陽、衡陽界，至耒口入湘。

祁陽，本泉陵地，梧溪在南，民惡土饒，中。十三里。府北百里。

寧遠，漢泠道，或唐興、延昌、延熹。瘴，山

桃源溪，在酃縣西四十里，源出雲陽五洞，北至桃源江口，又至茶陵州，合洣水下流入湘。

東安。本零陵地。裁，山險，淳，下，僻。八里。府西九十里。

永明。漢營浦地。裁，瘴，淳，中。十八

永州，

寧遠。道州城。

東安，隸永州衛。

寧遠，永明。

郡。

山險

祁山，祁陽北十五里，遠望如城壁焉，與衆山遠縣西面。八十四渡山，東安北百五十里，山勢重複，流水縈回，經此凡八十四渡。九疑山，寧遠南六十里，山有朱明、石城等九峰，峰各有一水，四水流貫南海，五水北至洞庭。

饒。三十五里。府南百十里。煩，僻，上。米九千三百五十九石二斗。濂溪，在州西二十里。

白鷄山，道州西北六十里，險不可登。春陵山，寧遠東北七十五里，山相連，形勢秀拔，春陵水出焉。冬冷山，江華南百三十里，接廣西賀縣界。石門嶺，府東五十里，有雙石門

險，刁，煩。六十三里。州東七十里。

江華，漢馮乘地，或營溪。裁，瘴，淳，下。四里。州南七十里。

澹山嵒，府南二十五里，嵒有二門，壁立千仞。穿嵒，道州西四十里，形如圓廩，可容數萬人，嶺東西兩門，通道其間，望之若城門，又如偃月。

里。州西七十里。

水道

瀟水，源出九疑，南流至三江口，東北至府城外，北流會於湘。永水，出府西南百里之永山。營水，出道州西四十五里之營山。舜源水，出九疑舜源峰，流至寧遠南六十里，折而北。掩水，出永明治西大掩山，轉而東，數水與沲水合瀟水入湘。沲水，

江華

錦田，江華東二百里。

枇杷，永明東南三十里。

桃川。永明西南四十里。

以上三所俱隸寧遠衛。

崛起如城壁，有石如樓閣然。黄檗嶺，府東南百二十里，東接道州，中有黄檗洞。都龐嶺，永明北五十里，東北連掩山，西南連金峽鎮，一名永明嶺，王翦降百越，以謫戍五萬人戍五嶺，此其一也。

關隘

黑石關，府城西北；湘口關，瀟、湘二水合流處；大橋關，府北六十里，俱永州衛兵戍守。雷石鎮，府南六十里。順化鎮，府東二十里。杉木鎮，府東百里，抵道州界。嗚水鎮，府西南百里，抵全、道二州界。四鎮皆前代置。

江華東，亦出九疑，流至縣分爲二，又十里經三江口，瀟水、營水、舜源水次第合焉，北流至府入湘。祁水，出寶慶邵陽縣界，東北流至祁陽北，又東入湘。遨水，出廣西富川，流入永明縣界。

直隸

東江西龍泉縣三百九十里，南廣東韶州乳源縣界百九十里。

州控引交、廣，襟帶湖、湘，環山川之勝，處形勢之雄。

山險

黃岑山，州南三十六里，郴水出此，一名黃箱山，即五嶺之一第二騎田嶺是也。其支曰梅嶺，爲楚、粵之關，與諸

郴州，漢桂陽郡，或敦州，郴陽省入。瘴，中。十四里。縣五。

土富山，永興東南三十里，山有銀井。漏天山，宜章東八里，萬山環合，多雨少晴，故名。莽山，宜章南百十里，接廣東韶州界，延袤六十里，有九十九山。

水道

郴水，出州之黃

永興，漢便地，或安陵、高亭。裁，瘴，淳，簡，中。二十里。州西八十五里。

宜章，漢郴縣地，或義章、高平。同前，下。七里。州南九十里。

興寧，亦郴縣地，又漢寧、陽安、晉寧、晉興、資興、管子壕。下。十五里。州東北百里。

桂陽，汝城、盧陽縣，又郡，義昌、郴義。同上，下。十五里。州東南二百四十里。

桂東。義昌，上猶寨。同前，下。五里。州南二百八十里。

郴州，

廣安。桂陽東十里。

嶺連，山横南北，寒煖氣類頓殊。

岑山，流至州城東，下流合耒水、白豹水入湘水。孤山水，桂陽東南十七里，屈曲北流百五十里入江西南安府界。

屋嶺水，在桂陽南六十里，分南北流，南流爲屋嶺水，流百里與廣東仁化縣大江合。章水，有大章、小章二水，俱出州南黄岑山，流至宜章，共六十五里，而合入武水。

下湖南道。

東江西宜春界二百五十里。

長沙，古荆，楚黔中，或湘州、潭州、欽化、武安軍。上中。州一，縣十一。米九萬八千石。府南限五嶺，北界洞庭，控交、廣之户牖，據楚、蜀之咽喉，所以彈壓上游，爲湘、湖之重鎮。山險 大富山，府北七里，亦名羅洋山，峰巒峻拔，流水縈帶，爲

長沙，秦湘縣，漢臨湘，或龍喜、常豐。煩，上。三十五里。善化，本長沙、湘潭二縣地。煩，中。二十里。

湘潭，秦湘南，建寧省入。上。二十二里。府西百里。湘陰，秦羅縣，或吴昌、岳陽郡、羅州。上。四十六里。府北百二十里。寧鄉，漢益陽地，或新陽、新康、玉潭鎮。上。二十一里。府東北百二十里。瀏陽，本臨湘地。民頑，煩，

益陽，漢縣。頗衝，中。二十三里。府西北二百里。湘鄉，秦湘南地，連道省入。上。四十五里。府西二百十里。攸縣，漢名，或攸水。刁，上。四十五里。府西南三百六十里。安化。本益陽地，又稱梅山地。裁，簡，境多山洞之奇，

長沙，

一郡之勝。智度山，府北五十里，高數百丈，環二百餘里，衆山羅列，內黑石峰最高。嶽麓山，善化西南，即衡山七十二峰之一。關山，善化東四十五里，疊峰峭拔如城，路僅通一車。大湖山，瀏陽治西，三峰鼎峙，中有巨湖。大圍山，瀏陽東北百五十里，舊名首禪山，頂有白沙湖，廣袤五十餘里，

茶陵。漢縣，或爲軍。狡猾，頗僻，上。五十里。府西四百八十里。米四萬二千六百六十五石零。

浮泥山，安化東北八十里，岸壁峭絕，浮壤沃饒，土人攀援而樹藝之。

上。七十一里。府東北百五十五里。

醴陵，本臨湘地。煩，衝，中。二十八里。府東百八十里。

水道

汨羅水，湘陰北七十里，源出豫章，流經湘陰分二水，一南流曰汨水，一經古羅城曰羅水，至屈潭而合，故曰汨羅，西流入湘。邵河，在安化

中。十九里。府西三百六十里。

關隘

喬口鎮，府西北九十里。

附攷

古羅城，湘陰東六十里。五寨，俱在安化縣：曰梅子寨，縣西五里；七里寨，縣東南七十里；首溪寨，縣東北九十里；白沙渡寨，縣西北百二十里；游浮

茶陵。

流分四派，一名瀏水，其三入岳之平江、豫章之分寧、袁之萬載，岡巒圍繞，盤踞四縣，因名。東臺山，湘鄉東十五里，南連華蓋山，下瞰漣水，有平石，山若臺，亦名鳳皇山。韶山，湘鄉南四十里，西有三峰，山勢綿亘百餘里，湘潭、湘鄉諸山皆其麓也。道吾山，瀏陽北十

大峰，安化東七十里，有七十一峰，其南接大、小仙山。龜臺山，益陽東南二里，相傳魯肅屯此。五溪山，益陽西北五十八里，亦名軍山，潘濬討五溪蠻，營此。磊石山，湘陰西百里，旁連青草湖，北接巴陵，下臨湘口，山石嵯峨相疊，因名。大霧山，寧鄉南

西，源出靖州綏寧縣潤谷閒，由寶慶至本縣界，下益陽，入洞庭。青草湖，湘陰北百里。雲陽湖，湘潭西六十里，有四十八泉，惟一泉居中，多雲氣，灌田三千頃有餘。瀏陽水，源出大圍山，有二源，曰大溪、小溪，合流經瀏陽縣西名渭水，過縣前名瀏水，西入湘水。連水，

寨，西南九十里。宋時梅山傜爲邊患，太宗平之，因立此以防禦。

五里，東連寶蓋山，西接洞陽山，形如蓮花，亦名蓮花峰，崖高百餘丈，徑路二十四曲，內有龍湫。霜華山，瀏陽西八十里，名石霜，南接醴陵，北抵洞陽，山峻水激石成霜，故名。火光山，瀏陽東北九十里，北抵豫章，西接巴陵，巒峰疊翠，最爲奇觀。

五十里，山勢峻拔，雲霧常覆其上，宋劉廷佐屯此以禦金兵，高六十里，周百四十里，草木暢茂，鳥獸羣聚，汨水出焉。雲陽山，茶陵西十五里，上有偃霞等七峰。記云：雲陽之墟，可以隱居。黃羅嵒，安化西南百二十里，四面懸崖壁立，有小徑攀援而上，宋、

在湘鄉東南，有二，一出寶慶邵陽界龍山，一出安化東百餘里之珍漣山，合流九十里會資水，遶縣南二百里之破石岡下，轉至縣南，匯爲潭，又東過石潭百餘里入湘水。洣水，攸縣東七十里，源出酃縣諸泉，經茶陵西北至攸縣朱溪與攸水合。攸水，攸縣東十

司空山，攸縣東四十二里，南接雲陽，連山峻拔，左右有三十六峰。

元季世人多避兵於此。

五里，一名伯水，源出江西安福縣封侯山，西流經縣東百二十里之鳳嶺，至城東與洣水合，又至茶陵江口入湘。三十六灣水，在湘鄉南，本湘江，北流至縣南，經江口，乃分一派，東流爲三十六折。靖港，長沙西北五十里，李靖討蕭銑時置。

西靖州綏寧界三百十里。

寶慶，邵陵郡、建州、邵陽、南梁州、敏州。中上。州一，縣四。米五萬五千七十四石八斗。

府接九疑之形勢，據三湘之上游，控制溪洞，連絡交、廣，蓋湖、嶺之要衝也。

山險

龍山，府東八十里，秀峰四出，頂有龍池，泉分二派，一入湘鄉爲漣水，

邵陽，漢昭陵，又昭陽、建州。上。四十六里。

武岡。漢都梁、夫夷二縣地，或武攸，建興省入。僻。四十三里。府西南二百八十里。米一萬八千九百四十一石。

樟木山，新寧西南四十里，下多傜民，鳥言夷面。花溪山，新寧東南

城步，新苗，險阻，有瘴，下。十三里半。府西南四百二十里。

新寧。本夫夷地。簡，裁，瘴，中。八里半。州南九十里。

水道

夫夷水，出廣西全州界，過新寧南，都梁水自武岡南來會焉，至府城北合邵水，西北流過新化城北，下逕安化、益陽、沅江縣入洞庭湖，總名資水，爲九江

新化。本傜洞五寨，後遷白沙白石坪。裁，下。二十六里。府北百八十里。

關隘

巨口關，府北五十里。白馬關，府東北五十里。石羊關，府東二十里。紫陽關，州東百五十里。

寶慶。

武岡。

一入邵陽爲邵水。高霞山，府南百八十里，根盤永州東安、祁陽界，相接四望山，極高，周四十里。梅山，新化南五里，極高險。文仙山，新化南百里，亦名文斤，層巒疊出，聳秀淩空，山有三峰，半山有龍池。

七十里，夷傜環之。首望山，府西南百餘里，界邵陽、新化間，山勢磅礴，周百餘里，俗名望雲山，漢武陵郡沅陵縣之南境也。府南界諸山，上自靖州綏寧入境，高峰插天，迤邐而東，爲五嶺之首，南麓爲桂林、義寧、永寧、靈川、興安諸州縣，北則城步、新寧地。

之一。邵水，源出龍山，西北流至府城東入于資水。高平水，源出首望山，逕新化西南百里高平廢縣南，又東逕邵陽界入資水。水經注：高平水出武陵郡沅陵縣首望山，西南逕高平縣南，又東入邵陵縣界入于邵水。按邵水即資水也，以水逕邵陵，因名。其發源龍山者，亦曰邵水。

	隸湖北道。隸都司。西保靖宣慰司界二百二十里。	隸湖北道。隸都司。北永順宣慰司界四十里。
宣慰司二	永順，唐溪州，或靈溪郡、下溪州。州三，長官六。司依山爲郡，四通八達。	保靖。宋保靖州。長官二。司四山環抱，溪水中流，亦形勝處。
衛軍民一，外境來隸七		
宣撫司四		
安撫司九		
州三 所軍民一，外境四。	南渭，施溶，上溪。	
長官司二十四，外境來隸一。	臘惹洞，驢遲洞，白崖洞， 麥著黃洞，施溶溪，田家洞。	五寨，宣慰司南百八十里。筸子坪。宣慰司南百五十里。

隸上荆南道。

隸都司。東荆州巴東縣五百里，西酉陽宣撫司九百里。

施州衛，東接荆、楚，西抵巴、蜀，山川環峙，屹爲重鎮。

山險

客星山，衛西五里，複嶺重障，宛延磅礴，南連雪嶺，高出雲霄。石乳山，衛西七十里，周百餘里，多生乳，故名。都亭山，衛北三百里，崇岡深麓，

施州，或亭州、清江、庸州。三里。

領宣撫司四，軍民千户所一。

水道

清江，一名夷水，自紹慶發源，繞衛城而東，入荆州境。萬頃湖，大田所西南二百里。

關隘

五峰寨，衛東二里連珠山

施南，衛東百里，領安撫司四。

東鄉五路，領長官司五。

忠孝，

忠路，領長官司一。

全洞，領長官司一。

搖把洞，下愛茶洞，隆奉蠻夷。

劍南，

西坪蠻夷。

上愛茶洞，鎮遠蠻夷。

映帶左右，下多良田廣圃。東門山，衛東南二百里，舊有關，古夷夏分界。小關山，大田所東百里，亦古置關處。按雪嶺即猿啼山也。

下。深溪關，在大田所陽路。土地關，在木柵、忠洞路口。勝水關，與虎城、野熊、野牛凡四關，俱在忠建宣撫境。硝場，大田所北百里，懸崖數千丈，下有河渡，其半崖一孔若城門，產硝土。

散毛，衛西三百二十里，領安撫司二。	忠建，衛東二百五十里，領安撫司二。	
龍潭， 大旺，領長官司二。	忠洞， 高羅領長官司一。	
		隸施州衛。 隸施州衛。
東流蠻夷， 臘壁洞蠻夷。	木柵。	鎮南，衛南二百五十里。 唐崖。

		清浪參將。
		清浪，鎮遠，偏橋，五開，守禦千户所四。
容美，衛東南二百十里，領長官司四。		隸九溪衛。
		桑植。九溪衛西北四百里，領美坪等二十八洞。
	大田，衛西北三百五十里。	中潮，黎平，亮寨，龍里。
椒山瑪瑙，石梁下洞，		
五峰石寶，水盡源通塔坪。		臻剖六洞橫坡。在貴州鎮遠府境，隸鎮遠衛。

舊志：五衛俱隸湖廣都司。舊志：瞿唐衛隸湖廣行都司。	銅鼓。以上在貴州境。瞿唐。在四川夔州府治東北。	以上守禦千户所四，俱在貴州黎平府境，隸五開衛。

四川第十

按四川之地，重山疊嶺，深谷大川環繞境内，壤土沃饒，材物殷富，號天府矣。且西界蕃部，南阻蠻落，東瞻則據吴、楚之上游，北顧則連褒、斜之要道，故奸雄竊命，恒睥睨乎此焉。然而得其人則可守，非其人亦易失也。是故陰平之謀黜，劉氏辱於傳車；内水之備疏，而譙家遂去授首。誠得其心腹而當乎竅會，雖曰險扼哉，取之亦猶掌握耳。

四川古梁州地，漢益州，唐劍南及山南東、西道，宋東、西川路，元置省及西蜀四川道，今爲四川等處承宣布政使司，治成都。左右布政使二，左右參政三，糧儲一，分守二。左右參議三，雅州管糧一，分守二。領府七，州二十，縣百四，長官司四，軍民府四，屬長官司四。宣慰司一，屬安撫司二，屬長官司五。宣撫司二，屬長官司二。直隸安撫司一，直隸長官司一。總爲里千二百五十零，舊户十六萬四千一百一十九，口二百一十萬四千二百七十。夏秋二税共米麥一百二十萬六千六百六十石，絲六千三百三十三觔，棉花七萬二千八百五十一觔。

鹽課提舉司一，在成都。領仙泉等鹽課司十五，龍州等衛所額辦折色小引鹽一十萬九千一百七十七引。成都、建昌等府衛額辦課茶共四十八萬九千八百八十五觔有零。

四川都指揮使司，隸右軍都督府。都指揮三，掌印一，僉書二。領衛十二，屬所四十九，宣撫司二，安撫司七，長官司二十二。守禦千户所一十一，屬長官司二。招討司一。又行都指揮司，隸右軍都督府。領衛六，屬所三十四，長官司五。守禦千户所八，本都司所屬馬步官軍九千六百餘員名。

提刑按察使司，按察使一，副使七，清軍一，提學一，兵備松潘一，威茂一，建昌一，重夔一。僉事九，管屯一，分巡四，兵備安綿一，叙瀘一。分道四。

巡撫都御史一，巡按御史一，駐成都。副總兵一，駐松潘。

王府：一。蜀府，高十一，封成都，護衛。郡，十四：崇寧，崇慶，保寧，永川，羅江，黔江，德陽，石泉，汶川，慶符，通江，南川，内江，華陽。分封澧州。

四川輿圖補註

一、嘉陵江，源出陝西鳳縣嘉陵谷，經廣元，過劍州，至保寧府城西，閬水、巴水、渝水，皆此江之異名也，南入順慶界，又東至合州釣魚山下合宕渠，從東北而至州之南，又與涪江合，抵重慶府入大江。

一、巴江，源出大巴嶺，至巴州東南分爲三流，中央横貫，勢若巴字，流合清水江，至重慶東北合州而合嘉陵江。或曰閬水與白水合，曲折三面如巴字也。

一、白水江，出陜西階州亂山中，流至昭化，清水江合焉，同入嘉陵江。詳見陜西。

一、宕渠江，源出巴山，流經達、蓬等州，至渠縣治東，經順慶州東北界，至合州東北而與嘉陵江合，其處名曰渠口。

一、馬湖江，源出沈黎，實大渡河之支流也，亦曰金沙江，又曰瀘水，經馬湖府蠻夷長官司東南，至叙州境流合大江。武侯渡瀘，即此江之上流也。

一、岷江，亦曰汶江，出岷山，經茂州城下，西南至威州，又過汶川，轉而東南過灌縣，至金灌口分流，至新津與縣南之大皂江合，下流入嘉定州東，名爲通江，東南入叙州府，入瀘州東，亦曰瀘江，流經合江縣，轉入重慶府南，至涪州合黔江，過忠州萬縣、雲陽、夔州治南入瞿唐峽，過巫山至湖廣歸州而出峽焉。志稱巫峽關夏水溢峽流百里間，灘如竹節，波浪洶涌，舟楫多驚焉。按江之經眉州東蟇頤山下者，名玻璃江。

一、青衣江，源出蘆山縣東南，流至雅州而合沬水，經名山縣及洪雅、夾江入嘉定州而與岷江合。又南溪南十五里亦有青衣江。

一、邛水，源出雅州邛崍山，名長噴江，以其噴湧而流也，繞州城東北而經邛州南，亦曰邛水，亦曰南江，糯水自西合焉，又斜江自東入焉，其下流至新津縣而入大江。

一、涪水，源出龍州，經魚溪寨南，至江油，過劍州境，南入綿州，安昌水、潺水皆合焉，下流入潼川州，東南合中江，歷遂寧而入嘉陵江，又經合州，至重慶府城北而合大江。

一、金沙江水自雲南武定府入會川衛城西北二百五十里，東流合瀘水，至黎溪州而入東川府之西境百五十里，一名納夷江，一名黑水，又經烏蒙西南境二百六十里接馬湖江而合流。其江有嵐瘴，隆冬過之亦必汗流，惟雨中夜渡無害。

一、盤江，鎮雄府西百五十里，流入貴州，爲廣西左江上源。

四川輿圖

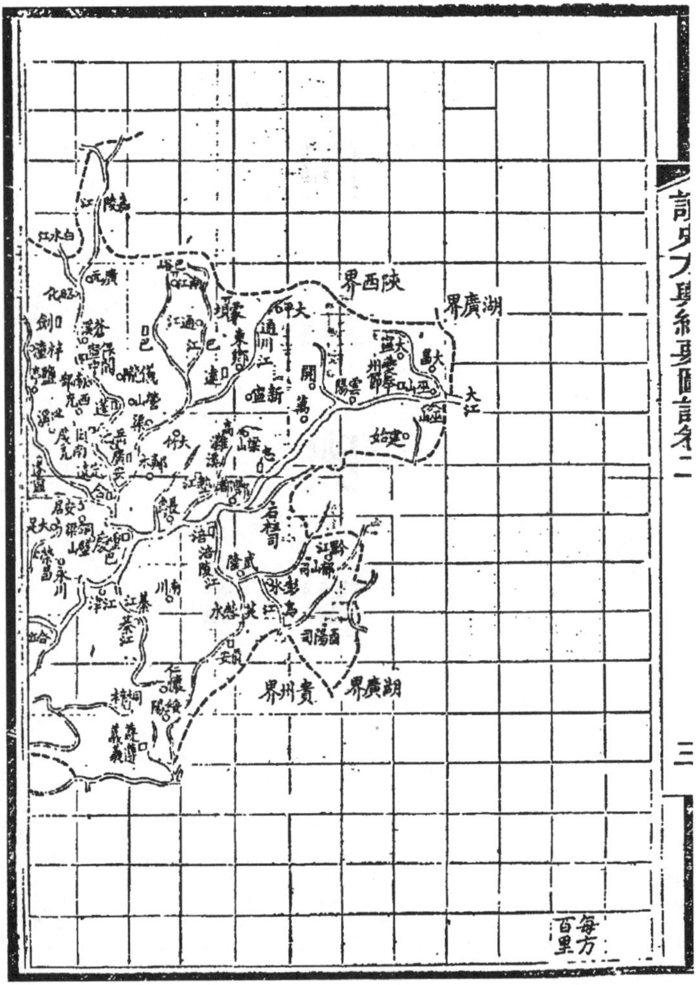
陝西界
湖廣界
湖廣界
貴州界
大江
嘉陵江
白水江
建始
新寧
每方百里

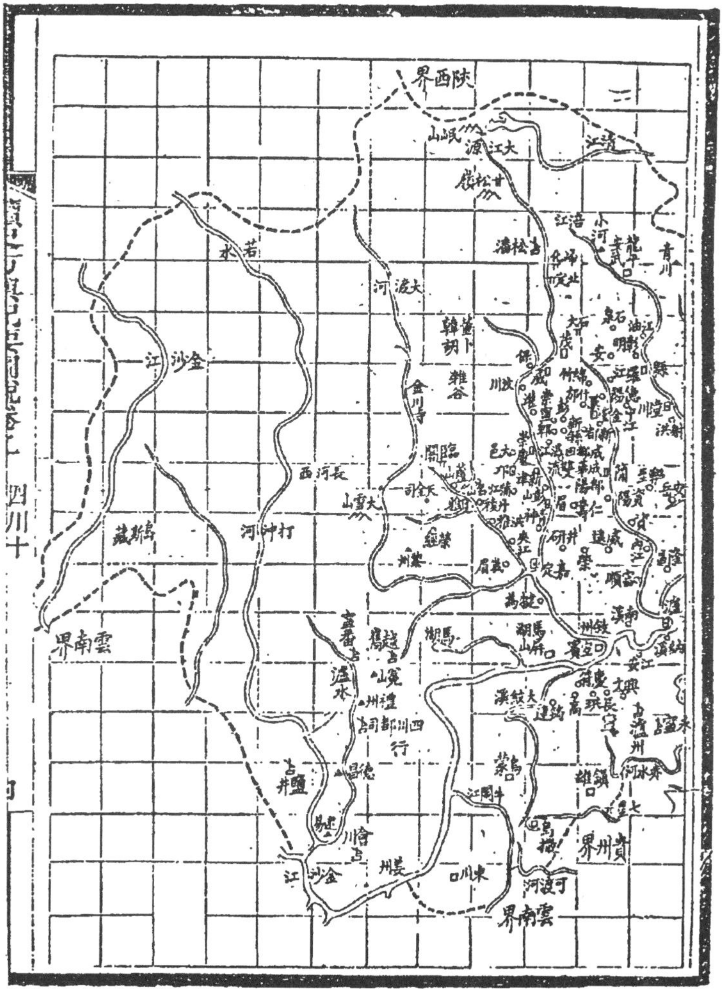
陝西界
岷山
大江源
松潘
若水
大渡河
金沙江
烏斯藏
長河西
打沖河
大雪山
四川行都司
雲南界
貴州界
東川
可渡河
金沙江

道

川西道，

巡撫，巡按，鹽課提舉，兵備副使駐新都。至京師萬七百里，至南京七千二百六十里。

府七又軍民府四

成都，秦蜀郡，漢廣漢，唐南京。州六，縣二十六。米十六萬九千石零。

府境山川重阻，沃饒而險固，稱都會焉。乃若綿州據涪水上游，爲水陸四衝之地。漢州咽喉所在，臂視諸郡。而威州則屏蔽西北，古雄鎮也。簡州實當東面

州二十　附郭

成都，衝，煩，平衍，上。十四里。

華陽，衝，煩，平衍，上。十一里。

并外縣一百零四，長官司八，其屬衛所長官見後。

雙流，漢廣都縣，或寧蜀郡。平衍，中。五里。府西南四十里。

新繁，繁縣。平衍，下。四里。府西北六十里。

温江，漢郫縣，或萬春。平衍，中。七里。府南五十里。

新都，漢縣，後新都郡，又始康、興樂。煩，中。九里。府北六十五里。

金堂，漢雒縣及新都地，又懷州省入。平衍，僻。府東七十里。

資縣，漢資中，或盤石，又資陽郡、資州。依山，衝，煩，中。七里。府北六十五里。

仁壽，漢武陽，

衛　所

成都右、中、前、後，

成都左護，

寧川，府治東四里。

之衝，蓋亦重地云。

山險

玉壘山，灌縣西北十九里，縣西有玉壘關，乃夷人往來之衝也。青城山，灌縣西南五十里，岷山連峰接岫，千里不斷，此第一峰也，其前接成都高臺、天倉、天國諸山。彭門山，彭縣北三十里，兩峰對立如闕，名天彭山，其北有大

晉西城戍，懷仁郡、普寧縣、隆山郡、陵州、陵井監、仙井監、隆州。劇，中。十三里。府東二百里。

井研，武陽地，後西陽郡、蒲亭、始建。僻，中，要。四里。府東百五十里。

郫縣，古郫邑，犀浦縣省入。簡。九里。府西二十九里。

石泉，漢廣柔縣地，又汶山地，

灌縣，漢郫縣、綿虒、江源三縣地，後都安、盤龍、導江、灌州、灌口寨、永安軍，青城省入，淳，下。七里。府西四十里。

彭縣，古彭國，秦繁縣，後晉壽、東益州，又九隴、濛州、彭州、濛陽郡、威勝軍。僻，下。六里。府北九十里。

安縣，漢汶江縣，後漢石泉軍、

灌縣，隸松潘。

隋、中隋、九隴諸山，皆拔峭。岷山，茂州北列鵝村，一名鴻蒙，即隴山南首，故稱隴蜀，又名汶焦山。其跗曰羊膊，江水出焉，直上六十里，嶺之最高者，遇大雪開，望見成都。雞宗山，茂州南四十里，宋人於此置雞宗關。七盤山，汶川北三十里，有七盤路。高碉

簡州，漢牛鞞縣，後陽安、武康郡、清化軍。依山負谷。二十一里。刁，衝，煩，中。府東百五十里。

崇慶，漢江原縣，或漢原、晉

石泉軍。其西北有松嶺關。六里。簡，下。府北九十里。

內江，本資中縣地，後漢安戍、中江。淳，衝，中。十六里。府東四百三十里。

資陽。淳，簡，中。七里。州北百二十里。

新津。漢武陽縣，後周犍爲

安州、龍安，神泉省入。裁，簡，下。七里。府北八十里。

崇寧。本郫縣、導江、九隴三縣地，後唐昌縣，又歸化、彭山、永昌。下。二里。府西北九十里。

水道

二江，一汶江，一流江，經府城南七里。志云：李冰開二渠，由永康過郫入成都爲內

山，威州北三十里，三面懸崖，唐維州治此。定廉山，威州東南四十里，有鹽溪在其陽。金堂峽，在金堂東南五十里，兩山夾峙，河流其中。重龍山，資縣治北，山翠盤曲，隱若龍轉，乃資中之勝也，上有天池，大旱不竭。將軍山，內江北八十里，因薛萬

原、晉康、犍爲、唐安郡。二十二里。僻，淳，中。府南百十里。

漢州，漢雒縣，廣漢郡治此，晉新都國，或德陽郡。淳，簡，中。九里。府東北百二十里。

郡治此。濱江。七里。淳。州東南十里。

什邡，漢縣，或方亭。僻，淳，簡，下。四里。州西三十里。

綿竹，漢縣，後晉熙、孝水。七里。州西二十五里。

德陽。本綿竹地，元德州。淳，簡，下。六里。州北六十里。

江，一渠由永康過新繁入成都爲外江。大皂江，温江西南，源出岷山，東流入府界。資江，資縣東四十里，水深百丈，爲羣川總會之所。金堂河，在金堂東二十里，自岷山流至縣界，經簡州資陽、富順至瀘州合大江。綿水，出綿竹之西北紫巖山。

參將，兵備副使。

徹屯此而名。鐵山，井研東北六十里，出鐵剛利，武侯取爲兵器。石矩山，仁壽東北，山有石壁如城，亦名石城，絶頂望見峨眉。玉京山，資縣西南五十里，山勢峻險。磨玉山，井研西南三十里，據嘉、眉、榮、隆四境。三隅山，在仁壽東、西、南隅，縣居其

綿州，漢涪縣，或巴西、潼州、金山郡，元以魏城省入。淳，煩，衝。六里。府東北三百六十里。

茂州，古冉駹國，漢汶山郡，後繩州、汶州、會州、通化郡，汶山縣省入。僻，簡，下。夷雜。四里。府西北五十里。

彰明，本涪縣地，晉僑漢昌縣，後昌隆、昌明。淳，下。三里。州北九十里。

羅江。亦涪縣地，後萬安。淳，衝，下。三里。州南九十里。

汶川，漢綿虒，或汶山、汶川郡，宋威戎軍。裁，下。六里。州南二百里。

洛水，出什邡西之洛通山，交流於漢州之東境，南至新都北，合入湔水，東南入江。平谷水，威州北，與後谷溪、谷水同入大江。湔水，在石泉治東，源出玉壘山，東南至江陽入江。潺水，在綿州東五里，源出潺山，下流入涪水，合羅江水。源有金銀礦，民得

茂州。隸松潘。

中，環合有自然之勢。

威州。古冉駹，唐維州，或中州城。夷、漢雜。裁，僻，下。六里。府西四百五十里。

保縣。冉駹地，隋薛城戍，唐薛城縣。下。四里。州西四十里。

關隘

茂州南四十里有雞宗關，北三十里有魏磨關，西四十五里有七星關，東九里有積水關。威州東有鐵繩橋，辮竹爲繩，上施木板，長三十丈，通蕃漢路。灌縣西有蠶崖關，東有玉壘關，要地也。

采以爲業。

附攷

八陣圖在新都北三十里牟彌鎮。志曰：武侯八陣圖凡三，在夔州者六十有四，方陣法也；在牟彌鎮者百二十有八，當頭陣法也；在棊盤市者二百五十有六，下營法也。

威州。隷松潘。

川北道，

北陝西漢中寧羌界五百九十里。

保寧，本巴國，秦巴郡，或巴西、南梁州、北巴、盤龍郡、閬中郡、保寧軍、安德軍。上。州二，縣九。米二萬石零。

府居梁、洋、梓、益之衝，鼇山爲門，緣閣通道，誠天險也。而廣元尤稱咽喉之會，蓋南北之關津也。

山險

大劍山，劍州北二十五里，亦名梁山，西接岷、峨，東引

閬中，秦舊縣，隋閬内。淳，煩，中。十里。

巴，宕渠及化成，或梁廣，又歸化、清化郡。煩，中。二十六里。府東三百五十里。

蒼溪，秦宕渠地，漢漢昌。淳，衝，煩。六里。府北四十里。

南部，漢充國縣，或西水省入。簡，中。九里。府南十里。

通江，諾水、壁州、始寧、巴郡、曾口。淳，中。六里。府東北五百五十里。

南江。正德九年置。州北二百里。

廣元，秦葭萌，後漢壽、晉壽、興安，及益州、黎州、利州、綿州、義成、益昌郡、寧武軍。衝，煩，簡，中。三里。府北三百五十里。

昭化。漢葭萌，後益昌、義成郡。淳，簡，下。二里。府北四百里。

關隘

南津關，府城南，臨嘉陵江。鋸山關，府東三里盤龍山後，

利州。廣元縣治東。

保寧。

荆、衡，蜀人以此爲外户，因其峭壁中斷，兩岸相對如門，如劍之植，故曰劍門。又有小劍山，與之相連。又北有漢陽山，峰亦高峻，上插雲霄。龍樓山，南部西北五十里，峰頂峭拔，衆山拱揖，洴溪環繞其下。大獲山，蒼溪東三十五里，南面峻險，宋江環其下，宋余玠

劍，本梓潼地，後安州、始州、隆慶、普安郡、普安軍、劍閣城。淳，簡。三里。府北三百二十里。

平梁山，巴州西二十五里，上平，四面石壁如城，宋時巴州治此。得漢山，通江東百二十里，上有石壁如城，可容數千人。九曲山，昭化西九十里，山勢盤回九曲。龍

梓潼，漢縣，或安壽。簡，下。二里。州西南二百五十里。

江油。本秦之氏、羌地。淳，簡，下。二里。州西南三百里。

白衛嶺，昭化西南五十里，接劍門。七盤嶺，廣元東北百七十里，亦名五盤。十二峰，巴縣北四百里，巉嵒聳秀，大小十二峰。龍嵒，劍

爲漢、沔衝要之路。梁山關，府東十里之靈山麓，與梁山連，故名。和溪關，府東南二十里，路通巴地。米倉關，巴州北五十里。渡口關，昭化南。劍門關，劍州北境，武侯因立爲劍閣，姜維退師守此以扼鍾會。潭毒關，廣元北九十里潭毒山上，下瞰大江，

徙閬州治此。七曲山，梓潼北十五里，山腹有路，盤轉七曲。馬閣山，梓潼北百二十里，峻峭崚嶒，極爲險阻，鄧艾伐蜀，懸車束馬，由此出江油，因名。青崖山，府東南十里，一名千佛崖。

門山，昭化西百四十里，一名葱嶺，石穴高數千丈如門。石燕山，廣元西北八十里，極高峻，梯格乃能登。大巴嶺，通江東北五百里，與小巴嶺相接，所云九十里巴山也。

州北七十里，可坐百人。州西亦有龍嵒，與此同。

水險

小潼水，出劍州境，揚帆水自西合焉，經梓潼流入嘉陵江。葭萌水，出廣元境通平鎮，歷舊恩陽縣，至巴縣與巴江合流。宋江，源出漢中南五十里之廢廉水縣，經蒼溪東入嘉陵江。

路皆滑石，登陟頗險，爲蜀口之險要。廣元北四十里有望雲關，山勢高聳，若望雲然。又北百二十里有七盤關，極險峻，縣東北六十里有百丈關。

順慶，漢充國、安漢地，或宕渠郡、果州、南充郡、充州、永寧軍、東川府。中。州二，縣八。秋米七萬一千石。

府境山川環繞，形勢奇勝。

山水險要

伏虞山，儀隴東五十里，爲一方險要處。八濛山，渠縣東北七十里，八峰起伏，時有烟霞之氣濛

南充，本漢南充國縣。煩，衝，中。十里。

蓬，亦宕渠地，後伏虞郡，宣漢、安固、大寅等縣，又咸安、蓬山郡、蓬池、相如縣。上。十里。府東北百四十里。

西充。本安漢縣地，後西充國，梁木蘭郡，或晉城，流溪省入。中。八里。府西七十里。

營山，亦宕渠地，或朗池，良山省入。淳，簡，下。四里。州東六十里。

儀隴。漢閬中縣地，或隆城郡、方州，蓬池、伏虞二縣省入。淳，煩，下。八里。州北百八十里。

之，張飛、張郃相拒處。篆水，廣安東北五里，江中灘石縱橫，湍流奔急，呼爲三十六灘。鄰水，大竹南二百里，中有大小磧，懸流十餘丈，縣以此名。雲山，蓬州東南二十里，余玠徙州治處。

廣安。本宕渠、墊江、安漢三縣地，唐爲渠、果、合三州地，宋廣安軍、渠江縣，又寧西軍。淳，煩，中。三十一里。府東二百十里。

宕渠山，渠縣東五十里，亦名大青山，其山極峻險，不可登，東西有二石門可以出入。

渠縣，亦宕渠地，後流江、渠州、宕渠郡、鄰山郡。淳，簡，下。十一里。州北百二十里。

大竹，鄰山、鄰水二縣省入。淳，中。十八里。州北百六十里。

金城山，儀隴治北，以象山環向如雉堞，因名。雲山，蓬州東南二十里，余玠徙州治處。

岳池，本安漢、南充地，新明、和溪省入。煩，中。十五里。州西六十里。

鄰水。簡，中。十七里。州南百二十里。

廣安。

東順慶西充界二百六十里。

潼川據涪江上游，蓋水陸衝要之地。

山險

東山，州東四里，阜若長城。獨坐山，射洪東南二十里，射江、涪江合流，此山卓然孤立，故名。龍固山，鹽亭西六十里，四面陡絕，可以固守。董叔山，鹽亭東，隔瀰江水，孤峰絕島，峭壁千仞，

直隸

潼川，漢廣漢郪縣，後梓潼、新都郡、新州、新城、昌城、梓州、東川、武德軍、靜戎軍。淳，煩，上。六里。縣七。米三萬石零。

會軍山，中江東南百六十里，昭烈入蜀，遣張飛、趙雲略地至此，百姓以牛酒犒師，因名。銅官山，中江西南九十里，與可濛、私鎔等山

射洪，本郪縣，後射江省入。依山谷，中。四里。州南六十里。

鹽亭，本廣漢地，或北宕渠，永泰、東關二縣省入。衝，煩，下。三里。州東百里。

中江，蜀伍城，後玄武、凱州、飛烏，銅山省入。衝，煩，下。五里。州西百二十里。

水道

射江，射洪東南

遂寧，漢德陽，或遂州、石山郡、武信軍。僻，中。十七里。州南二百四十里。

蓬溪，本廣漢地，後小溪，長江省入。依山。淳，煩，中。六里。州東三百二十里。

安岳，本牛鞞地，崇龕、安居等縣。僻，中。二十里。州南三百八十里。

樂至。簡，僻。七里。州北三百三十五里十五里。

舊名潺亭山。鼓樓山，鹽亭東百二十里，高五千丈。又蓬溪亦有是山，雙峰對峙，可望數百里，蜀人烽火處也。負戴山，鹽亭西，自劍門南來，起伏四百餘里，至此而蹲，上有飛龍泉，味甘美。

皆産銅。飛烏山，中江南百七十里，最峭拔。

十里，合涪江。又東有大瀰江，北有小瀰江。中江，在中江東南，夾流有二源，南江來自綿州，東江來自舊涪城，至縣東南之玄武山而合涪江。沈水，射洪東，東漢臧宮破公孫述將延岑於此。梓潼水，在鹽亭東南，源自劍州廢陰平縣，經梓潼入綿州境，至此下白馬河注涪江。

補遺

長樂山，遂寧西，形如盤龍，頂平。玉堂山，遂寧北，極聳秀，縣之主山也。靈泉山，遂寧東十里。數峰壁立，有泉自嵒滴下成穴，甘美不竭，宋楊大淵守靈泉山是也。銅盤山，遂寧東，四面陡絶，人莫能上。風門山，蓬溪南，四面險絶，嘗有清風，因名。

川東道，

西成都内江界三百八十里，東夔州萬縣界六百四十五里。

重慶，本巴郡，後永寧、巴郡、楚州、巴州、渝州、南平郡、恭州。州三，縣十七。米三千五百石零。府境北繞羣山，南連衆水，會川蜀之津要，控瞿唐之上游，地險勢固，誠攻守之資也。山險重壁山，府西百三十里，亦名巴山，四面高

巴縣，秦、漢江州縣，後巴城，壁山省入。衝，上。九十三里。

江津，本江州地，治僰溪口，或江陽、七門郡，萬壽省入。頗淳，煩，中。三十八里。府東百八十里。長壽，楚黔中地，漢枳縣。同前。二十二里。府東三百三十里。大足，静南省入。刁，衝，中。二十七里。府西三百七十里。永川，本壁山

綦江，古綦市。僻，下。四里。府南二百里。南川，漢江州枳縣地。僻，淳，簡，下。五里。府東三百十里。黔江，隋石城。僻，下。一里半。府東千二百里。安居，僻，淳，簡。十三里。府西百三十里。成化十二年置。壁山。僻，煩，

重慶。

黔江，

峻，中皆平原，中有孤山，西北險絕，東南稍平，故名。崑嶁山，府東北七十里，林壑深翠，據渠、合之境。釣魚山，合州東十二里，上有天池，大旱不涸，宋余玠移合州治此。寨山，合州西二十里，峭峻如劍，昔人保聚於此。武勝山，定遠治東，舊名飛龍峰，元人駐兵於此以

合州，古濮國，或宕渠郡、墊江、石鏡、涪州、涪陵郡、巴川郡、赤水省入。頗衝，中上。四十二里。府北百五十里。

地。刁，衝，煩，中。三十五里。府西三百十里。

榮昌，本內江地，唐昌州、昌元。僻，淳，中。二十七里。府西三百十里。

銅梁，巴川省入。淳，簡，中。二十二里。州南九十里。

定遠。本宋合州地，定遠州。淳，煩，衝。十四里。州北百五十里。

頑。十二里。成化十三年置。

水險

黔江，自思州發源，經五十八節名灘，與施州江合流，經彭水等縣，凡五百餘里，與岷江會於涪州東，以出黔州，故曰黔江。渝水，自閬中來，流至府城東與涪渠合，自渝上合州者，謂之內江，自渝由瀘戎上者，謂之外江。四

攻合州。伏牛山，彭水東二百四十里，左右有鹽井。瀛山，府南百二十里，岸壁峻拔，有四十八面之險。縉雲山，府西百七十里，其山高險，林木暢茂，下有泉，東西分流。最高山，南川東南九十里，形勢峻拔，視衆山皆培塿。

忠州，漢臨江縣，後臨江郡。煩，衝。七里。府東六百四十里。要。

涪州，漢涪陵，後漢平、樂温，涪陵省入。淳，中。十二里。府東四百五十里。要。

酆都，本枳縣地，南賓省入。衝。四里。州西二百里。

墊江。桂溪省入。裁，煩，衝，中。十二里。州西北二百八十里。

武隆，本涪陵、枳縣地。下。二里。州南百七十里。

彭水。本西陽地，後黔陽，宋以洪杜、洋水二縣省入。僻，淳，下。八里。州南百四十里。

十八渡水，南川東三十里，兩山壁立，一水中流，灣環四十八渡。綦溪，江津東南三十里。夜郎溪，經南川流入江津界，又北入於岷江。七門灘，江津西七十里，有大石横江，凡七處，望之如門。

關隘

佛圖關，府西十里，爲重慶要津。米糧關，大

忠州。

	東湖廣巴東界三百十里，北陝西漢中平利界八百里，南湖廣施州衛界二百六十里。
	夔州，古庸國，後魚復、白帝城、三巴、永寧、固陵郡。煩，衝，多淳。州一，縣十二。米二萬石零。府憑高據深，當全蜀之東口，據三楚之上游，爲水陸之形勝。其山峽
	奉節，巴東、永安、信州。夷、漢雜，淳，簡，中。四里。
	巫山，楚巫郡，建平郡。淳，頗煩，衝。四里。府東百三十里。 **大昌**，建昌、宜都、永昌郡、大寧監。僻，下。二里。府東二百里。 **雲陽**，本朐䏰
足東二十五里。化龍關，大足北三十里。銅羅關，府東二十里。石勝關，黔江縣東。	**萬縣**，漢朐䏰地，後南浦。煩，衝，刁。四里。府西四百五十里。 **開縣**，漢漢豐，後永寧。簡，中，刁。七里。府西四百七十里。 **大寧**，後周大昌
	瞿唐。府治東北，屬湖廣都司。

達州撫民。

之險，蓋甲於天下焉。

山險

寒山，巫山縣東五十里，垂崖千層，絶壁萬丈，其勢高寒。記云：寒山九坂，最爲峻險。又千丈山，在巫山東北。飛鳥山，巫山西南。獅子山，萬縣北八里，形類狻猊，四面險絶，惟鼻尖可登。又萬縣西十里有魚存山，亦險峻。

達州。本宕渠境，後宣漢、東關郡、萬州、通州、通川郡。簡，中。八里。

地，後雲安，或軍。衝，中。九里。府西百七十里。

新寧，舊縣，三岡省入。淳，煩，中。七里。府西六百四十里。

梁山，宋梁山軍，元爲州。十里。府西六百里。

東鄉，淳，頑，下。五里。州西南三百八十里。

太平。正德十

地，宋以鹽井地置監。淳，下。三里。府東北三百里。

建始。漢巫縣地，或業州。僻，下。六里。府南五百里。

關隘

瞿唐關，府東八里。鬼門關，府東北三十里。鐵山關，達州西三十里。深溪關，州東北千三百里。野相關，建始南百三十里。

附攷

寶源山，大寧北二十五里，山半有穴，出泉如瀑，即鹽泉也。鯉城山，開縣西四十里，四面陡絕，中有浦多鯉，因名。

府西北八百里。

峰門山，梁山縣東十五里，山高大，兩岸對峙如門，故名。灩澦堆，在瞿唐峽口江心，突兀而出，冬見夏没，土人有如象馬之占。石城山，在達州西五十里，四面峭絕。

年置。二里。

州西北三百二十里。

水道

開江，開縣南，自新寧流經本縣，清江自東境來合焉，南過雲陽入大江。

瞿唐峽，在府東，舊名西陵峽，乃三峽之門，兩崖對峙，中貫一江，灩澦灘當其口。巫峽，巫山東二十里，即巫山也，與西陵峽、歸峽并名三峽，連山七百里，略無斷處，非亭午夜分，不見日月。又巫山十二峰，沿峽百七十里。

下川南道，

叙瀘兵備。東瀘州江安界百四十里。

敘州，古僰國，漢犍爲郡，或戎州、六同郡、南溪郡。瘴。縣九。秋米十萬石零。

府負山抱江，險阻之區，而舟車之衝也。

山險

朱提山，府西五十里，產銀處也。石城山，府西南百里，環列如城。漢陽山，慶符北八十里，諸葛平西南夷，駐軍於此，山腰

宜賓，漢僰道，或外江、宜賓。煩，衝，上中。二十八里。

水險

鎖江，府城北，兩岸大石屹立，昔人因置鐵鎖橫截其處，控扼夷寇，故名。石門江，府西百三十里，俗號橫江，又名小江，源出烏蒙，經府境與馬湖合，中有灘，其水常若鐘鳴，名曰鐘灘。金川，富

慶符，漢南廣，或祥州。淳，簡，中。六里。府南百二十里。

富順，漢江陽，或洛源郡。盜，上。十一里。府東北百八十里。

南溪，亦南廣地。淳，衝，煩，中。十九里。府東百二十里。

長寧，本江陽、漢陽地，或爲軍。民夷，中。十五里。府東

高縣，古夜郎地，長寧軍。僻。十七里。府西南百五十里。

筠連，古夷地，唐定川州。簡，下。四里。府西南三百五十里。

珙縣，古西南夷部。僻，簡，下。八里。府南三百三十里。

戎縣。古夜郎地，名大壩都。僻，下。十一里。府東南三

敘南。府治東。

有龍洞。凌雲山，富順治西，大江前横，一峰突兀，相連有瑪瑙山。閣梯山，高縣南，峭壁如閣，路如梯。

順東，一名中江，源自漢州，流過縣西，至瀘州入大江，中有石堆兩層，前三後七，如台曜象。榮溪，富順西二十里，源出成都仁壽縣，合金川入大江。石筍灘，南溪西三十里，江漲險甚，窮冬水落，岸有石，長數十丈，如筍。

南三百七里。

關隘

摸索關，府南三百里。落捍關，府南五百里。鬧造關，府西南五百十里。

百四里。

附攷

虎頭城，在富順西南六十里之虎頭山，高六十里，形如虎踞，因山爲城，不假修築。姜維屯，在府城南，羣峰環秀，一峰突立如筆，高千仞，頂平正，姜維曾屯兵於此。青衣江，南溪南十五里，桓温伐蜀處。又縣東二里龍騰山，下瞰大江，有石梁長四丈餘，最險固。

東叙州宜賓界四十五里，南烏蒙蠻夷長官司界百十里。

馬湖，古僰國，漢牂牁、犍爲郡地，唐馬湖部，元爲路。僻，下。二十里。長官司四。米二千石零。府地近瀘戎，山溪險惡。

泥溪，

水險

馬湖，在府西百七十里，湖居山頂，長二十里，廣七里，中有土山，可居四百餘人。又馬湖江，在蠻夷長官司南，源出沈黎境，羣溪盡會於此。

平夷，府東南四十五里。

蠻夷，府西百八十里。

鐵鎖灘，府西四十五里，即馬湖江下流，兩岸石壁峭立，夏秋水漲，舟行甚艱。其東又有雞肝石灘、峻灘。

沐川。府西五百二十里。

山險

雷番山，府西三百八十里，草甚毒，經過頭畜必籠其口，行人亦必緘默，若高聲，雖冬月必有雷霆之應。

軍民。東烏撒界三十

鎮雄，古屈流大雄甸，宋芒布部，元芒布路，洪武時爲芒部

山水險要

樂安山，府北二百里。數峰挺立，爲叙州、芒

懷德，本御佐砦，嘉靖三年改置。府西百五十里。

歸化，本夷良砦，嘉靖三年改置。在府西南。

里，西烏蒙界二百四十里，北叙州珙縣界二百二十里。	軍民。北叙州界六百三十里，南東川界百三十里。
軍民府，嘉靖三年改鎮雄府，設流官，後仍土官。山僻，夷。一里。長官司四。芒部山川險扼，地勢崎嶇，爲西南之保障。	烏蒙，古竇地甸，漢牂牁地，元烏蒙路。山僻，夷。土官。一里。烏蒙地高山險，倍過於蜀。
部之界山。白水江，府西北二百八十里，黄水溪、勿食料溪，此其會流處也，轉流入叙州府界注於大江。	山水險要 涼山，府西百里，高百餘里，絶頂平衍，風氣甚肅，爲叙州、芒部限。
威信，本毋響砦，嘉靖三年改置。在府南。苴斗河，府南二十五里，源出六丈山箐，經府南二十五里之阿赫關，合納沖河入七星關河。	金沙江，府西南二百六十里，源出吐蕃，過府境，又東北經馬湖府爲馬湖江。
安靜。本落角砦，嘉靖三年改置。在府西北。納沖河，源出府東五里烏通山，過府東十里南流入苴斗河。	羅佐關，府北二百五十五里。索橋，府南百三十里，與東川分界。

軍民。東貴州宣慰司界二百五十里，西烏蒙界百九十里，北鎮雄界二百十里。

烏撒，古巴凡兀姑，後爲巴的甸，宋烏撒部，元爲路。山僻，夷。土官。一里。府當蠻夷之中，山高地險，爲西南之衝要。

山水險要

大隱山，府東南二里。烏門山，府東北百四十里，兩岸相對如門。翠屏山，府東二百里，山巒秀拔，宛如翠屏。千丈崖，府西南七十里，下臨可渡河。

盤江，府西百五十里，源出府境亂山中，流經府南九十里，謂之可渡河，即廣西左江上源也。府西三十里有七渡河，府西南百十里有九十九渡水，皆流合焉。

七星關，府東南百七十里，頂有七峰，置關其上。老鴉關，府東三百里，畢節衛戍守。天生橋，一在府東八十里衆山中，一在府東北百里，石梁橫截，拱架如橋，俱爲府境控扼之處。

烏撒。隸貴州都司。

七星關。在府東南，初屬烏撒衛，永樂中改隸貴州畢節衛。

軍民。東烏撒界百二十里，西會川衛

東川，舊閟畔部。山僻險，雜。一里。土官。無城。

山水險要

絳雲弄山，府西南二百里，高峻百里，有十二峰，一名烏

牛欄江，府東南百里，自尋甸流入境，江闊水急，夷人用木筒貫以籐索，繫兩岸，人

金沙江，一名黑水，自雲南武定府流入境，經府西百五十里，有金沙渡，夷人刳大槽以

界三百里。

龍山，下臨金沙江。

過則縛於筒，用遊索往來相牽以渡，曰索橋。

渡，下流歷烏蒙至馬湖府爲馬湖江。

東成都內江界二百六十里，西雅州界二百里。

直隸

嘉定有三峨、二江，名勝爲西南冠冕，然東連江陽，北接廣漢，則又衝要之地也。

山險

峨眉縣有大中小三峨山，環接於縣之西南，回曲千里，南北有臺，重嵒複澗，莫測其數，州境名山

嘉定，本犍爲、蜀郡地，梁青州，或眉州、峨眉、嘉州、平羌郡、眉山郡、嘉慶軍、嘉定路，又龍遊。濱江，煩，中。十里。縣五。米四萬石。

水道

陽江，在州治西，蜀南方之水交委於此，名洪

峨眉，漢南安，或平羌，羅目省入。僻，中。六里。州西八十里。

夾江，龍遊、平羌地。中。十五里。州西北八十里。

洪雅，夾江地。簡，中。沿江。成化十八年置。

洪雅川，在洪雅縣西七十里，

犍爲，本南安地，玉津并入。八里。州南百里。

榮縣，亦南安地，和義郡。下。七里。州東二百里。

威遠。隋威遠成。僻，淳，下。四里。州東二百里。

最多，是其首也。舊志：脈自岷山來，延袤五百餘里。

直隸

眉州遠接岷山，近環峨嶺，江山明秀，富於人文。

水，一名洮水。瀆江，發源温江縣，經雙流縣界，東流至州東合岷江。

眉，漢武陽、南安地，或齊通郡。瀆江，中。三里。縣三。米八千石。

山險

蟇頤山，在州東，自象耳山連峰壁立，西瞰玻璃江五十餘里，至此磅礴蹲踞，形如蟇

繞縣界而入夾江縣境，縣以此川名。

彭山，漢武陽，或靈石。淳，簡，下。五里。州北四十里。

丹稜，本南安地，或齊樂。中。五里。州西八十里。

鼎鼻山，彭山南十餘里，劉宋時朱齡石伐蜀，譙縱寨此

青神。本南安地。淳，衡，中。四里。州南八十里。

頤，故名。大旺山，州東南五十里，自蟇頤山南趨，或起或伏，至此峰巒屹立，回拱州城。峨眉山，州南二百里。詳見前。

以禦之。熊耳山，青神西。志云：望帝以褒谷爲前門，熊耳、靈關爲後户也。

東重慶江津界百五十里，南永寧宣撫司界二百十里。

直隸

瀘州肘江負山，控制邊陲，且有鹽井魚池之利，稱豐沃焉。

瀘，漢江陽，或瀘川郡。依山沿江，淳頑半，煩，衝，上。七十里。縣三。

山水

方山，州西南四十里，山有八面，下瞰大江。連天山，江安

納溪，本江陽地。淳，簡，中。三里。州南四十里。

合江。漢符縣地，或安樂縣。簡，中。二十里。州東百二十里。

江安，本江陽地，後漢安縣，施陽省入。瘴。二十里。州西南百二十里。

關隘

龍透關，州南七十里。倒馬關，納溪南百

	西雅州蘆山界四十里，東成都新津界五十里。
	直隸 山險 鶴鳴山，大邑西北，形如覆甕，上有七十二穴，應七十二候，東西二溪，出其兩腋，東有天柱峰、青霞嶂，皆峻絕處。銅宮山，州東南八里，産銅。
南七十里，回旋曲折，高峰矗天。資江，州北，源出雒昌山，經資縣、富順縣合大江。	邛，秦臨邛，或蒲原郡，元以臨邛省入。洪武九年降爲縣，成化十九年復升爲州。依山，僻，中，淳頑半。十里。縣二。米二萬石零。
	大邑，安仁省入。煩，衝。七里。州北六十里。 水道 斜江，州東七十里，源出鶴鳴山東，斜流入合州南五里之邛水。蒲水，蒲江南，源出名山下，合南河口出新津入岷江。
三十里，路通雲南、交趾。石虎關，納溪縣南百里。綏遠寨，在州境。安遠寨，在江安南七十里。	蒲江。本臨邛地，後廣定縣。簡，中。三里。州西南百里。

上川南道。

兵備副使,管糧參議。東嘉定夾江界八十里,西天全六番招討使司界五十里。

直隸

雅州右據碉門,左連蒲水,爲川蜀之襟要,夷落之咽喉。

山險

自由山,榮經東二十里,高出羣山之表。邛崍山,榮經東,本名邛筰,故邛人、筰人界也,冬夏積雪,上産邛竹。雞止崖,榮經西二十五里,本名栖止,其崖臨大關山之險,至此路方

雅,秦嚴道縣地,後蒙山郡,或盧山郡、永平軍。淳,簡,中。四里。縣三。米八千石。

大關山,榮經西八十里,極險隘,當西南夷要路。百步山,蘆山北四十里,路接蠻界,僅百步,險隘難行。崖鉢山,縣西百里,上聳雲漢,莫測其高。九折坂,在邛崍山,

名山,本嚴道地,或漢嘉、蒙山。三里。州東北四十里。

榮經,本嚴道地。淳,簡,下。三里。州西南百二十里。

關隘

金雞關,州北二十里金雞山,一名雞棟關。金沙關,州東北二十里。天險關,榮經東北四十里,據邛崍山九折坂之險。紫眼關,

蘆山。本嚴道地。下。三里。州西北百里。

三江渡,蘆山南十里,通天全六番。碉門寨,即榮經之和川鎮,雅州西通番之路有三,靈關一,碉門一,始陽一,惟此最險,兩山壁立,一水中流,設禁門以限華夷。雄邊寨,榮經西北,宋之屯營也。繩橋,在

雅州。

平坦，行者可以止息也。

路阻峻，回折九曲乃至其上，即王尊叱馭處也。

榮經西北三十里。大關，榮經西八十里，舊名邛崍，番夷要害處也。飛仙關，蘆山南五十里，古漏閣也，極險處。臨關，蘆山西北六十里，舊名靈關，其關一人守險，可以禦百也。

州境，近天全多功山路，舊名高橋，以繩架棧，下瞰峽江，亦險要處也。

宣慰司

衛軍民一，

宣安撫招討所守禦十二軍民一隸外守禦一　屬所四

長官司三十七直隸一

隸川西道。

隸都司。副總兵，兵備副使。

西吐蕃草地界四百八十里，北陝西洮州八百六十里。雪嶺面東南，洮河界西北，山川險峻，雨雪多寒。

山險

雪欄山，衛東三十里，山勢蟠延，四時積雪。甘松嶺，衛西北三百里。

松潘古氐羌地，漢護羌校尉，後龍涸郡、扶州、松州、交川郡。極邊，微瘴。領安撫司四，守禦千户所一，長官司十七。

大分水嶺，衛北二百三十里，山高峻，水分二流。又衛北九十里有小分水嶺。風洞山，衛東五十里，上有風洞。

八郎，麻兒匝，阿角寨，芒兒者。

小河。衛東百九十里。

關隘

鎮夷關，衛西二十五里。西寧關，衛南三十里。安化關，衛南四十五里。新塘關，衛南七十里。歸化關，衛南百里。北寧關，衛南百二十里。浦江關，衛南百五十里。望山關，衛東十里。雪欄關，衛東三十里。風洞關，衛東五十里。黑松林關，衛東七十里。三舍關，衛東九十里。小關子，衛東百二十里。鎮革堡，衛南五十五里。已上俱有戍兵防守。

占藏先結簇，麥匝簇，蠟匝簇，者多族，白馬路簇，牟力結簇，山洞簇，班班簇，阿昔洞簇，祈命簇，北定簇，勒都簇，包藏簇，阿用簇，阿昔簇，思曩兒簇，潘斡簇。

	隸川北道。
隸都司。	隸布政司。
疊溪所南至茂州衛界三十里，北至松潘衛界六十里。犛牛峙其左，汶江擁其右，排柵按前，雲峰聳後。	東漢中府汧縣界四百里，西北松潘衛三百三十
茂州，在茂州治東，領守禦所二，長官司五。 疊溪山水 蠶陵山，在所城北。犛牛山，所東五里。排柵山，所南五里。雲峰山，所東六里，高聳淩雲。	水道 青川溪，司東百二十里，出西番界，
舊志：疊溪所隸都司。 汶江，所西三里，出松潘，流經所西南，與黑水合流入茂州。	龍州。漢陰平，或平廣、江油郡、平武、龍門、雍
威州，在威州城內。 疊溪，漢蠶陵縣，後翼州、臨翼郡、衛山、翼水、峨和等縣。長官司二。 關隘 南橋關，所南五里。小關，所東五里。疊溪橋關，所西五里。徹底關，所南三十里。中橋關，所南十五里。永鎮關，所北四十里。鎮平關，所北六十里。	山險 崆峒山，司西北十里，山谷深險，西接番界。羊盤山，司東北六十里，有石
靜州，茂州東一里。 岳希蓬，茂州北二里。 疊溪，所城北一里，渴卓五寨屬之。	附攷 棧閣，在司東，鄧艾伐蜀，置
隴木頭。茂州東四十里。 三長官俱隸茂州衛。 鬱郎。所西十五里，松平五寨屬之。	

	里。宣撫司境山川重險，緣以劍閣，阻以石門，峭壁雲棧，連亘百里。	下流合白水入嘉陵江。又司東有醍醐水，亦流入嘉陵江。關隘 胡空關，司西北，明初并置羊昌、鐵蛇、和平、大魚等關。	村、武都。夷猓雜。十二里。	徑九曲如羊腸。司東南百里有鳳朝山，形如鳳翔。箐青山，司東南十里，重峰疊障，樹木森鬱。馬盤山，司東南百二十里，高三千丈，形如馬，盤旋而上，重巒疊障，行者難之。石門山，司東南百七十里，與氐、羌分界，兩壁相對如門，鄧艾伐蜀屯此。	秦隴等閣道十二，明初開設松潘，又置飛仙閣道，共二十五處。
隸都司。	所境當白草番之後路，東抵白水陽平關，北通青塘嶺，直達階、文、秦、蜀，門襟要處也。	西至龍州宣撫司百二十里。關隘 北雄關，在所北。又杲陽、迪平、白水、三牢、明月、三路口等關俱在所界。		青川。後魏馬盤縣，唐青川縣。山水 大雄山，所北十里，山形峻峭。白水江，所東三十四里，鄧艾伐蜀嘗作浮橋於此。青川溪，在所南，下流入於嘉陵江。	

隸上川南道。

行都司。司治建昌衞城。建昌兵備副使。

建昌本漢越巂邛都縣地，後會無縣、僚郡、嚴州、西寧州、巂州、建昌路。去成都南千四百餘里，去黎州六百餘里。行都司領衞六。地據西南之衝要，山川控帶，土田膏沃。

山險

越巂南五十里有小相公嶺，山勢高聳，石磴崎

建昌附郭。唐臺登縣。

建昌前，附郭。兩衞領守禦千户所四，長官司三。

寧番，邛都地，元蘇州。司北百九十里。守禦千户所一。

越巂，漢邛都闌縣地，或邛部郡。

禮州後，漢蘇示縣，或亮善郡、蘇祁、籠麼城。

禮州中，二所俱在衞北六十里。

打沖河中前，本邛都地，或沙野城。衞西百四十里。

德昌。阿屈部、德昌路。衞南百四十里。

冕山橋。寧番東百二十五里。

昌州，衞南二百里，元德昌路治此。

威龍。衞西南四百四十里，夷名巴翠部。

邛部。越巂治東。

普濟，衞西南二百四十里。

關隘

雙橋關，鹽井東八十里。古得關，鹽井西二百八十里。永昌關，會川西三十里。迷郎關，會川南六十里。大龍關，會川西六十里。甸沙

嶇。鹽井西北七十里有鐵石山，出砮石，燒之成鐵，爲劍最利。會昌東三百里有密勒山，產銀礦。

司北二百八十里。萬山中，邊夷。領長官司一。

鹽井，漢定莋縣，唐昆明，或香城、柏興。司西三百里。領守禦千户所一，長官司一。

會昌。漢會無縣地，或清寧郡、武安、麻龍。司東南五百里。領守禦千户所一。

小相公嶺關，越巂南二十里。矖經關，越巂北二百八十里。

鎮西。嘉靖中析置，屬越巂衛。

打沖河中左，元瀘州地。鹽井北百六十里。

迷易。會昌西八十里。

瀘水，都司南十里，源出吐蕃，南入金沙江。元史云：「其水深廣多瘴；春夏常熱，源可燖雞。」大渡河，越巂北，源出吐

馬剌。鹽井南五百里。元落蘭部。

水道

打沖河，在打沖河所治西，源出吐蕃，流合金沙江。東河，在冕山橋所東三里，源自小相公嶺，流合

關，會川北百六十里。松平關，會川南百八十里。沙陀、羅陀兩關，俱寧番東百七十里。

	隸布政司。
	南越嶲衛界九十里，西雜道長官司界百三十里。安撫司境西接吐蕃，南鄰大渡，山川險阨，蜀之西門。唐志云：「黎州城三面竝臨絕澗。」
北山關，寧番北二十里。烏角關，寧番南五十里。	水道 大渡河，源出吐蕃，經司南九十里，東經嘉定州入於岷江。九國志：「黎州三面阻大渡河。」漢水，源出飛越山，經司南二十里東入岷江。
	黎州，古莋都，漢沈黎，或漢源、洪源、登州。附所一。 關隘 黑崖關，司西二十里。清溪關，在大渡河外，韋皐鑿此以通羣蠻，號曰南道，爲重鎮。
蕃，下與敘州馬湖合。西南烟瘴，惟此與金沙江爲最。凡番夷往來，渡大渡河，故名。	大渡河。在司治西北隅，隸都司。 山險 大田山，司西南三十里，下有大井水田。沖天山，司東八十里，高峻參天。避瘴山，司南九十里，近大渡河，夏秋嵐瘴，惟此可避。和尚山，司東百里，盤紆數曲方至其頂。通望山，大渡河南，接嶲州諸山。邛崍山，司北五百里，即滎經東之邛崍也，道至險，有長嶺、
瀘沽河，下注金沙江。	飛水山，司東北三百五里，與滎經接界，險惡不通人路。畫崖山，司西北二百五十里，亦險峻，外

隸都司。

東雅州界五十里，西西番長河西宣慰司界百四十里。

招討司四境抵接雅、黎，控帶夷落，蓋西蜀之藩籬也。

天全六番。

元碉門黎雅長河西寧遠。

弄棟、八渡之難。登高山，司西五里，峰巒高聳，下瞰城中。

山水 禁山，司治西南，兩岸對峙，峭拔險隘。和水，司南四十里，源出蠻界羅嵓川，下流入雅州平羌江，東注岷江。

即生番界。飛越山，司西北，爲沈黎西境要害，唐於此置飛越縣。

關隘 禁門關，司治西。紫石關，司西七十里。俱雅州戍卒所守。

隸下川南道。

隸布政司。東貴州偏橋衛界四百八十里，北重慶府綦江縣界三百五十里。

播州。秦夜郎、且蘭地，唐郎州、遵義、播川郡。安撫司二，長官司六。宣慰司土地曠遠，跨接溪洞，重山複嶺，陡澗深林，形勢實拊貴州之背。又司境衛一，所一，隸貴州都司。

興隆。在重安長官司東三十里，隸貴州都司。

山險

龍蛩山，宣慰司北四十里，怪石巉嵒，東有定軍山，宋楊端駐軍處。羅蒙山，真州司南九十里。舊志：此山之高，遠瞰羅蒙。

草堂，司東百二十里。

黃平，宋黃平府。司東南四百里。

黃平。在安撫司治南，隸貴州都司。

水道

烏江，宣慰司東七十里，源出水西蠻地，經司南湘江、洪江、仁江合焉，經思南府涪州入岷江。芙蓉江，真州司南，源出西南夷界，東流逕思義寨，北流入黔州界。湄潭

播州，附郭。

餘慶，司南百六十里。

白泥，司東南三百里。

重安。司東南四百里。

關隘

烏江關，司西南烏江旁。

三渡關，司東八十里。黑

容山，司東三百二十里。

真州。宋綏陽縣，元珍州。司東北二百里。

	隸布政司。
	東播州界二百里，西瀘州江安縣界百五十里。宣撫司環城皆山，上通雲南，北連川、廣，水陸交通，分界於此。
萬丈山，草堂司東南二十里，崖壁高萬丈。	永寧，在宣撫司治西南。赤水。宣撫司東南百二十里。二衛隸貴州都司。水道 赤水河，宣撫司南百四十里，源出芒
	永寧。秦蜀郡地，唐藺州，宋瀘州境，元永寧路。領長官司二。又司境衛二，守禦所一，屬所四。隸貴州都司。
水，宣慰司東百里，下流入烏江，經思南府達於黔江。齋郎水，司北百里，下流逕瀘州合江縣入岷江。	普市，守禦所在九姓長官東百四十里，隸貴州都司。阿落密，赤水衛南四十里。摩尼，赤水衛北四十五里。赤水前，赤水衛南百里。白撒。赤水衛南四十里。自阿落密以下四千户所俱屬赤水衛。山險
水關，司西九十里。大平關，司北百里，在大樓山上。	九姓，司西南百三十里，本蠻夷地，元立夷民羅氏、黨氏爲把總，後改長官司。太平。司西南二百五十里。關隘

部界水腦洞，下流經赤水衛，又東北合於永寧河。永寧河，有三源，經司南合爲一，東北逕瀘州境入於岷江。

土保山，司城內。海漫山，司城北，延袤八十里，如海水之汗漫。紅崖山，司東北二十里，多赤石。雪山，赤水衛北二十里，高險幽陰，積雪春盡始消。

平茶長官司隸布政司。治西有岑仰山。又司西二十里有白歲山，高聳插天，冬有積雪漫頂則歲稔，故名。

魚浮關，司東三里。雪山關，司東南百二十里。赤水河關，司東百五十里。雪山、赤水二關俱赤水衛卒戍守。

平茶。本黔中地。北至酉陽宣撫司

隸川東道。

隸重慶衛。

隸重慶衛。

東至重慶黔江縣二百里，東北至夔州府九百四十里。

西北至重慶府九百五十里，東至湖廣保靖宣慰司界三百里。

石砫，漢牂牁地。一作石柱。

酉陽。漢縣名，唐務川縣、寧夷郡，宋酉陽州。

宣撫司東南二百里有鼓樓山。又司南百五十里有大峰門山，兩崖壁立，中通人行。

宣撫司西北百八十里有酉陽山，接黔江縣界。司東北九十里有三江，亦曰酉水，有三小溪流合焉，又合平茶水，東逕辰州入沅江。

界五十里，西南界貴州銅仁。

石耶，酉陽宣撫司南七十里，元石耶軍民府。

邑梅。元佛鄉洞，北至酉陽宣撫司界百三十里。石耶、邑梅二所俱隸重慶衛。

福建第十一

按七閩之境，海抱東南，山連西北，重關内阻，川溪交流，雖封壤約束，而山川秀美。福州一方，居然都會。其所産則銀鐵金之饒，絲葛魚鹽之美珍奇錯出，甲於天下。其民勤農服賈，安業樂生，大江以南稱奥區焉。建寧當浙之衝，險要視諸方爲最。邵武雖列在上流，非咽喉所存也。汀、漳土曠而民悍，旁接贛、粤，禍患易生，而奸慝淵藪漳爲甚矣。福州北境寔通温、括，出奇走險，必有在焉，而海陬是患，未足以盡之也。延平據乎中樞，興、泉僻近海澨，其大略尤可議也。

福建古越地，漢領于揚州部，唐初隸江南道，設觀察使，宋置福建路，元設省及福建閩海道，今爲福建等處承宣布政司，治福州。左右布政使二，左右參政三，糧儲一，分守二。領府八，州一，縣五十三。總爲里三千七百九十七里，舊户五十萬九千三百，口三百八萬二千八百七十七。夏秋二税共米麥八十八萬三千一百一十五石，絲棉一百七十四觔，絹六百匹，紵六十五觔，鈔一萬七百七十九錠。

福建都轉運鹽使司一，在福州。領鹽課司七，歲辦鹽價銀八千八百七十八兩。

福建都指揮使司，隸前軍都督府。都指揮三，掌印一，僉事二。領衛十一，屬所五十六。所一十七。

建寧行都指揮使司，都指揮三，領衛五，屬所二十二。守禦千户所四，所屬馬步官軍四萬八千二百餘員名。

提刑按察司，按察使一，副使四，巡海一，清軍一，提學一，建寧一。僉事五，兵備一，長太一，汀漳一，同安一。分道四。

提督軍務兼巡撫都御史一，巡按御史一，或清軍一。俱駐福州。

福建輿圖

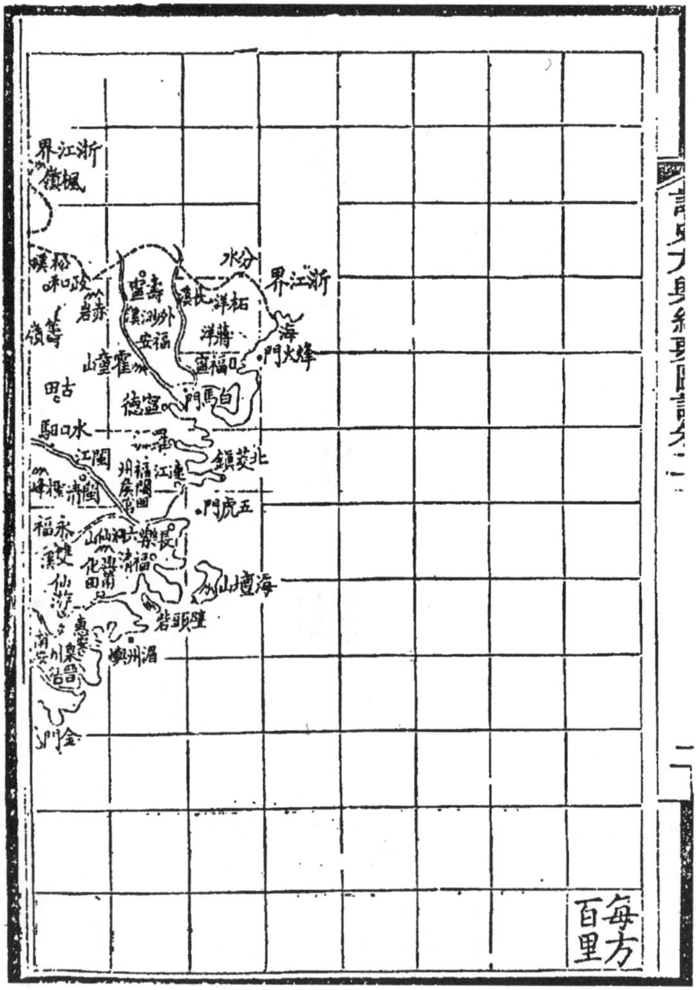
浙江界
楓嶺
分水
浙江界
松溪
政和
赤岩
壽寧
外洌溪
福安
長溪
柘洋
福寧
烽火門
海
霍童山
寧德
白馬門
古田
水口驛
閩江
連江
北茭鎮
福州府
閩清
五虎門
長樂
福清
永福
興化
莆田
仙遊
海壇山
湄州
惠安
泉州
晉江
南安
金門
每方百里

福建十一

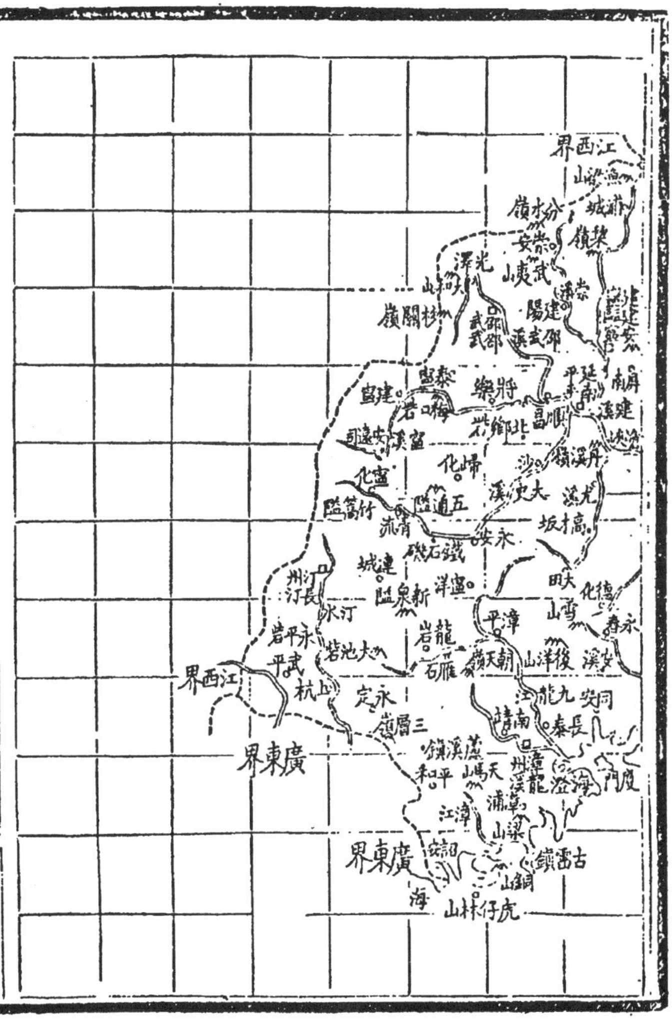
江西界
分水嶺
崇安
武夷山
光澤
杉關嶺
邵武
建陽
邵武溪
泰寧
建寧
將樂
順昌
延平
南平
建溪
歸化
安遠司
寧化
沙溪
尤溪
大史溪
五通隘
竹篙隘
清流
永安
鐵石磯
連城
寧洋
新泉隘
大田
德化
永春
雪山
長汀
汀州
汀水
永平岩
武平
大池岩
龍岩
漳平
雁石
朝天嶺
後洋山
安溪
江西界
上杭
永定
三層嶺
九龍江
同安
南靖
長泰
廣東界
蘆溪鎮
平和
天馬山
漳州
龍溪
海澄
廈門
漳浦
江
梁山
古雷鎮
廣東界
詔安
銅山
海
虎仔林山

道	福寧道，
四	巡撫，巡按，都轉運鹽使。至南京二千八百七十里，至京師六千一百三十三里。
府八	福州，秦閩中，閩越、冶縣、晉安、晉平郡、彰武軍。山多，煩，上。州一，縣十二。秋米六千五百石零。府南望交、廣，北睨淮、浙，連山距海，爲東南都會。 山險 琅琦山，府東海中，控扼海道。黃檗山，福清西南三十里，林巒重複，泉石幽勝。
州一　附郭	閩縣，漢東冶、侯官，或長樂。上中。百八十里。 侯官，漢侯官都尉。六十三里。 懷安，閩縣地。中下。四十五里。 水道 海，府東南境。南臺江，府南十五里，江滸有越王釣龍臺，因名。閩江，府西南。西峽江，府東南，
并外縣五十六。	古田，漢東侯官地。煩，瘴，盜中下。五十三里。府西北百八十里。 閩清，唐梅溪鎮。簡，瘴，裁，中下。七里。府西北百二十里。 長樂，唐新寧，或安昌。盜，上中。百十五里。府東南百里。 連江，晉溫麻。簡，中。三十五里。府東北九
	羅源，唐永貞。簡，瘴，裁，下中。十六里。府東北百五十里。 永福，唐永泰。簡，瘴，裁，下上。百三十里。府東南百二十里。 福清。唐萬安，或永昌。近海，盜，下中。四十五里。府東南百二十里。
衛十六	福州左、右、中， 鎮東，福清。
所十七	梅花，長樂東。 萬安，福清東南。

山水

大姥山，州東北，有三十六峰。州東南及寧德、福安皆沿大海。

印溪之水流經此，接仙琦江。

福寧，唐長溪縣。海盜出没，中。五十一里。府東北百四十五里。米二萬八千五百石零。

十里。

福安，唐長溪地。中中。三十三里。府東北四百九十五里。

寧德。唐感德場。東洋，中下。四十五里。府東北二百二十三里。

福寧。

定海，連江東北，隸福寧衛。

大金。州南八十里。

巡海副使。東海岸九十里，北福州永福界八十里。

興化，亦閩中地，或太平軍、興安州。煩，難治，中。縣二。米六萬石零。府界泉、福之交，海道舟車所會，而山川明秀，甲於閩中。

莆田，晉晉安縣，莆陽驛。煩，難治，上中。二百九里。

山險

壺公山，府南二十里，高百仞，頂有泉，其脉通海。又府北五里有陳岳山，峰巒泉石，無與争勝。

仙遊。清源。盜，裁、僻，煩，上中。十三里。府西七十里。

二飛山，仙遊北五里，其山宛延百里，屹立爲二，如鳥展翼。湄洲嶼，府東南七十里，海中與琉

水道

木蘭陂，府東北二十里，自泉州之德化、永春及仙遊三邑西流而下，合池谷之水三百有六十，會流至此，灌田千有餘頃。

興化，

平海。府東九十里。

莆禧。府東，隸平海衛。

市舶提舉司。東海岸百三十里,西漳州長泰界百五十里,南海岸百二里。

泉州,梁南安郡,隋泉州,宋平海軍。難治,上中。縣七。米十一萬九千石。府近接三吳,遠連二廣,襟帶嶺海,稱爲閩、粵奥區。

山險

泉山,府北八里,一名齊雲山,又名北山,峰巒高聳,上有美泉,郡以此名。卧龍山,惠安西

志稱南揖陳嵒,北枕壺公者也。

晉江,晉安縣。刁、煩,上中。一百五十三里。

繡屏山,德化北,層崖峭壁,若巨屏然。其西北又有戴雲山,山頂高聳,雄跨數里。太湖山,德化西,四面崔嵬,山頂寬平,廣數丈,有池。三合嵒,惠安北,連延萬疊,三峰聳絶,不可攀躋。

球國相望。

南安,吴東安,唐豐州。四十八里。府西十五里。

永春,本南安地,或桃源。十四里。府西北百二十里。

德化,本福州永泰地,唐析置。十三里。府西北百八十五里。

彭湖嶼,自府城出東海,舟行三日至此,環島三十六。嘉禾嶼,同

安溪,或清溪縣。栽,盜,瘴,刁,中下。十八里。府西百五里。

同安,唐大同場。盜,瘴,刁,衝。四十八里。府西南百三十里。

惠安。唐晉江地,宋析置。三十五里。府東北五十里。

水道

海,府東及同、惠東南皆濱海,自

泉州,永寧,府東南。

福泉,晉江東南。

中左,同安西南。

金門,同安東南。

高浦,同安西南。

崇武,惠安南。俱隸永寧衛。

	武平道，
	東延平順昌界百二十里，西江西建昌新城界百四十里。
北，屹立千丈，狀若伏龍。三貫山，永春西北，三峰秀拔，勢若貫天，西有大羽山、白嵒山，重岡複障，不一而足。欒山，永春東北，周數十里，時有樂聲。	邵武，吳建安，隋撫州。山溪險峻，微瘴，簡。縣四。米六萬二千五百石。府山溪宛延，居四州之上游，爲甌閩之西户。
	邵武，冶縣、昭武。微瘴，中。二百八十里。金鐃山，在泰寧西，山極高大，盤跨建寧、泰寧、寧化三縣。道人峰，在府
安海中，延袤百里，民居千户，一名厦門。	光澤，宋財演鎮。僻，簡，中。五十二里。府西八十里。水道 紫雲溪，府北，俗名大溪，東流至延平界。又府
府正東海行二日至高華嶼，又二日至鼅鼊嶼，又二日至琉球國。	建寧，本將樂地，或綏城、永寧鎮、永安場。微瘴。五十二里。府西南二百二十里。泰寧。劉宋綏
	邵武。

南福州古田界百二十里，西汀州清流界三百二十五

山險

天池山，府東，頂有池，廣數畝。七臺山，府東南百里，連跨汀、延、邵三郡。雲岊山，光澤南，蒼翠秀麗，高出雲表。百丈嶺，建寧北、閩、楚分界，鳥道懸絶。

延平，本東冶縣地，延平軍、劍州、鐔州，又南劍州。煩，衝，中。縣七。米六萬六千三百石。

南，負長溪，面榤水，秀拔爲羣山之冠，其險處名羅漢岊。白雲峰，光澤西南，其峰高峻入雲霄。峨眉峰，泰寧北，周四十里，高數十丈。杉關嶺，光澤北，邑人往來浙者道此。

南平，延平鎮，又永平鎮、龍津縣、劍浦。淳，煩，上中。九十七里。

栟櫚山，永安治北，志稱峰巒

北有樵溪，府西北有麗溪，皆勝處也。

將樂，或鏞州。盜，上中。六十四里。府西二百二十里。

沙縣，沙村縣。微瘴，上中。百十四里。府西

城地，後歸化鎮。五十一里。府西南百四十里。

順昌，唐麋水場，又永順。微瘴，頗淳，上中。五十八里。府西百二十里。

永安，沙縣、尤溪地。瘴，民

延平。

將樂，

永安。

里。

府占溪山之雄，當水陸之會，七閩襟喉處。

山險

九龍山，府南百里，山有九峰，宛延如龍。封山，將樂北，其山高大，羣峰環拱，爲一邑鎮。百丈山，將樂北百八十里，與江西分界，懸崖絶壁，高出羣山。

嵒岫，幾十餘所，雲路蒙朧，草木暢茂。永安東南有斗山，亦高峻靈異。雙髻山，尤溪西北二十里，峭壁萬仞如雙劍。鳳山，順昌西二十里，峰高百仞，西北二十里有景靈山，相對峙立。七臺山，順昌西七里，高峰絶壁，凡數千丈。梅仙山，順昌北七十里，界

百二十里。

尤溪，唐縣。瘴，刁，僻，上中。百九里。府南百五十里。

水道

三溪，在府南，自順昌、沙縣來曰西溪，自尤溪來曰東溪，二溪合於劍津，鄉人呼爲丁字水者曰南溪，南合尤溪，抵福州入海，謂之三溪。劍津，延平治東，建寧、邵武二水合流處，雷焕子過此，佩劍

悍，煩，中。六十五里。府西南二百里。

大田，嘉靖十五年置。下上。四十里。府西南四百里。

建寧道，

分巡副使，行都司。北江西上饒界三百二十里。

建寧，漢東冶縣，置東部，吳建安郡，或建州、鎮武、永安、忠義等軍。簡。縣八。米十六萬三千石。府居閩嶺上游，爲東南勝地，東水帶山，號稱名勝。山險　赫曦臺山，建陽西，高萬仞，其

甌寧、順昌間，山頂平坦，廣袤數百里。賴嵒，尤溪西三十五里，有洞廣三四里。

建安，亦冶縣地。煩，中。百四十里。甌寧，百九十九里。温嶺，崇安治西，延亘數里，五代時立鎮於此。分水嶺，崇安西北。石雄嶺，二水發其下，一入江西，一入福建。柘嶺，浦城

躍入津，化爲龍，故名。

建陽，或嘉禾。煩，中。二百十里。府北百二十里。崇安，温嶺鎮，宋崇安。中上。八十四里。府北二百四十里。浦城，漢興、吳興、武寧。中上，刁。百五十八里。府東二百四十里。

政和，本寧德地，關隸鎮。居萬山中。上，簡。五十九里。府東百六十里。松溪，松源鎮，又縣。簡，上。六十八里。府東二百四十里。壽寧。楊梅村。上。二十五里。府東二百五十里。

建寧左、右。

浦城。

頂平曠。武夷山，崇安西南三十里，峰巒大者三十六。三髻山，崇安南，三峰鼎峙，爲萬山宗。蓋仙山，浦城北九十里，一名浮蓋山，抵衢、信、括三州，泉石奇勝。漁梁山，浦城北樂平里。舊志云：十大名山，此其一也。

西二百八十里，與麗水縣分界。

水道

東溪，在府東，一名建溪，至府城西，與出崇安分水嶺之西溪合，名大溪，抵福州入海。交溪，建陽東南，合武夷九曲水交注東山下，南達建溪，經福安入海。

關隘

分水關，在分水嶺，界江、閩之間，乃入閩之第一山也。梨嶺關，浦城北安樂里，路通衢州江山縣，一名梨嶺。

漳

兵備僉事。西江西

汀州，晉新羅縣，唐臨汀郡、

長汀，唐名衣錦鄉。頗煩，瘴，

寧化，本沙縣地，唐黃連。中

連城，堡名，宋蓮城縣。頗簡，

汀州。

南道。

贛州瑞金界八十七里，南廣東潮州程鄉界三百里。

鄞江。僻，簡。縣八。秋米三萬三千七百八十石。

府居山谷斗絶間，西鄰贛、吉，南接潮州，梅嶺亦形勝地也。

山險

金山，上杭西十里，産金。羊厨山，上杭西南百里，高嵒怪石最多，據汀、潮二州之界。靈洞山，武平西十里，下有靈石湯泉，大洞三十六，小洞二十

中上。五十一里。

翠峰，府東十五里，壁立千仞，雲烟出没，非晴明不見其頂。雙峰，府東南三百里，高入雲漢。新路嶺，府西六十里，峭險壁立，行者病焉。石門嵒，連城東七里，雙石對峙，壁立萬仞。潭飛磜，寧化南，重岡複嶺，環布森列，登陟極難，磜居其中，坦

上。六十里。府東北百八十里。

上杭，本龍巖地，太平場。煩，饒，中上。六十里。府東北百八十里。

武平，舊場名。瘴，盜，刁。十九里。府西南二百十里。

清流，宋置縣。微瘴，中上。七十九里。府東北二百十里。

中。三十二里。府東南百七十里。

歸化，明溪鎮。瘴，盜，煩，淳。四十五里。府東北二百八十里。

永定。本永安地。瘴，盜，栽。淳。十九里。府南三百十里。成化十四年置。

水道

上杭，

武平。

南廣東潮州五百五里，東南至海二百里。

八。梁山，武平東三十五里，嵓石峻險，其形疊出，上有白蓮池。白雲山，連城西百里，峰巒層秀，高出雲表。

漳州。漳浦郡。地險民悍，盜賊出沒，中。縣十。米十一萬六千石。府東南極際，控扼滄濱，襟喉閩、越。

然而平，山環水合，有田有池，草木茂深，易於藏聚，宋時寇作亂於此，未幾平之，因置南平寨。象洞，武平南百里，其中廣闊，號九十九洞，宋於此置寨。

龍溪，梁縣。煩，中。九十四里。

漳浦，或懷恩。盜賊出沒，煩，衝，上。四十四里。府南百里。龍巖，苦草鎮、新羅。瘴，中。十八里。府西

鄞江，出府東之翠峰山下，一名東溪，流合東南正溪。汀水，源出府北境，由府南入海。

漳平，成化七年置。簡，瘴。三十五里。府西三百二十里。平和，本南靖地，正德十四年置。十二里。

漳州，鎮海。漳浦東北九十五里。

六鼇，漳浦東南。銅山，詔安東。

山險	梁山，漳浦南。古記云：梁山，閩中之望也，有大峰十二。將軍山，漳浦西南九十里，接詔安界，唐將陳元光征蠻，築城於此。歐寮山，詔安北，一名大帽山，南北二峰挺出。
水道	九龍江，府東北，一名北溪，源出汀州上杭、連城及延平沙縣界，至府東出峽爲柳營江，昔人以爲漳州東偏之險。又漳江，在漳浦南。石膡溪，漳浦西二百五十七里，出江西、閩、廣之交，水甚惡，徒涉則足黑，飲之則病瘴。
	四百里。南靖，或南勝。僻。十六里。府西四十里。長泰，本南安之武勝場。十二里。府南三十七里。
	府西南二百五里。詔安，南詔地，嘉靖九年置。狡，中。二十六里。府南二百里。海澄，嘉靖四十四年置。四十三里。府東南五十里。寧洋。隆慶元年置。十一里。府北四百里。
	玄鍾。詔安南海濱。俱隸鎮海衛。

海防攷附

八府東南皆濱海，倭夷倡亂，沿海肆毒，國家既設衛所巡司以控之於陸，又設水寨以防之於海。初有烽火門、南日、浯嶼三寨，後增小埕、銅山二寨。論者曰：三寨乃正兵，二寨乃游兵也。閩海第一險要在烽火門一寨，宜分作二艅，徑至鎮下門地方屯劄，而三沙、流江量撥巡哨，以遏內侵。小埕則分一䑸至西洋屯劄，一䑸量撥巡哨，以固內地。南日則分一䑸直至松下屯劄，一䑸直至舊南日屯劄，而磁澳、草嶼量撥巡哨。浯嶼則分二䑸，一䑸至湄洲屯劄，一䑸至料羅屯劄，而峰上一帶量撥巡哨。銅山則分二䑸，直至舊浯嶼屯劄，一䑸直至州上屯劄，而官仔、走馬一帶量撥巡哨。此汛地所當知者也。

其會哨則烽火至西洋與小埕會哨，小埕至百丈與南日會哨。蓋倭賊之來，由北而南則鎮下門，當以烽火門全力守之，而崳山次之；西洋當以小埕全力守之，舊南日次之；浯嶼又移而上，以全力守湄洲，而于平海衛前與南日會哨；銅山又守舊浯嶼，與浯嶼會哨。五寨兵力，各分作一大䑸，俱自北守，緊急外洋門户。故烽火必北以浙江鎮下門爲界，南以西洋爲界；小埕必北以西洋爲界，南以南茭爲界；南日必北以南茭爲界，南以平海爲界；浯嶼必北以平海爲界，南以擔嶼爲界；銅山必北以擔嶼爲界，南以環林爲界。此汛地邊均兵力足用之道也。

廣東第十二

按廣東界嶺、海間，北負雄、韶，足以臨吴、楚，東肩潮、惠，可以制甌、閩，高、廉門户，西捍交、桂之梯杭，島嶼藩籬，外控黎、夷之喉舌，阻隘崎嶇，灘流險惡，稽其形勢，亦足以雄長一隅也。是故尉佗自王于前，劉龑稱尊于後，雖是卑淺不足深論乎？安在非一世之傑焉。且地據海陸之富，珍奇珠貝，星羅碁置，故蒞兹者不必飲貪泉之水，無不懷染指之心，攘奪既極，盜賊遂興，兵戎踵至，今日之凋殘，大略可想見焉。噫，得其會潘美偏師克嶺、海而有餘，失其時張、陸諸公保崖山而不足，況非其時并非其人乎？

廣東古百越地，漢置交州部刺史，唐置嶺南道，後分爲嶺南東道，宋爲廣南東路，元置廣東及海北海南道，今爲廣東等處承宣布政使司，治廣州。左右布政使二，左右參政二，嶺東一，嶺西一。左右參議三，嶺南一，海北一。領府十，屬州七，縣六十九。總爲里四千二十八里，舊户四十八萬三千三百八十，口一百九十七萬八千二十二。夏秋二税共米麥一百一萬七千七百七十一石。

廣東鹽課提舉司，領鹽課司一十四；海北鹽課提舉司，領鹽課司一十五。二司本折色銀鹽價并引價銀共三萬七千三百八十兩。

廣東都指揮使司，隸前軍都督府。都指揮三，掌印一，僉事二。領衛十五，屬所六十六。守禦千户所四十五，本都司所屬馬步官軍三萬九千四百餘員名。

提刑按察使司，按察使一，副使四，驛傳清軍一，兵備一，提學一，屯田一。僉事七，屯鹽一，嶺東一，嶺西一，海北一，嶺南一，清遠一。分道五。

總督兩廣軍務都御史一，俱駐劄廣西梧州。巡按御史一，清軍一，俱駐廣州。市舶提舉司廣州。

鎮守太監一，裁。平蠻將軍總兵官一。

廣東輿圖補註

一、湞水，志云：出南雄北大庾嶺，經府城南，一名保水，至城西與淩江水合，昌水來會焉，環抱郡邑，始興遠近諸水悉入焉。韶州府城東南有武水，出郴州臨武縣，經宜章、樂昌，又南流合湞水，名曲江，又名虎溪，崖巖峻阻，水流危急，亦曰瀧水，流入廣州南海入北江，合流達海。

一、西江，一名大江，自廣西諸蠻地發源，經邕、横、潯、容、藤州，有繢水、灕水與此合於蒼梧，經德慶府與湞水合入于海。

一、東江，自贛州安遠縣南流達龍川河源，至惠州府東，西流過博羅入廣州界，至南海縣入海。

廣東輿圖

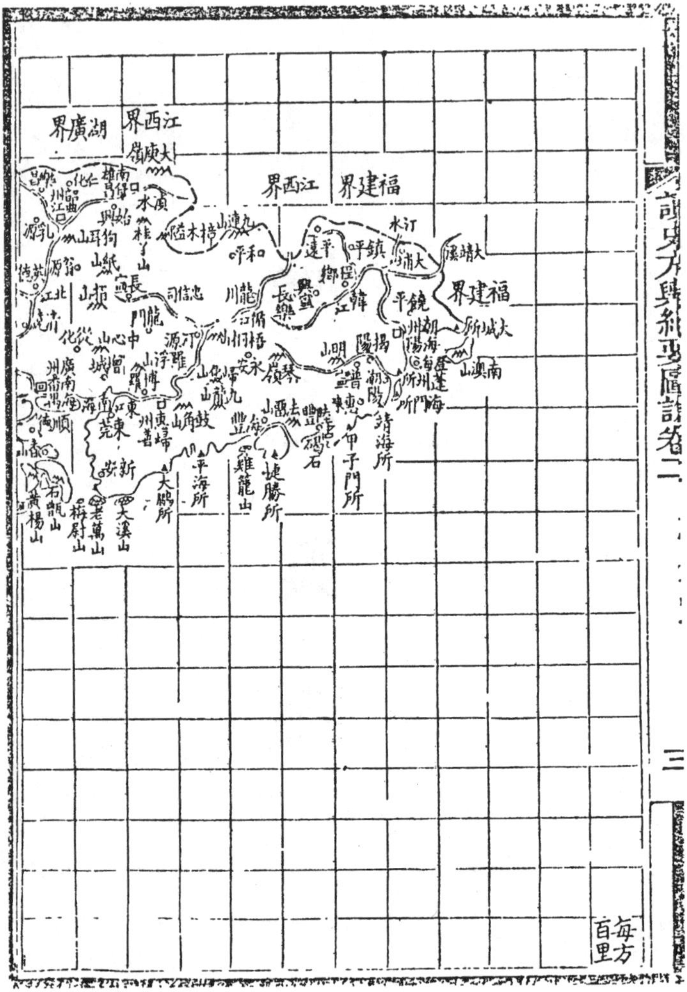
湖廣界
江西界
大庾嶺
江西界
福建界
福建界
南雄
始興
仁化
樂昌
乳源
英德
翁源
長寧
從化
九連山
和平
龍川
長樂
興寧
程鄉
平遠
鎮平
大埔
饒平
揭陽
潮州
海陽
普寧
惠來
永安
博羅
增城
順德
香山
東莞
新安
歸善
海豐
碣石
海門所
靖海所
甲子門所
捷勝所
平海所
大鵬所
大溪山
老萬山
梅蔚山
黃楊山
南澳山
大城所
每方百里

讀史方輿紀要圖說卷二 廣東十二

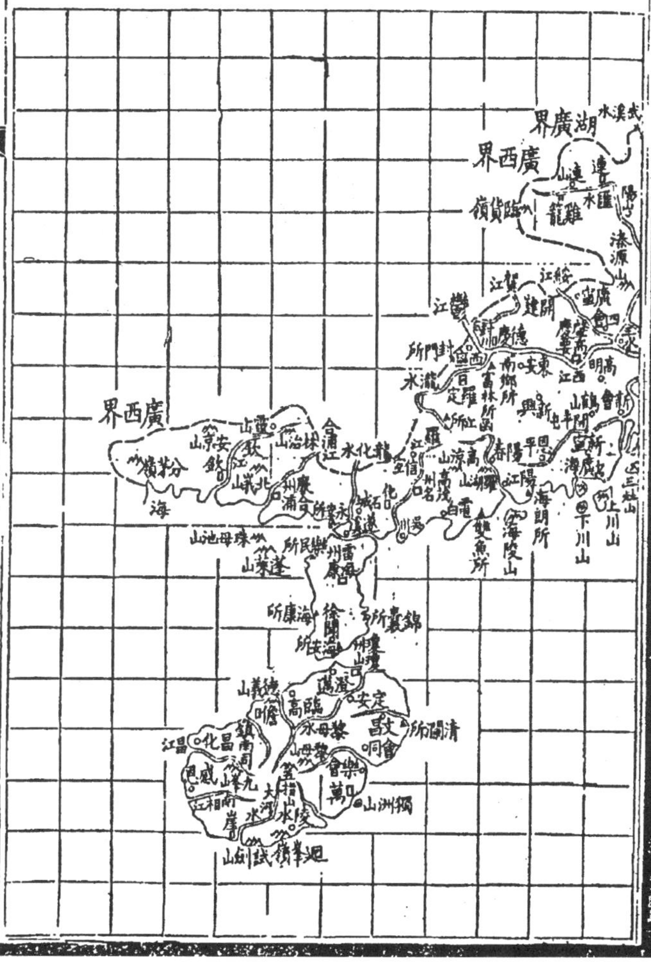

道

嶺南道，

五

巡撫，巡按，市舶提舉，鹽課提舉。府至南京四千三百九十里，北京七千八百三十五里。兵備僉事。

府十

廣州，古百越南越地，秦南海郡，或番州、清海軍。煩，上。州一，縣十五。米三十二萬石零。

府抱山帶海，總百越而連五嶺，險阻之邦，都會之區也。

山險

雙女山，去府城十里，潘美伐南漢，漢遣使請和，美挾使逕渡諸險，至於雙女

州七　附郭

南海，或咸寧、常康、胥江。上。百三十九里。

番禺，或熙安、懷化、滋湖。上。三十里。

并外縣七十五

增城，或東官郡。山險，中。九十八里。府東九十里。

順德，南海地。近海，煩，上。百六十五里。府西八十里。

東莞，寶安、鐵岡。上。百八十里。府東南二百五十里。

新寧，本新會縣地，弘治十一年置。六十里。府西南三百二

新安，萬曆元年置。僻，簡，下。二十里。府東南二百六十里。

香山，舊鎮。海中，中。三十六里。府南百五十里。

新會，岡州、義寧。煩，上中。二百三十八里。府西南二百三十里。

三水，隆慶中置。簡。五十一里。府西南

衛十五

廣州左、右、前、後，南海，東莞。廣海，新會。

所四十五

增城，香山，新會，東莞，新寧，

山，遂降。堯山，一名淩山，在海中，高四千丈，交趾皆見之。石門山，府西三十里江中，兩山對峙，漢楊僕討南越駐此。虎頭山，東莞西南五十里海中，有大小二虎山，俗言虎頭門，外夷入貢必道此。大奚山，東莞南二百里海中，有三十六嶼，周三百里。陳

連，漢桂陽，或陽山、熙平、連山郡。山險地瘴，傜賊出沒。二十里。府西北五百六十里。綠屏山，新會北十里，周八十餘里，環繞縣治。崖山，新會南八

十里。

從化，十八里。府東北百五十里。

龍門，瘴，裁，下。十七里。府西南三十里。

陽山，含洭。山瘴，裁，簡。六里。州東北百里。

水道

海，在府東南二境，浩淼無際，東流閩、浙，南通島夷，入海處曰古斗。東江，自惠州博羅西

百四十里。

清遠。漢中宿，或清遠郡，政賓省入，橫石。裁，簡，下。十七里。府北二百五十里。

連山。本桂陽、廣德。近湖廣、廣西。裁。二里。州西二百五十里。

關隘

湟溪關，在陽山縣，漢武誅建德，兵出桂陽，下湟水，在此地；陽山關，

清遠。

從化，

大鵬，東莞東南。

連州。

	北湖廣 郴州桂
峒山，增城北二百五十里，脉從庾嶺來，勢卓立，相對有虎門，亦雄勝。三黿山，香山南三百里海中，周三百餘里。	韶州，南海、始興、番州、東衡州。阻險，煩，
十里，即南宋亡處。峽山，清遠東三十里，一名中宿峽，崇山峻嶼，中通江流。大羅山，清遠西二百五十里，脉自陽山來，西抵廣西懷集縣，傜僮多居其中。順巾山，州東北四里，自順而降，爭高疊秀者以萬數，皆西北朝拱於九疑。	曲江，漢名。臨瀧、良化省入。中。三十六里。山險
流至南海縣入海。增江，出陳洞山，東南流，合防水，經增城東，至番禺入海。琵琶洲，府東南三十里，有山阜如琵琶，閩、浙舟楫入廣者多泊此。	樂昌，漢曲江地，或梁化、平石。十三里。府西北八十里。
陽山北，當騎田嶺路；皆秦置。蓮花寨，增城北百里。	英德，湞陽、浛州、英州、英德路。衝，中下。
	韶州。

陽界二百二十里。

衡，中。縣六。米五萬石。韶州控扼五嶺，爲粵東門，蓋所以脣齒江、湘，咽喉交、廣者也。

靈君山，樂昌東北四十五里，高數千仞，周數百里。監豪山，樂昌境內，岸岫如垣，所謂瀧中即此。風門山，乳源西五里，兩山夾立，中通一境。臘嶺，乳源四五里，峭拔，爲五嶺之一。皋石山，英德南十五里，一名湞陽峽，湞水抱東，其中極高。

仁化，亦曲江地。六里。府東北八十里。

乳源，本曲江、樂昌二縣地。六里。府西百里。

十里。府西南二百二十里。

翁源。湞陽，或清遠郡、涯州。下。十二里。府東南九十里。

水道

曲江，一名相江，即湞水、武水迴合處，流至英德南，又名始興江。瀧頭水，英德南十里。出翁源東一百三十里之靈池，過龜岡，至此與湞水合，甚險隘，潘美疑劉鋹有伏處也。

嶺西	
參政，兵備僉事。東廣州	東江西贛州信豐界二百四十里，北南安大庾界八十里。
肇慶，漢蒼梧、合浦地，後綏建、高要郡、端	南雄，雄州、保昌。臨江，瘴，衝。縣二。米二萬五千石。府居兩路襟喉，控帶特重。 山險 天峰山，府北八十里，陡峻淩霄，元末鄉民避兵於此。
高要，博林、平興省入。煩，衝。百里。	保昌，或湞昌、南雄州。瘴，簡，中。四十里。 油山，府東百二十里，高千仞，有小穴出油，人取利。大庾嶺，一名梅嶺，府北八十里，壁立峻峭。又有小庾嶺，在保昌東。楊歷巖，府西北二十里，頂方，廣百餘丈，泉石種種奇異。
四會，秦縣，始昌省入，南綏	始興，吳斜階，或正階。瘴，簡，僻，下。七里。府西百十里。 水道 淩江水，在府城西北六十里，有昌水來合此，共入湞水。水經境內者悉入湞。
陽江，漢高涼地，後海安、南恩路。簡，中。	關隘 秦關，府東北四十里。舊記：大庾嶺橫浦有秦關，後爲懷化驛。梅關，大庾嶺上，兩峰壁立，最高且險。
肇慶。	
四會，陽江，	南雄。

道，

南海縣界九十里，西廣西梧州蒼梧界四百里。

州、信安郡、興慶軍。煩，衝，上。州一。縣十一。米十萬石。

府阻山濱海，居上游之界。

山險

高要峽，即高峽山，一名羚羊峽，在府東三十五里，吳步騭取南海，戰於峽口，即此。

頂湖山，府東北五十九里，雄峻爲一方之勝，頂有湖。

海陵山、陽江

州、須州。僻，穴。六十里。府北百三十里。

高明，裁，僻，簡。十八里。府東南六十里。

陽春，本高凉地，及春州、南陵郡。瘴，簡，下。二十四里。府南二百四十里。

慶寧，嘉靖三十七年析四會地置。十二里。府西北二百九十里。

五十里。府南三百四十里。

新興，漢臨允，或新寧郡、新州、索盧、新昌。簡，中。三十八里。府南二百四十里。

恩平。恩州、南恩州。賊，同前，下。二十二里。府南二百七十里。

新興，

陽春，

海朗，陽江東南五十里。

西南七十里海中，延袤三百餘里，一名羅洲，張世傑自崖山潰圍而出，至此死焉。鉛坑岡，陽春北，出鉛銀沙礦。

德慶，漢端溪，或晉康郡、康州、永慶軍。傜民雜，簡，衝，中。六十三里。府西二百里。

水道

漠陽江，出陽春北八十里之雲浮山，南流合羅鳳、石綠水，經陽江縣南三十里之北津港入海。志云：東南海洋，類皆阻於石，舟行徑丈餘，故賊不敢出入。古武水，府東八十里，一名

瀧水，晉龍鄉、平原，或瀧州、永熙郡。賊，僻。二十五里。州南百五十里。

綏江水，四會治南，一名滑水，又名綏建水，出廣西懷集縣，由峽中曲折而下，至此與縣北百里龍江會焉。瀧水西南八十里有瀧水出傜境大水山，灘石奇險；東南六十里有上烏水，亦急峻，下流

封川，漢廣信，或成州、封興、蒼梧郡、臨封郡。淳，瘴，簡，中。十四里。州西百五十里。

開建。本封陽地，或南靜郡。四里。州西北二百十里。

德慶，

雙魚。陽江西百五十里。

北廣西梧州岑溪界百三十里，南海岸百三十里，西廉州石康界二百四十里。

高州，漢高涼，或高興郡。山瘴，盜賊出没。州一，縣五。米六萬六千石零。府山環土厚，名勝爲多。

山險

鑑山，電白北二里，舊有寶山銀坑。來安山，化州北八十里，險峻入雲，昔人避兵於此。

茂名，或潘州，南巴、潘水省入。近山，傜賊出没，瘴，簡，中。四十六里。

化。羅州、石龍、南石州、辨州、陵水郡。簡，瘴。三十七里。府西南九十里。

水道

清岐水，南入大江，自昔設關屯兵用武處。

電白，或郡，海昌郡，良德、保寧省入。栽，僻，瘴，中。四十六里。府東北四十五里。

吴川，隋名幹水，零緑省入。栽，簡，瘴，下。二十七里。州南七十里。

鑑江，府北，出鑑

與瀧合。

信宜。唐信義、南扶州、竇州，特亮、潭峨、懷德省入。簡，瘴，傜賊，栽，下。五十里。府北八十五里。

石城，或羅州、廉江縣。栽，僻，瘴。四十六里。州西百十里。

神電。電白東南百八十里。

高州，信宜，寧川，吴川東南。石城。

	嶺東道，
	兵備僉事。北江西贛州龍南界六百三十
	惠州，梁化郡、循州、龍川郡、海豐郡、禎州、博羅。衝，煩。
高源水，在信宜西北百里，至城西南會潭峨水，名潭峨江。入縣有竇江，東北八十里有麗水江，皆境內名川也。按竇江有二源，合入海。南廉水，在石城東，源出容縣界，東南流入海，通廉州合浦縣。	歸善，欣樂縣，苦竹。上。四十五里。山險
山下，縈繞城郭，合陵羅水東南入海。按陵水出廣西北流縣扶來山下，南流七十里與化州北九十里羅水合，所云陵羅，未知是否。又吳川治西有吳川水，志云自鑑江分流至限門入海者。	博羅，秦縣，羅陽省入。莫村。上。五十六里。府西北三十里。
硇洲，吳川南百四十里，屹立海中，宋端宗駐此。限門、吳川南三十里，其門隘狹，曲折納三川之水放於海。關隘 北額寨，電白土保寧鄉。那黎寨，茂名下博鄉。硇洲寨，吳川南四都。	龍川，秦縣，或雷鄉、雷江。裁，簡，瘴，中。八里。府東北
	惠州，
	龍川，

里。

縣十。米一萬七千石。

府接梅、潮而連汀、贛，襟山帶海，稱爲名勝。

水道

新興江，河源西，石磧峻險，東南流五百五十里入槎江。通海河，興寧北七十里，合長樂吴田、東溪、西溪共六十一溪，至潮州入海。

羅浮山，博羅西北三十里，廣州分界，一名博羅，高三千六百丈，周三百餘里，嶺十五，峰三十二，泉石奇勝難名。嵩螺山，長樂南九十里，峰巒連亘，起歸善、海豐，終於潮州，是一方之鎮也。

長寧，本歸善及韶州英德二縣地，隆慶三年置。六里。府西北四百里。

海豐，晉東官郡地，或陸安。裁，僻，下。四十里。府東三百里。

河源，休吉縣省入，石城。衝，中。十里。府北百五十里。

四百里。

長樂，舊鎮。十里。府東北四百八十里。

興寧，或齊昌府，裁，中，盜。七里。府東北百十里。

和平，正德十三年置。四里。府東北二百八十里。

永安。隆慶三年析歸善、長樂地置。七里。府東北二百五十里。

碣石。海豐東南百二十里。

長樂，

平海，府南。

海豐，

捷勝，海豐。

河源，

甲子門。海豐東。

北福建汀州上杭界三百十五里，東海岸百五十里。

潮州，義安郡、東揚州、瀛州、潮陽、鳳城。煩，上。縣十。米十六萬四千石。府居閩、粵之界。山險

大河山，府北二百里，高百餘丈，周四十里，因西有大河，故名。

海陽，晉縣。衝，上。百七十里。

揭陽，漢縣。煩，僻。七十八里。府西北七十五里。

潮陽，晉縣，武寧。上。三十六里。府南百三十里。

程鄉，蕭齊置，或敬州、梅州。賊，瘴，裁。十八里。府西北三百里。

澄海，嘉靖四十二年析饒平、揭陽、海陽三縣地置。五十五里。府東南六十里。

饒平，本海陽地，名三饒，成化十四年置。瘴，僻，中。四十六里。府東二百里。

大埔，嘉靖五年析饒平縣地置。裁，中。二十里。府東北百六十里。

惠來，本潮陽、海豐二縣地，嘉靖四年析置。裁，中。三十里。府西南三百里。

普寧。嘉靖四

潮州。

大成，府東北二十里。

海門，潮陽。

靖海，潮陽。

程鄉，

蓬洲。揭陽。

海北道

東海岸十里，西南海岸二百里。

參議，兵備僉事，鹽課提舉。

雷州，漢徐聞縣，或合州、南合州、東合州、海康郡、雷江。衝，中。縣三。米五萬五千石。府地濱炎海，有道可通閩、浙。

廉州，秦象郡地。瘴，下。州一，縣三。米三

海康，簡，衝，中。三百里。

山險

圍洲山，遂溪西南二百里，舊名大蓬萊，絕高大，民以採珠爲業。

合浦，漢縣。瘴。二十六里。

平遠，嘉靖四十三年析程鄉及惠州府興寧地置。四里。府西北三百八十里。

遂溪，隋椹川、鐵杷二縣，新安。中，瘴。四十八里。府北百八十里。

水道

老鴉洲，抵瓊州界四里。

石康，合浦。十里。府北三十里。

十三年析潮陽地置，名安普，萬曆十年改今名。十四里。府西南百二十里。

徐聞，漢名，或齊康、隋康、英利。中，瘴。九十里。府南百五十里。

雷州。

廉州。

海康，遂溪。

樂民，遂溪。

海安，徐聞。

錦囊，徐聞。

永安，合浦。

北南寧橫州界三百六里。

萬六千石。府環山而居，馮海爲郡。

欽。合浦地。栽。十里。府北百四十里。
水道 廉江，府北三十里，即合浦江也，一名南流江，又名晏江，西南入海。

靈山。簡，下。三十里。州北二百十里。
關寨 如昔寨，欽州西百六十里交趾界。

欽州，靈山。

海南道。

兵備副使，右參將轄南北海。
北海岸十里，南海岸千一百三十里，東西海岸皆四百

瓊州。漢珠崖。煩。州三。縣十。米八萬石。
府無瘴，所屬俱瘴。
府外抱大海，中盤黎洞，而州各據一隅，廣大不啻千里。
山險

瓊山，漢瑇瑁。上。一百四里。

澄邁，漢苟中。中。五十六里。府西六十里。
臨高，唐臨機。中下。六十七里。府西百八十里。
定安，裁。二十六里。府南八十里。

文昌，漢紫貝。中。三十八里。府東百六十里。
會同，裁，下。七里。府東南三百五十里。
樂會。裁，下。十二里。府東南三百五十里。

海南。府城。

清瀾，文昌。

餘里。

黎母山，定安南四百里，高大，亦名大五指山。又有水五派，流繞四州，悉入于海。

儋，漢儋耳郡。上中。四十六里。府西南百七十里。

萬，本文昌地。簡，中。二十九里。府東南四百七十里。

崖。漢珠崖郡地，或振州。簡，中。十五里。府南千一百十里。

昌化。裁，下。九里。州南二百九十里。

陵水。隋置。裁，下。九里。州南六十里。

感恩。漢九龍，隋改今名。裁，下。九里。州西北三百二十里。

水道

建江，定安治北，出五指山下，南入海。金仙水，萬州北，出五指山，入海。海口港，接雷州，亦名海口渡。

儋州，昌化，萬州，南山，陵水。崖州。

海防附攷

廣東三路雖竝稱阨要，而東路尤甚，蓋惠、潮與福建接壤，漳船通番之所必經，議者謂潮州爲嶺東巨鎮，柘林稱南粵要區，撫背扼吭之防，不可一日緩也。而靖海、海門、蓬州、大成諸所，又皆跬步海濤，所賴以近保三陽，遠衛東嶺。若惠州、海豐，東南濱海，捷勝、平海、甲子門皆瞬息生變，惠、潮守備駐劄，固有以嚴其防矣，然不如柘林爲要也。柘林乃南粵海道門户，據三路上游，番船自福趨廣，必從此入，且水寨有一日之遠，警報易阻，無柘林則無水寨，即無潮、惠，故當以此爲津要之首，而靖海、碣石、甲子門等處遞加防固，此守東路之上策也。廣州郡環大洋中，哨樓船亦不可緩，使賊來犯柘林一路，有以遏其衝，勢難越中路之屯門、虎頭門等澳，而南頭澳可停船以待潮，或據爲巢穴也，故險患尤甚，此守中路之急務也。若西路則高、雷、廉一路，逼近占城、暹邏、蒲臘諸番，島嶼錯列，防閑或懈，變在肘腋矣。神電一衛，所轄皆高州南岸也，瓊州又其外户也，心腹盡爲黎處，郡守封疆，悉皆濱海，防維之責難盡。崖州舊有參戎，果無曠厥官哉，此西路所當經畫者也。

廣西第十三

按廣西之境，當嶺南右偏，雖三江襟帶，提封亦廣，然内阻傜峒，外迫邊關，形勢殘缺，雖有賢豪崛起，誠知其難也。蒼梧一道，夙稱要會，桂林而北，足以驅馳，要其得失，亦在尺寸之間，而非鞭箠大略也。若夫保疆息患之道，吾姑取已往之説，綜其利害焉。説者曰：廣西風壤氣習，大略與廣東異。府江綿亘八百里，半爲苗夷所有，阻兵江道，肆爲寇掠，不但古田、荔浦遭其吞噬也；潯州大藤峽跨在黔、鬱二江之間，諸蠻巢穴憑焉，剽竊四出，迫則投竄，雖有藤州五屯所扼其咽喉，未始減也。若夫西延六洞與武岡、邵陽接壤，皆傜據之，爲桂林北境之禍；柳、慶以西，則八寨實爲盜區，洛容、懷遠竝罹荼毒，而賓其咽喉矣。右江一帶，岑氏最强，思恩既已殘破，泗城猶嬰獘之虎，計非削弱不可也。且南控兩江，坐躡交阯，桂管保障，其在是乎？

廣西古之百粤地，漢領於荆、交二州刺史，唐隸嶺南道，後置嶺西道，宋屬廣南西路，元置廣西兩江等道，後設行中書省，今爲廣西等處承宣布政使司，治桂林。左右布政使二，左右參政三，管糧一，蒼梧一，桂平一。左右參議二。柳州一，潯州一。領府一十一，内羈縻四；

屬州四十六，内羈縻三十三；縣五十七，内羈縻四；長官司二。總爲里一千一百八十二里半，舊户十八萬六千九十，口一百五萬四千七百六十七。夏秋二税共米麥四十三萬一千三百五十九石，鈔一百四錠。

廣西都指揮使司，隸右軍都督府。都指揮三，掌印一，僉書二。領衛十，屬所五十五。守禦千户所二十一，儀衛司一。本都司所屬馬步官軍一萬二百餘員名。

提刑按察使司，按察使一，副使五，清軍一，提學一，分巡二，府江一。僉事四，分巡四。分道四。

總督都御史一，鎮守太監一，平蠻將軍總兵一，駐梧州。見廣東。副總兵一，駐桂林。巡按御史一，或清軍一。俱駐桂林。

王府：一。靖江府，高從孫，封桂林，一千石，護衛一。

廣西輿圖補註

一、灕江與湘江俱出興安南七十里之海陽山，流五里而分，南爲灕水，一名桂江，漢討南粤，戈船將軍出零陵，下灕水，即此也。行二百餘里，至府城下，境内諸水悉合焉。又合府南五十里之相思江，經平樂府城南，有荔水自柳州發源，經修仁、荔浦而來入焉，過梧州府城西合大江，抵廣東番禺入海。或名始安江，即桂江也。

一、大江二，左江出交阯廣源州，經龍州南曰龍江，入太平府，經崇善縣境，諸水悉會，遶府城東西南三面，名府前江，流至南寧府西五十里之合江鎮，合右江。右江出峨利州，或曰富州，歷上林洞，過田州東南境，亦至合江鎮而合左江，名曰大江，亦曰鬱江，又曰南江。經潯州府城南，府北黔江之水合焉，是爲潯江。至藤縣北繡江之水合爲藤江，又名鐔江，總曰大江。至梧州府城南合桂江，又東直抵廣州番禺入海。漢武使馳義侯發夜郎兵下牂牁，會番禺，即此也。

一、湘水與灕水同源，北爲湘水，合越城嶠水至全州，州北五十里之洮水、灌陽南九十里之灌水悉入焉，入永州界爲湘江。

一、龍江，源出慶遠天河縣石岸嶺，府南之洛蒙江合焉，流入融縣境，縣東之融水會焉，歷柳城而合於柳江，至宜賓南，都泥江自遷江分流合賀水至此，又合雷江入柳江，自爲大江。自遷江、象州抵潯州，亦曰黔江，亦曰北江，趨城南而合鬱江，曰潯江，東至藤、梧，至廣州入海。其詳見於後。按所載諸水，大略輿圖中有異同，存以俟考焉。

廣西輿圖

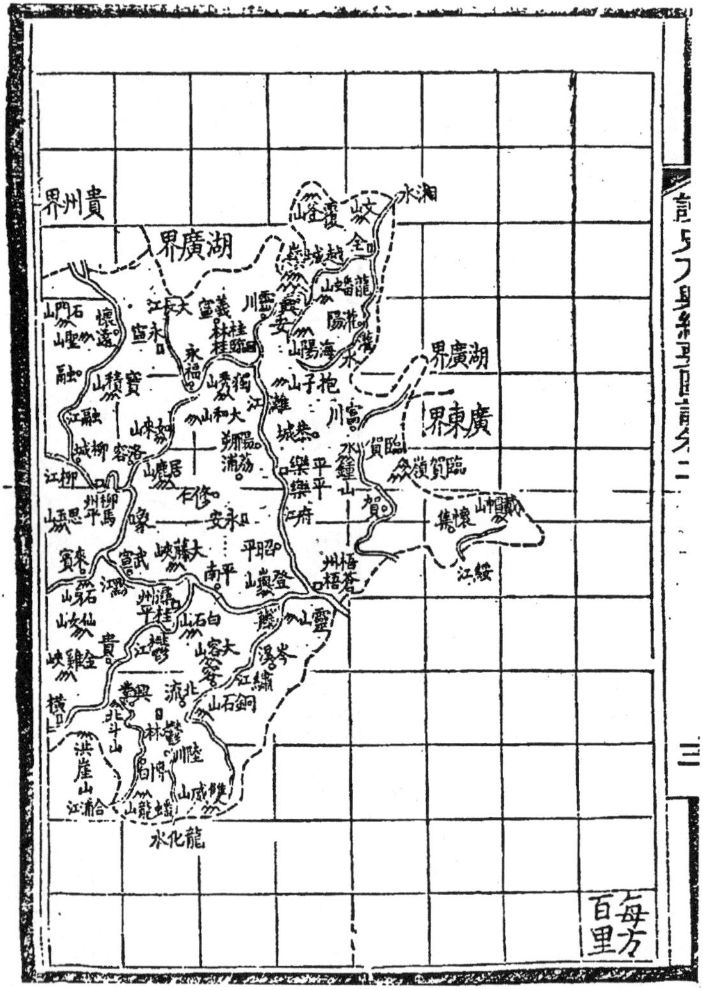

貴州界
湖廣界
湘水
全
湖廣界
廣東界
臨賀
賀
懷集
綏江
梧州
蒼梧
富川
鐘山
平樂
昭平
永安
修仁
象
武宣
大藤峽
桂平
平南
柳城
柳江
融江
寶積山
永寧
永福
興安
靈川
義寧
桂林
臨桂
陽朔
荔浦
灌陽
獨秀山
大和山
洪崖山
大容山
白石山
銅石山
興業
北流
陸川
博白
合浦江
龍化水
每方百里

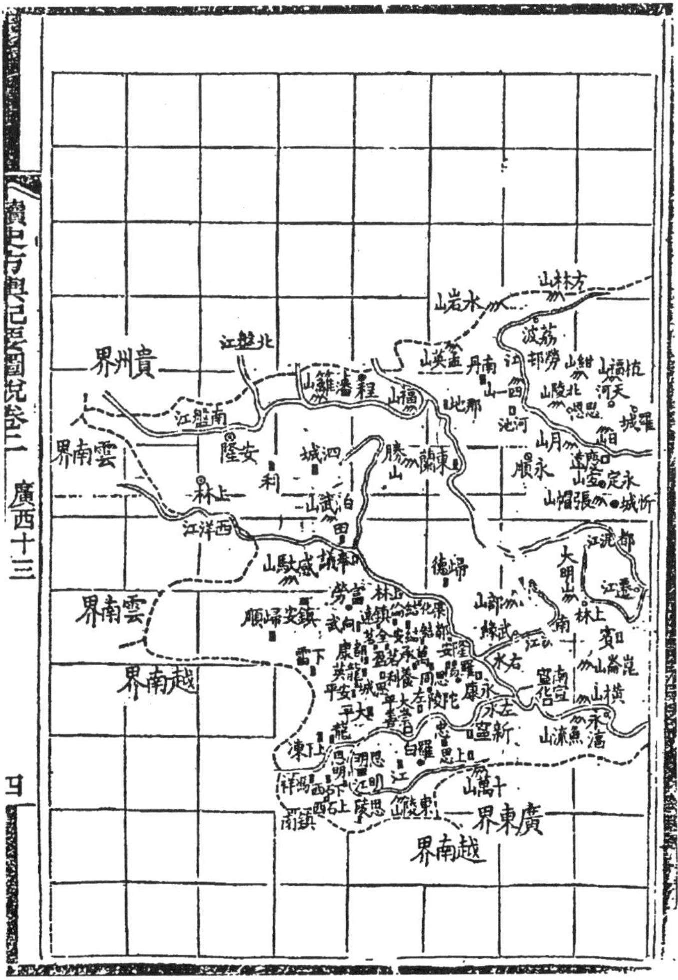
廣西方輿紀要圖說卷二
廣西十三
貴州界
雲南界
雲南界
越南界
越南界
廣東界

道	桂平道，
四	巡撫，巡按。東湖廣道州界六百里，北武岡州界三百八十里，至南京四千二百九十五里，北京七千四百六十三里。
府十一	桂林，秦郡，始安、始建、桂州、建陵、静江、臨桂。煩，上。州一，縣九。米十二萬五千石零。府居五嶺之表，控兩越之交，被山帶江，爲西南都會。山險 普安山，府南三十里，山勢宛延，回翔其頂，有泉四時不竭。百丈山，靈川北十五里，一名把丈
州四十六附郭	臨桂，始安，福禄、慕化省入。煩，上，百三十九里。○隆慶四年改古田縣爲永寧州，以永福、義寧二縣屬焉。
并外縣五十七	興安，唐臨源、全義、溥州。裁，簡，中。二十里。府北百三十里。靈川，唐縣。煩，中。五十里。府西北五十二里。陽朔，或歸義。裁，簡，中。十三里。府南百四十里。
	永福，唐名。裁，簡，瘴，中。十二里。府西南百里。義寧，舊鎮。裁，猺賊多，中。十三里。府西北八十里。古田，唐純化，又古縣。裁，簡，下。十里。府西百五十里。理定。煩，衝。五里。府西南百六十里。水道
衛	桂林中、右，廣西護。
所	

山，重巒疊嶂，綿亘數里。始安嶺，府西一里。圖册云：「秦開五嶺，此其一也。」越城嶺，興安北三里，五嶺之最西嶺也。屏風嶺，府東北五里，一名程公巖，斷石屹立，高百餘丈，中有平地，可容百人。

全。漢洮陽、零陵地，隋湘源。頃，上。八十九里。府東北二百五十里。

灌陽，零陵地。裁，簡，僻，下下。八里。州南九十里。

關隘

嚴關，興安西南十七里，兩山對峙，勢極險隘。昭義關，灌陽東六十里。香烟寨與禄塘、長烏、羊狀、峽石、磨石、獲源共七寨，俱在全州界，宋置。吉寧寨，灌陽西八十里，在縣境者又有洮水、灌水二

附攷

回濤堤，府東南，築以捍桂水。

黃源水，古田西，經永福、臨桂界入灕江。癸水，府城東。志云「灕江流二百里合癸水」，即此也。西湖，府西三里，環浸隱山六洞，闊七百餘畝，勝概甲於一方。靈渠，興安北，其源即灕水，秦戍五嶺，命史禄鑿此以通舟楫，漢馬援南征，餉道亦出此，歷代皆加修浚。

全州，

灌陽。

東廣東廣州連山界五百里，南梧州蒼梧界四百二十里，北桂林灌陽界三百四十里，西桂林陽朔界六十里。

寨，宋置。

平樂，始安、樂州、昭州、昭潭。多傜，簡，中下。州一，縣六。米二萬六千石零。府崇山峻川，爲嶺表之襟喉。

山險

西山，府西，灕、樂二水流合處有巨石八尺，屹立水中。縈山，府東九里，山勢縈回，有九峰，險不可陟。秦山，富川北百八十里，高二千餘

平樂，立山、永平省入。裁，僻，中下。六里。

永安。立山。傜多，瘴重，裁。五里。府西南百六十里。米一千石零。

恭城，裁，多傜，中下。一里。府西北百里。

富川，漢縣，或富水。裁。二里。府東北二百六十里。

荔浦，漢縣，唐荔州。裁，瘴，下。三里。府西北七十五里。

昭岡潭，府東二里之考盤澗口有十六灘，志云：静江至梧州，

賀縣，臨賀，或郡，又臨慶、綏越郡、賀州。裁，簡，瘴。六里。府東二百八十一里。

修仁。或建陵郡、晏州。同上。二里。府東北百四十里。

平樂，

賀縣，

富川。

蒼梧道，

總制，分巡僉事，總兵，參政。

東廣東肇慶封川界三

丈，北連道州。橘山，賀縣東二十五里，有七十一峰，舊有銅冶，山多橘。臨賀嶺，賀縣境，五嶺之一也。記曰：大庾、始安、臨賀、桂陽、揭揚，是名五嶺。

梧州，漢廣信、蒼梧郡、交州。煩，衝，上。州一，縣九。米一萬石零。府地總百粤，山連五嶺，前引長

水道

富江，富川東，亦名靈溪，南流合賀縣東之賀水、臨水，下流入海。樂川水，府西，源出道州東。有誕山江，恭城有平川、西水等江會入灕水。

蒼梧，猛陵，戎城省入。傜多，瘴輕，煩，衝，上。二十二里。

灘瀧三百六十所，昭潭其中分處也。自昭潭以上至静江不甚險，下至梧則石鋭灘高，水有湍急之勢矣。

藤縣，猛陵地，或建陵、永平郡、寧風。衝，煩，上中。四十四里。府西六十里。

容縣，漢合浦

岑溪，或永業郡、南義州。裁，僻，瘴，下。七里半。府西南二百九十里。

懷集。漢四會地，或懷遠，洊

梧州，

懷集，

容縣，

十里，南高州信宜界百八十里。

江，後連原阜，極水陸之衝，不特咽喉桂、柳，亦脣齒湖、湘者也。

山險

石人山，藤縣南三里，山勢峭拔，下臨深淵。容山，容縣西北二十里，山極迥闊，藤、容、北流、興業諸縣，鬱林、高、潯諸州分據其麓，皆以此爲望。宴石山，博白西南六十里，山皆盤石，壁立峭絶，

鬱林。漢郡，或鬱州、興業、南流。簡，僻，中，瘴。四十三里。府西三百三十里。

鐵圍山，興業南十餘里。山有四門，東門通人行，有巖竇泉流之勝；南門半有土基，相傳古敵樓也；西、北

地，或蕩昌、銅州、容州。栽，僻，瘴，中。十六里。府西三百四十里。

博白，唐南州，或白州。栽，簡，瘴，下中。三十三里。州西南七十里。

北流漢合浦地。栽，僻，傜多，瘴，上中。二十里。州東四十五里。

水道

繡江，藤縣東南，源出高州，經容

水省入。中，栽，瘴。四里。府東北百二十里。

陸川，南巖州、龍豪、公平。簡，瘴，中下。十五里。州南七十里。

興業，石南、興德省入。傜，瘴，中下。七里。州北七十里。

懷溪水，在懷集縣，合馬寧、化兜等水，經廣東

鬱林，

五屯屯田。藤縣西北百里，隸都司。

北臨大江，中有流泉。又縣西四十里有伏割山，産象。句漏山，北流東北七十五里，石峰千仞，有嵒水、洄曲、寶圭、白沙等洞，普照、獨秀等嵒，而獨秀嵒尤擅林洞之勝，有石室可容數千人。

附攷

石寨，在句漏山，方圓約二頃，環以十二峰，一名巫山寨。

二門多石，不通人行。古名鐵城，州嘗治此。將軍嶺，博白東北二里，狄青討儂智高嘗駐此。又縣南五十里有緑秀嶺，林木菁葱，因名。白石山，在鬱林州，志云：周七十里。赤水峽，藤縣東六十里李白巖北，兩崖壁立，一水中流，林木鬱然，嵐氣朝夕不散。

縣與藤江合流。又容縣南有容江，過藤、梧入海。南流江，在州南，源出大容山，州北西望江，州西定川江皆合焉，至博白縣境南立水、欽馬、陵馬諸水皆入焉，又南經廣東之廉州府悉入於海。

四會縣入南海。崑崙水，陸川東三十里，經廉州石康入海。東安水，府東四十里，入封川界。馬門灘，北流西南四十里，馬援曾鑿此，餘二石雙立如門，水流其中。又藤南有鴨兒灘，極高峻。繫龍洲，府東七里，在大江中，俱有民居林木。

左江道，

兵備僉事。東賓州界百二十里，南廣東欽州界百三十里。

南寧，漢領方縣，後晉興郡、宣化縣、南晉州、邕州、朗寧郡、建武軍。多商賈，衝，上。州四，縣四。米四萬七千石零。府外臨交、海，内連溪洞，而横州地勢險阻，尤爲諸郡之咽喉。關隘崑崙關，在崑崙山上，宋狄青破儂賊處。合江鎮，府西五十五里。又有遷隆鎮，去府四程。永平

宣化，朗寧、如和、思籠省入。傜少民多，上。五十二里。

横，本高梁地，寧浦、緣州、横縣。有傜，衝，上中。十五里。府東二百十里。

上思，遷隆。改土歸流。三里。米六十七石。府西南三百里。

歸德，改土。一里。米百十石。府西二百五十里。

武緣，樂昌、封陵省入。裁，衝，傜，上。十五里。府北八十里。

永淳，淳州、永定、巒州。裁，中。七里。州西一百三十里。水道八尺江，府東南六十里，出廣東欽州界，北流合鬱江。武流江，横州東五十里，出廣東靈山界，至此轉合州西南

隆安。嘉靖七年置。中。十里。府西北百八十里。山險武號山，府南十里，山勢雄武，拱揖城郭。馬退山，府北十五里。舊記：山亘數百里，尾盤荒陬，首枕大溪，諸山朝拱。苦竹山，府北十五里，多苦竹。思玉山，府東六十里，跨柳州境。崑崙山，府東九十里，極

南寧，馴象。横州。

武緣。

參議，參將。東梧州

潯州，桂平、潯江郡。簡，中。州一，縣三。米

寨，府西境，志云：去府十程。又有古萬等寨，宋置。

桂平，漢布山，潯州，後陵江省入。瘴少，中，

果化。改土歸流。一里。府西北三百二十里。二州初屬田州府，弘治十八年改今屬。隆慶六年增置新寧州，在府西二百里。萬曆十八年又置下雷州，在府西五百八十里。俱屬南寧府。

平南，晉武城、大同、武林省入。中。三十

五十里之槎江。秋風江，永淳北十里，亦出靈山，入鬱江。邕溪，府西十里，源出欽州。

貴縣。漢廣鬱，或陰平、定州、南定州、尹州、

險，故設關於此。横山，府東八十里，高峻，宋置横山寨於此，爲市馬之所。秀林山，横州西十里，林木秀鬱。鏌鋣山，武鄉東五十里，山勢崎嶇，古有鏌鋣關。望仙坡，府城東，狄青等征儂賊嘗駐於此。

潯州，奉議。貴縣。

貴縣，向武。貴縣。

藤縣界百六十五里，西南寧宣化界五百十八里。

二萬六千零。

府環山帶川，於黔、鬱稱雄勝。

山險

白石山，府南六十里，有獨秀峰。南山，貴縣南二十里，有二十四峰，峭拔甲於一郡。又有東山、西山、北山，分繞四面，皆不踰三十里，俱稱勝云。大藤峽，府西北百五十里，大山夾江，綿延數百里，山勢險峻，中多傜人。

上，裁，簡，衝。二十四里。

武靖。成化三年置，改土。府東北三十里大藤峽內碧灘、馬流灘之間，萬曆末州廢爲武靖鎮。

會仙巖，在白石山上，磴道險峻，冠於一方。羅叢巖，府西南六十里，其巖明爽可容三四百人，洞壑諸勝，爲郡偉觀。

七里。府東百三十里。

水道

龔江，在平南東南，一名都泥江，西通邕、宜二江，東過藤、梧會諸川入海。寶江，貴縣西二里，一名浮江，來自賓州，入鬱江。銅鼓灘，潯江中，與碧灘、弩、思傍灘、研石灘爲五灘，水石險隘，有聲如雷。

懷澤郡。上中，裁，簡。三十六里。府西百四十里。

東交趾界二百四十五里，西龍州界二百里，北向武州界三百里，南江州界六十五里。

太平，漢麗江，宋五寨。傜，獞，中。五里。州十五，縣四。米二千石零。府山川環繞，壤連交趾。山險

金櫃山，府城外江東，中虛可容百人。鰲頭山，府東四里，屹立江心，春夏波濤衝激，有聲如雷。青連山，府北五里。上下凍州亦有此山，自交趾廣源州發脉，西連州治。拱

崇善，崇山。知土，近流。簡，獞。二里。米二十八石六斗。初治府西北五十里，嘉靖十九年遷入附郭。

太平，瓠陽。知土，吏目流。下下。四里。府西北八十里。米二百三十九石，貢馬。

思城，上下二州并入，知土。二里。府北百里。米百八十石，貢馬。

永康。康山。知土，今流。一里。簡，獞。米百五十五石。府東北二百里。

太平後。

天嶺，上下凍州南十里，山峻而長，連亘百里，東南接交趾，山頭皆北向，因名。

安平，波州、安山。知土。五里。府西北百十里。米百九十三石，貢馬。

養利，歷陽。二里。府北百五十里。米百四十八石一斗五升。

萬承，萬陽。知土。二里。府東北百五十里。米五十石，貢馬。

左州，左陽。知土，今流。四里。府東北百

里。米二百三十四石四斗。

全茗，連岡。知土。一里。府北百六十里。米百二十石，貢馬。

鎮遠，古隴。知土。一里。府東北二百八十里。米九十九石。

思同，永寧。知土。四里。府東二百里。米八十石，貢馬。

茗盈，舊峒。知

土。一里。府東北百六十里。米百三石，貢馬。

龍英，英山，懷恩州省入。知土。二里。府北二百十里。米七十八石，貢馬。

結安，舊峒。知土。一里。府東北二百二十里。米七十八石，貢馬。

結倫，那兜，又結安峒。知土。一里。府東北二百三十里。米百二十石，貢馬。

都結，渠望。知土。一里。府東北三百三十一里。米九十八石，貢馬。

上下凍。凍江。知土。一里。府西二百二十里。米百二石，貢馬。

陀陵，駱駝。知土。傜，獞，下下。五里。府東北百五十里。

羅陽。福利。知土。一里。傜，獞。貢馬，米百五十五石。府東三百里。

右江道。

參議，參將。

東桂林修仁界二百三十里，西慶遠天河界二百五十里，南南寧宣化界四百里。

柳州，馬平、龍州、昆州、南昆州、象州、龍江城。中上，衝，煩。縣十，州二。米五萬二千石。

府居嶺嶠之表，控蠻洞之交，山川名勝不亞於桂郡。

山險

新峒山，府西南十里，有洞可容百人。白面山，象州南七里，石壁屹立，橫絕大江中，俗名挂榜山。聖塘山，象

馬平，漢潭中。裁，傜多，中上。七里。

洛容，象縣省入。傜，獞，下下。五里。府東北百五十里。

羅城，琳州洞。獞，裁，簡，中下。五十里。府北七十里。

柳城，龍城、龍州。縣在左江東。裁，衝。十二里。府北七十里。

懷遠，本牂柯夜郎境，王口寨、懷遠軍、平州、三江鎮。下下。九里。府北三百十里。

融縣，齊熙、東寧州、融州、義熙、清遠軍。七里。府西北二百五十里。

來賓。嚴州，循德、歸化、武化省入。裁，中下。九里。府南七十里。

柳州，

融縣左，

來賓中，

州東百餘里，高難登。寶積山，融縣東五十里，兩峰相連，產鐵。堡積山，遷江東二里，疊石崔嵬，不通道路，山頂稍平，鄉人避兵於此。

象，漢中溜、潭中地，陽壽。裁，簡，瘴輕，傜多，中下。十里。府東南百三十里。米三千石零。

賓，漢領方，臨浦，安城郡。裁，無瘴，衝，上中。十五里。府南三百里。米一萬一千石零。

關隘

古漏關，賓州南四十五里。鎮鄒關，在上林縣南九十里，有鎮鄒

武宣。唐武僊。裁，雜傜。中下。八里。州南百里。

遷江，本邕州地，思剛州。裁，傜，瘴重，衝，下下。二里。州西百里。

上林。領方地，南方州、澄州。裁，僻，中上。八里。州西八十五里。

水道

柳江，府南門外，一名潯水，出懷遠縣，下流合龍江。洛清江，洛容西百二十里，

南丹。賓州，

象州右，

武宣，

賓州後，

遷江屯田。隸都司。

	兵備副使，守備。 東柳州柳城界七十里，西利州界七百里，南賓州界百四十里。	
	慶遠，漢交趾、日南，唐粵州，後宜州、龍水、慶遠軍、宜陽。簡，中上。州四，縣五，長官司二。米一萬四十石。 府江山險峻，控扼夷蠻。 山險 天門拜相山，府城北，二峰如筍，岝崿參天。暗嶺山，思恩北二十里，山瘴崇疊，日光少見。	
山。	宜山，龍水，洛曹、古陽、述昆省入。裁，僻，邊，傜，中下。三十七里。	河池，唐智州地，富力，庭州，懷德省入。簡，中下。十八里。
	天河，唐名。裁，多瘴，簡，下下。十八里。府北九十里。 永定長官，宜山之歸善等鄉。土官。六里，百八十四村。米三百五十石。府西南六十里。	思恩，唐名，帶溪寨、溪州。傜，瘴，下下。二十二里。州
自桂林府流至此。	忻城，唐郡，或芝州。土官。多傜，瘴，下。三里。府南百十里。 永順長官。宜山之述昆等鄉。土官。六里，百二十四村。米三百五十九石零。府東南八十里。	荔波。宋州。裁，傜，多瘴。十六里。州西北百八十里。
	慶遠。	
		河池。

智州山，河池西四十里，綿亘百里，舊智州在此。

水道

烏泥江，忻城西六里。合龍江北流，過東水源等江入潯州界。江口渡，天河南二十五里。金城渡，河池東五十里，有巡檢司。

府西二百十五里。初爲縣，弘治十七年升爲州，領縣二。

南丹，邊蠻地，永、鸞、福、延四州省入。土官。下下，瘴。九里，今十二里。府西二百四十里。米七百三十石，貢錫。

東蘭，宋蘭州，安習、忠、文省入。土官。下下，瘴重。十二里，今二十四里。府西南四

西百五十里。

東廣東欽州界三百里，西交趾界百三十里，南思陵州

思明，唐思明州。知土。瘴，下下。舊領州七，弘治十八年以上思州改屬南寧府，至嘉靖時止存四州。米六百三十七

百二十里。米三千三十石，貢馬。

那地。宋地、那二州，又建隆縣。土官。瘴多。三里。府西南二百四十里。米四百十石零，貢錫、馬。

思明，知土。下下。一里。府西北。貢馬。萬曆十一年改屬太平府。

上石西，知土，今流。一里。府西。貢馬。

憑祥縣初屬思明府，成化中改爲州，直隸布政司。見後。

界八十里，北江州界四十里。

石，貢馬、解毒藥。

府石山卓立，江水橫流，亦藩屏處。

水道

明江，出上思州南六十里之十萬山，繞府治北，流百八十里入龍州龍江。

萬曆三十八年改屬太平。

下石西，知土。一里。府西百四十里。貢馬。

忠，知土。下下。一里。府東。米二百十石。貢馬。隆慶三年改屬南寧府。

禄，府南二百餘里。宣德二年沒於安南。

西平。下下。府西南二百里。宣德二年沒於安南。

東柳州上林界二百五十里。	西交趾廣源州界三百五十里。
思恩軍民，唐羈縻州，正統五年改爲府，知土，近流。瘴，下。二十里。初領縣一，後裁。萬曆中置上映州屬之，又以武緣縣來屬。	鎮安。舊峒，宋置宣撫司，元爲路，洪武二年改爲府。知土。二里。屬峒八十。瘴。米千二百五十石。初領州一。
鳳化。正德七年置。府北三十里。嘉靖八年裁，移南丹衛於此。	歸順。舊峒，弘治九年升爲州，隸鎮安，嘉靖初改隸布政司。知土。米百二十石。一里，有計洞、禄洞一十六村。

自田州以下至憑祥十四土州，又上林長官司二皆直隸布政司。

東南寧府界五百三十里，西泗城州界百十里，北慶遠東蘭州界二百五十里。	田州，來安府省入。初爲府，嘉靖七年降。知土。瘴，下。米四千八百六十五石。領縣一。	上林。一里。知土。州南二百八十里。	初田州府屬有恩城州，在府北二百五十里，弘治末廢。又上隆州在府北八十里，成化三年廢。
東東蘭州界三百里，西上林長官司界百二十里。	泗城，古礪洞。知土。下下。二里。米千六百四十石。貢銀、驢。領縣一。	程縣。程丑莊。流官，近土。二里。州東北三百二十里。	
西龍州界九十里，南思明府界百里，北太平府界十五里。	江州，江陽。知土。下下。三里。米二百二十石，貢馬。領縣一。	羅白。宋置。知土。州東北百里。米十五石。一里。	

東田州界十里，南鎮安府界百二十里，西田州界十五里，北田州界一里。	奉議，知土，近流。米二百八十石，貢馬。州城北有右江，出富州，至南寧合江鎮與左江合。				
西鎮安府界百二十里，北田州界百二十里。	向武，七里。知土。下下。米八百六十石，貢馬。初領縣二，今存一。	富勞。知土。二里。米二百十四石。州北三十里。	又州東十里有武林縣，元置，永樂初省入富勞。		
南交趾界三百九十里，北思明府界百二十里。	思陵，宋置。知土。十二里。下下。米八百石，貢馬。				
東泗城州界八十里，南田州界二百五十里。	利州，阪麗莊。知土。下下。米八百石。二				

	十五里。貢馬。				
東太平府界二百里。州地在極邊，控制南交，藩屏中夏。	龍州，唐置，元爲萬户府。知土。五里。米四百五十五石，貢馬。				
西鎮安府界十里，北向武州界五里，東龍英州二十里。	都康，知土。五里。米二百二十七石，貢馬。				
東南思明府百里，東龍州界六十里，西交趾界七十里，北龍州界五十里。	憑祥。舊峒，洪武中置鎮，永樂初升縣，屬思明府，成化十八年升爲州。知土。十二里。米百六十石。				

		遷江屯田、五屯屯田二千户所，俱隸都司。
南雲南富州界百五十里，東泗城州界百里。	北貴州宣慰司界八百里，西雲南廣南府界六百里，東泗城州界四十里，南上林長官司界二百里。	
上林長官，上林洞。土官。下下。十六里。米四百石。	安隆長官。元置砦，永樂元年置。土官。下下。一里。米百五十一石。	
		遷江所舊在遷江縣治東，嘉靖七年遷於縣之東南境，接潯州府界，西達八寨，轄屯堡七十二，編户五里。
		遷江屯田，

五屯屯田。

五屯所在藤縣西北百里，成化二年建所築城，當大藤峽、風門、拂子賊僮巢穴之衝，屹爲保障。

雲南第十四

按滇土爲西南極境，蠻僚錯雜，種類繁多，且疆域遼邈，山川盤結，林箐深茂，物産繁饒，有力者據之，自足以馮陵巴、蜀，爲中國患。自唐以來，蒙氏、段氏其明徵矣。蓋其爲地也類險遠而幽深，其爲民也自慓悍而椎結，因山爲城，緣水爲池，聚而居焉，非小小智力者所能制也。請得而言其概：雲南其腹裏也，曲靖其咽喉也，稱雄於西南垂者莫如大理，而麗江實爲之屏蔽，永寧、北勝之閒得毋有可虞乎？臨安以西、永昌以東類皆逼近諸夷，爲邊旁地。楚雄、武定諸域，其經理之次者也。若夫山川要會，則略舉其端於圖策中，爲其奇麗險奥之境之不盡乎此也。

雲南在梁州南境，本徼蠻六詔地，漢置益州郡，領於益州部，唐至宋皆爲蒙氏所據，元置雲南及曲靖等路，今爲雲南等處承宣布政使司，治雲南。左右布政使二，左右參政三。府二十二，内羈縻十一；州三十八，内羈縻十一；縣三十三，内羈縻二；長官二十，宣慰司七，宣撫司三。總爲里六百二十四，户數凡十三萬二千九百五十九，口一百四十三萬三千一百餘。夏秋二税共米麥十四萬五百八十八石。

雲南鹽課提舉司黑、白等鹽井并額辦本折色小鹽引五萬六千九百六十五引。

雲南都指揮使司，隸右軍都督府。都指揮三，掌印一，僉書二。領衛十七，屬所一百零六，安撫司三，長官司三。守禦千户所十二，本都司所屬舊有漢土馬步官軍八萬一千四百餘員名。

提刑按察使司，按察使一，副使八，僉事六，分道四。

巡撫都御史一，巡按御史一。俱駐雲南。

欽差征蠻將軍總兵官黔國公世守雲南。

諸夷種詳附：僰人，爨人，即羅羅，有黑、白夷二種，麼些，禿老，些門，蒲人，和泥蠻，小白夷，土僚，羅武，撒摩都，摩察曷，儂人，山後人，峨昌蠻，魁羅蠻，尋傳蠻，哀牢人，緬蠻。

雲南輿圖補註

一、盤江有二源，北流曰北盤江，南流曰南盤江，經曲靖、澂江、雲南、臨安、廣西諸境分流環繞，奚啻千餘里，其諸境之溪匯而入者不可勝數焉，流至平伐橫山寨而始合，霑益州實據二江之間云。盤江之東在澂江境者曰巴盤江，自陸凉州流經路南州西，而北入雲南府宜良縣境，亦名大池江，流六十里而還入廣西府界，仍名巴盤，亦曰潘江，東南流經師宗州及府之西境、西南彌勒州，矣邦池自北而南入焉，巴甸江自西北而東入焉，八甸溪亦自北而南入焉，東折而注普安州界。此盤江之大略也。

一、金沙江，源出吐蕃界黎石山下，名黎水，訛爲麗水，麗江之名以此。江出沙金，故名金沙。元憲宗征大理於此濟河。

流經巨津、寶山兩州，入鶴慶府界，由西而東環北勝州治，復入武定府北界，又東入黎溪州。諸境之水多入焉，蒙氏封爲四瀆之一。

一、禮社江，源自趙州白崖瞼，至楚雄合瀾滄江，遶元江府城東南入納樓茶甸界爲禄豐江，經蒙自縣爲梨花江，東南注於交趾清水江。

一、瀾滄江，源出吐蕃嵯和歌甸，流經蘭州西北三十里，東漢永平中通博南山道渡此，流經大理雲龍州，經永昌東北境八十五里羅岷山下，亦接蒙化府，經府城西南境，馬耳坡在其南岸，東流至順寧府之東北境，又東至景東府東界，石齒嶙峋，波濤洶湧，最爲險阻，經府西南二百餘里而南入車里。

一、樣備江，源出鶴慶府劍川州，經大理之浪穹縣，過點蒼山後會西珥海，繞趙州西南流入蒙化府西境，又流入順寧府東北境，東南混流百餘里合於瀾滄江。

一、潞江亦名怒江，源出吐蕃雍望甸，南流經路江司治北，兩岸陡絶，瘴癘甚毒，夏秋不可行，蒙氏封爲四瀆之一。

一、大盈江有三源，一出騰越州東之赤土山，流爲馬邑河，一出州北之龍從山，滙爲小湖，流爲高河，一出州東南境之羅生山，流爲羅生場河，遶州城，自東而北而西，三水竝合爲大盈江，又名大車江，南入南甸爲小梁河，又以其經南牙山，亦曰南牙河，西南入干崖爲安樂河，又經雲籠山麓，亦名雲籠河，自北折而西百十里爲檳榔江，至比蘇蠻界注金沙江入於緬中。

一、小梁河，在南甸東北三十里，流經干崖北，名安樂河，折而西，流爲檳榔江。

一、麓川江，在芒市西，源出娥昌蠻境，流至司境，又至緬地合大盈江。

一、金沙江，源出芒市西南青石山，流入緬地合大盈江。

一、五岳：蒙氏封中岳點蒼，在大理；南岳蒙樂，在景東；西岳高黎共山，在永昌之騰越；東岳烏蒙，在武定之禄勸；北岳玉龍，在麗江外。有名山七，兹不載。

一、四瀆：墨惠江一，瀾滄江一，潞江一，麗江一。

雲南輿圖

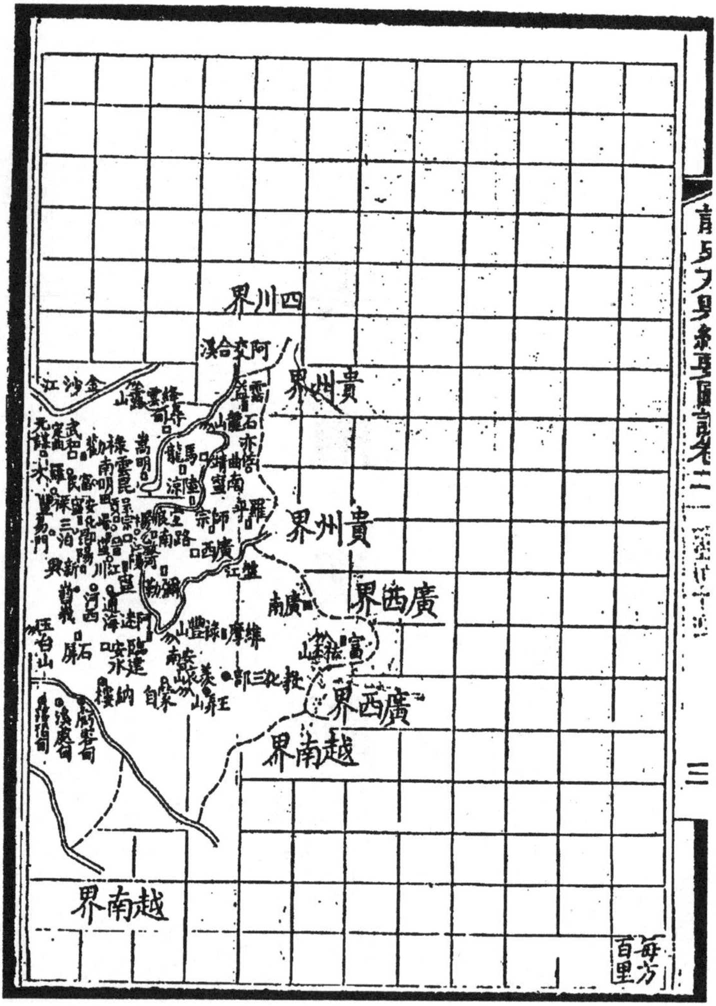
四川界
貴州界
貴州界
廣西界
廣西界
越南界
越南界
金沙江
阿交合溪
盤江
每方百里

讀史方輿紀要輿圖要覽卷二　雲南十四

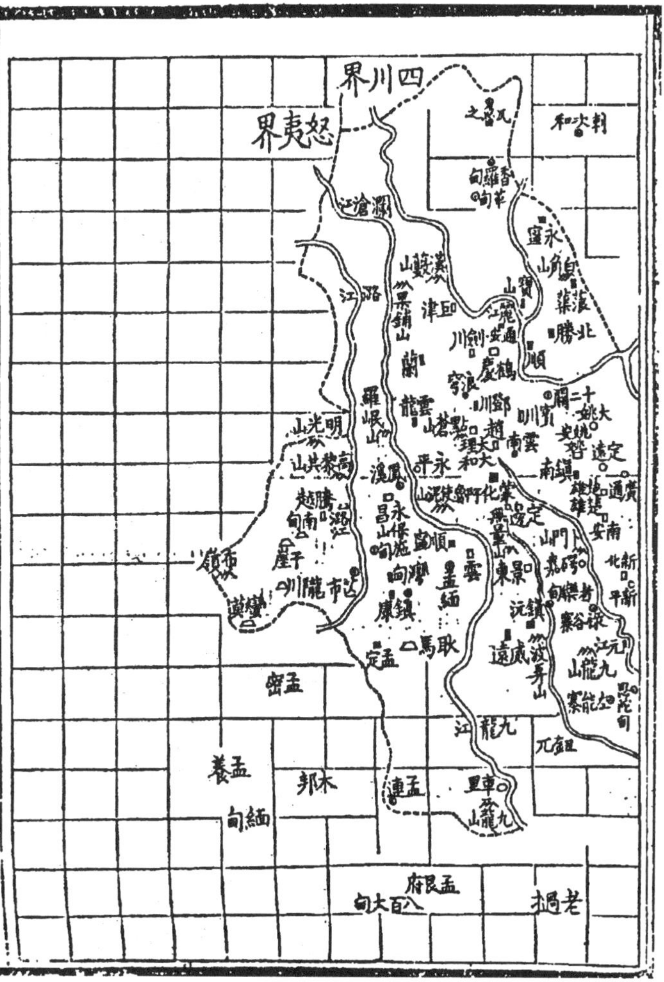

道	四	府二十二 附軍民衛一	州三十八 又四 附郭	并外縣三十三 長官司		衛十七	所
普安道，	巡撫，巡按。府至京師萬六百餘里，至南京七千二百里。安寧鹽井鹽課提舉司。	雲南，楚滇國，漢益州郡，後建寧、寧州、昆州、善闡、中慶路。中上，煩。州四，縣十。山險 金馬山，府東二十五里，西對碧雞山，中隔滇池，下有金馬關。碧雞山，府西南三十里，北麓有碧雞關。二山綿亘，映帶滇池，爲雲南佳景。烏納山，楊	昆明，附郭。漢滇池，唐晉寧，元善州，官渡。煩，衝，中上。二十七里。	富民，唐西寧州地，改黎州，或曰黎瀼。裁，簡，僻。三里。無瘴。府西北九十里。	宜良。唐昆州，元匡城、大池、大赤、宜良州。中。府東南百五十里。	雲南左、右、中、前、後、	宜良，
			安寧，古螳螂川，漢連然縣。煩，上中。知土。十里。府西南八十里。	祿豐，古祿琫甸蠻地。裁，簡，衝，中。三里。州西北八十里。	羅次。唐烏蠻地。裁，簡，僻，中。三里。州北九十里。弘治十三年屬府。	廣南。府城	安寧，
			晉寧，漢滇池地，昆州、陽城堡。簡，僻，中。五里。府東北二十里。	歸化，安江城、大吳籠。僻，裁，簡，中。三里。州北二十里。	呈貢。元晟貢。裁，中。四里。州北六十里。		

總兵駐府城。

林西南十里，山周百餘里，西距呈貢，東接宜良，水草宜牧。呀嗖山，安寧西北五里，山有煎鹽水。姚陵山，禄豐東北三十里，名驥琮籠山，羣山中一峰聳拔，頂有泉及古寨。蒙低黎咼山，在易門南五十里，極高，下有平谷，宜牧。禄益惡危山，易門西百里，上有土城，昔善闡邊戍之所。

昆陽，巨橋城。簡，僻，中。四里。府南百五十里。

嵩明，阿葛、金城、長州、長城郡、邵甸。簡，中，少瘴。九里。府東北百三十里。

關隘

高嶢關城，在昆明，關津總要處。金馬關，在金馬山下。碧雞關，在碧雞山北麓。

三泊，那龍城。裁，僻，中。州西北七十里。

楊林，羊林。一里。州東南四十里。成化中省。

水險

滇池，即昆明池，府南一里，亦名滇南澤，周廣五百餘里，合盤龍江、黄龍溪諸水匯爲此池，下流爲螳螂川，中有大、小卧納二山。

易門。洟門。中下。三里。州西百五十里。

螳螂川，自滇池過昆陽，縈回安寧州治，至富民下入武定之金沙江。安寧河，源出安寧州，東經富民南，又至羅次爲沙摩溪，至禄豐爲大溪，至易門爲九渡河，流入元江府界。

易門，**楊林堡**。楊林東五里。

東貴州普安州界百七十里，西尋甸府界百四十里，南廣西府界百六十里，北四川烏撒府界二百九十里。

曲靖軍民，漢味縣地，後興古郡、南寧州、石城郡。賦，無瘴。州四，縣二。衝，煩。府境舊有越州，今分入南寧、亦佐、霑益州。舊志云：曲靖之境，東通兩廣，西援四川，北連貴州，南上滇藩，爲四達之要。

南寧，附郭。裁，中。三里。

霑益，漢宛温縣，唐西平州，交水、石梁、羅山三縣省入。知土。下。米三千九百三十石。十四里。府東北二百十三里。

陸涼，漢平夷縣，後爲郡，河納、芳華省入。流官。下中。六里。糧七百九十七石。府南百六十里。

亦佐。漢宛温，唐盤州。賦，無瘴。二里。府東二百五十里。

水險

白石江，府城北八里，沐英擒撻里麻於此。喜舊溪，在羅雄州，源出龍甸村，環流州境，至普安州入盤江。中涎澤，在陸涼東七十里丘雄山下，源自南盤江，經府東南合瀟湘江，至是匯合十八泉、南澗，皆流其中。舊有西昌城，在澤尾，以水爲固。

關隘

曲靖，

平夷，霑益州南。

越州，霑益州東南。

陸涼。

烏撒後，霑益州城，隸貴州烏撒衛。

東霑益州界九十里，西武定府界百五十里。

尋甸軍民，古滇國地，蠻號新丁部，元仁德府，洪武中改軍

馬龍，納垢，通泉縣省入。流官。中下。糧九百五十七石。六里。府西北七十里。

羅雄。宛温地，蠻塔敞納夷甸。知土，餘流。中下。四里。府東南二百七十里。米五百四十四石。

山險 落隴雄山，府西百三十里歸厚廢縣之西南，綿亘五十里，東有哇

白水關，府東八十里。木容關，陸涼西十里。石鞘關，亦在州北二十里。天生關，州東九里。分水嶺關，馬龍西南二十里。三义口關，州東三十五里。

大羅。府城，嘉靖中建。

木密關。府東南七十里。

馬龍。

民府，以爲美、歸厚二縣省入。土官，成化十二年改流。

山，聳秀如劍鋒，築寨其上，險不可攻，名安樂城。

臨元道，

分巡，參將。西元江府界百八十里，北澂江府界二百里。東維摩州界二百四十里。

臨安，漢句町縣，唐柯州，後通海、秀山，元阿僰。州五，縣四，長官司九。米三千七百五十九石。

山險

羡哀山，在蒙自東九十里，上多石筍，絕頂平地十頃，中有三池，水草四時茂美，宜牧放。思陀

建水州，附郭。古部步頭，又巴甸、苴劚。煩，中。八里。

石屏，末束城、石坪邑。裁，僻，微瘴，中下。八里。府西七十里。

阿迷，元阿甯。簡，瘴，中。十四里。府北七十里。

寧遠，無瘴，中。

臨安。

山，思陀甸治東，山頂平夷，有思陀寨遺址。

水險

異龍湖，在石屏州治東，湖有九曲，周百五十里，中有孟繼龍、小末東及和龍三島，流至府城南爲瀘江，東流至阿迷州爲樂蒙河，入盤江。曲江，在府東北九里，源自新興州，由嶍峨、石屏會諸水至河西縣而東入盤江。禮社

十七里。府南六百八十里。宣德元年以與安南。

寧州。唐西寧、黎州，後寧部，又寧海府，西沙省入。簡，瘴，中。七里。府東五十里。又萬曆十九年以新化州來屬。

通海，簡，裁，僻，中下。二里。府西北百五十里。隸寧州。

河西，唐西宗州，蠻名休臘。裁，下中。四里。府西北八十里。

納樓茶甸長

又萬曆十九年置新平縣，在府西北三百三十里，本嶍峨部地。

嶍峨，土官。瘴，中。七里。府西北二百六十里。

蒙自。目則。知土，承流。中中。十五里。府東南百五十里。

溪處甸長官，

通海前、右。

江，在府西，流經城南入納樓茶甸界爲禄豐江，經蒙自縣爲梨花江，東南注交趾清水江。

官，茶甸。下下。府西南八十里。

教化三部長官，强現四部。下下。府東南三百五十里。

王弄山長官，大小二部。下下。府東南二百五十里。

虧容甸長官，鐵容甸部。下下。府西南百四十里。

下下。府西南百五十里。

思陀甸長官，官桂思陀部，元和泥路。下下。府西南二百五十里。

左能寨長官，本思陀甸寨。下下。府西南二百三十里。

落恐甸長官，伴溪落恐部。下下。府西南二百里。

安南長官。褒古、捨資。近交趾。十里。府

東廣西府彌勒州界二百里，南臨安寧州界九十里，西雲南府晉寧州界二十五里，北雲南府宜良界五十五里。

澂江，漢俞元縣，南詔河陽郡，羅伽部。無瘴，中上。州二，縣四。米九千八百十三石。

水險

鐵赤河，在路南西四十里，自陸涼州經邑市，通九渡龍溪、普雙龍溪，至州境西南，又過興寧溪，下流入盤江。撫仙湖，在府治南，周二百餘里，亦名羅伽

河陽，附郭。煩，衝，裁。六里。

新興，梁屬南寧州，唐牂州、求州、温富州、休制、普舍、研和縣。中。二里。府西百二十里。米一千六百五石。

路南。路甸、落蒙。無瘴，中。三里。府東百三十里。

江川，漢碌雲異城，又易籠，後步雄部。賊，簡，衝，下。二里。府東南九十里。

邑市。彌沙省入。一里。州北八十里。弘治三年省。

東南百九十里。

陽宗，普舍、研和，本强宗部。簡，裁，中。五里。府北四十里。

山險

金蓮山，一名龜山，高平如蓮花然，府治、學校皆建其上。羅藏山，在府西北，其上廣平，有龍湫在焉。元梁王結寨其上，亦名梁王山。

湖，中多石，東流入盤江。星雲湖，在江川治南，周八十里，東流五里入撫仙湖。

明湖，在陽宗北，下流入盤江，周七十餘里，兩岸陡絕。大溪，源出夾雄山，自新興州東北流遶西南，過羅麼溪，經嶍峨入曲江。

東廣西泗城州界百二十里，西廣西府維摩州界百五十里。東廣南府界四百五十里，南臨安阿迷州

廣南，宋特磨道。知土，判流。簡，中。州一。六里。米千五百石。舊志云：廣南山岸高峻，道路崎嶇，一夫當關，萬夫莫入之所也。

富州，安寧州省入。知土，目流。下下。四里。府東二百里。

山險

牌頭山，府城西北五里，峰巒起伏，其右小山連峙如盾，土民築寨其上。

水險

巴盤江，自澂江府流入，東南經師宗州，至彌勒

山險

鎖北門山，在師宗州北二十里，峰高聳，經行其間

界百六十里，西臨安寧州界百八十里。

廣西，漢牂柯郡地，後興古郡、寧州、牂州、烏蠻部，元廣西路。知土，成化十四年後屬流。州三。米二千一百七十石零。

元江軍民，威遠、羅盤甸。知土，判流。簡，下。長官司一。米千九百三十石。

師宗，師宗部。同土。簡，僻，中下。十六里。府北八十里。

彌勒，彌勒部。同土。中下。府東三百五十里。米五百七十石。

維摩。屈中。同土。中下。五十六里。府西九十里。

因遠羅必甸長官。附郭。本名羅盤甸。八里。洪武十八年置，嘉靖中

州，東注普安州界。又府治南有矣邦池，周三十餘里，半跨彌勒州界。

山險

路通山，府東二十五里，高聳千仞，北瞰禮社江，一線羊腸，

如門然。盤江山，在彌勒州東南百二十里，東西兩山相峙，盤江經其中，東抵師宗州，南界阿迷州。大維摩山，在維摩東南二百里，高出衆山，土官世居其上。

水險

禮社江，一名元江，自白崖江合瀾滄江流遶府城，東南入

十八寨。彌勒州西，嘉靖元年置，隸都司。

	洱海道，
	東雲南府祿豐界二百里，西景東府界三百八十里，南元江府界二百八
直隸 東南至臨安府五百三十里，南元江府二百七十里。	楚雄，晉安州，後威楚、白鹿部。無瘴，漢多夷少，衝，煩，上。州二，縣五。米八千六百二十石。 山險
改爲奉化州。 新化，初爲馬龍他郎甸長官，弘治中改爲新化州，隸布政司，萬曆十九年始改屬臨安府。	楚雄，附郭。威楚，富民、净樂二縣省入。煩，夷，中下。十里。
路通臨安。 山險 州西百里有馬龍山，蠻酋結寨山上，號馬龍部。	廣通，路睒。簡，僻，薄，下。四里。府東七十里。 定邊，南澗。五里，府西三百十里。
臨安府。 水險 州東南八十里有摩沙勒江，源自楚雄府，流入境，馬龍諸山在其右，池阻諸山在其左，兩岸如峽，東南流經元江入交趾。	定遠，漢越嶲郡，唐西濮州、髳州、耐籠、牟州。五里。府北百二十里。 碍嘉。二里。裁，簡，下。府南四百五十里。
	楚雄。
	定遠。

十里，北姚安府界百九十里。定遠黑鹽井鹽課提舉司。

薇溪山，府西三十里，高千仞，峰巒百餘，溪箐如之，每溪皆有泉，分流三十里合流入臥龍江。會基山，定遠南四十里，高三千仞，連亘數百里，有五十餘峰，羣山之脉皆出於此，上有會溪關。南安州西南四十里有表羅山，產銀礦。

南安，摩芻城。下。五里。府東南五十里。州米七百七十石。

鎮南。欠舍、雞和城、石鼓縣、俗富郡。簡，中。五里。州米一千四百六十石。

九盤山，在廣通縣東，迴旋險峻，道通九盤，立關其中。卜門山，碍嘉東三十里，高千仞，最險峻。

水險

龍川江，府城北，源自鎮南平夷川，東南經府城，西合諸水至青峰下爲俄碌川，又東合諸水經定邊境，下流入金沙江。馬龍江，在鎮南西南百八十里，源自蒙化府入境，西南經碍嘉縣東，又東南入禮社江。

關隘

英武關，在鎮南西七十里。羅平關，定遠南三十里。

東武定元謀界三百二十里，西大理雲南縣界百八十里。白鹽井鹽課提舉司在府北百二十里。	兵備，參將。西景東界三十里，東
姚安軍民，漢弄棟縣，唐姚州，南詔梇棟府。知流，佐土。中下。州一，縣一。米三千八百石零。	鎮沅，南詔銀生府，元案板寨。知土，同流，餘參。五里。長
姚州，附郭。四里。知目流。中下。	
大姚。漢青蛉。裁，僻，中下。四里。府北三十里。	禄谷寨長官。府東北二百五十里。
水險 蜻蛉河，舊名三窠戍江，出三窠山，流至府南四十里，潴爲右池湖，分爲東泅溪、西泅溪，至府城北復合，流至大姚南又東入金沙江。又大姚河環繞縣西南，東北合鐵索、小橋村諸水同入蜻蛉江。	
姚安，姚安中屯。大姚。	

者樂甸長官司界二百里。	官一。米百石，外折色。有鹽井，在治西波弄山。				
東楚雄府楚雄縣界三百二十里，西大侯州界三百六十里，南威遠州界四百里，北楚雄定邊縣界二百里。	景東，南詔銀生府地，元始通中國，曰開南州。賊，瘴。八里。知土。	山水 府北九十里有蒙樂山，亦名無量山，高不可躋，連亘三百餘里，山峰狀若崆峒，中有一洞，深不可測，蒙氏封爲南岳，有泉爲通義河，北有泉爲清水河，俱入大河。大河，出定邊，合三岔河，經府治東南入馬龍江。	關隘 母瓜關，府南百里。安定關，府北五十里。景蘭關，府東北二十里。		景東。

東雲南富民界百五十里，西楚雄定遠界三百里，北麗江通安州界二百五十里。			
武定軍民，元羅婺萬户，後爲武定路，明初改軍民府。知土。米州二，縣一。二千五百二石。武定之境四維千里。峭壁懸崖，水草甘茂，宜畜牧。			
和曲州，蠻名回籦甸。裁，僻。七里。府西南二十里。嘉靖末改築府城，移入郭内。州東有南甸縣，明初屬州，嘉靖末廢，或云正德元年省。	禄勸。洪農、禄勸甸，元置州，明初以易籠縣省入，正德中并石舊縣入焉。八里。府東二十里。石舊，在州東五里。易籠，在州北百八十里。		
元謀。華竹、環州。知土。僻，中下。五里。州西北百七十里。元屬和曲州，明初因之。	水險 西溪河，源出鎮南州，經楚雄，至元謀西境下入金沙江。		
山險 烏蒙山，禄勸東北三百里，一名絳雲露山，北臨金沙江，有十二峰，聳秀爲諸山冠，頂有泉，流爲烏龍河，蒙氏封爲東岳。哇匿歪山，在法塊山西，頂凹而平，可居萬户。幸丘山，在易籠縣東北，四面陡絶，頂有三峰，可容數萬家，爲羅婺寨天生之城，牢不可破。法塊山，在石舊			

北四十里，四面峭絕，東南一徑可容單騎，旁有裒阿龍山。

金滄道，

兵備。東姚安姚州界二百四十里，北鶴慶界百二十里。

大理，漢嶲州，唐葉榆縣，後永昌郡，南詔大理國。州四，縣三，長官一。上上，無瘴。秋米二萬二千八百石零。府境多峭山深塹，號爲險要。

水險

西洱海，在府城東，古葉榆河也，源自鄧川，

太和，附郭。漢葉榆、太和城、理州、河東。六煩，衝，上。六十六里。

趙州，永昌地，蠻名趙州瞼，又趙郡、天水，元趙瞼，又白崖瞼、建寧縣。八里。府南二十里。

雲南。漢爲郡，或稱州，白子國、品甸。煩，衝，中上。十五里。州南百里。

十二關長官。本雲南縣楚場地，元置所，明初改長官司。府東三百里。

山險

點蒼山，府城西，高千仞，有峰十九，周二百餘里，頂有泉，名高河。又有瀑布，流注爲金浪等十八川。蒙氏封爲中岳。

大理，

洱海。雲南。

浪穹五井鹽課提舉司。

合點蒼山之十八川而匯於此，形如人耳，中有羅筌、穠木、赤崖三島及四洲九曲之勝，下入樣備江。穠木島亦名玉案山。

關隘

龍首關，在點蒼山北。龍尾關，在點蒼山南，其右有石，長丈餘，名天橋，洱河之水過其下，兩崖石險，人不可度，又名石馬橋。

鄧川，漢葉榆地，唐邆備州，蠻鄧川瞼，又德源城。知土，餘流。簡，中，瘴。十二里。府北七十里。

雲龍，雲龍甸。簡。知土。二里。府西九十里。

賓川。弘治七年置。裁，簡，賊，瘴，下下。十二里。府西六十里。

浪穹。蠻名彌次，又浪劍、鳳羽、寠穹。中下。二十五里。州西十五里。縣簡僻，有山賊，夷、漢雜。

明朝沐英征大理，出山後，立旂幟以亂之，遂克其城。龍興和山，在雲南治西北，高大如扶風太乙，然盛暑不熱。定西嶺，趙州西四十里，高千仞，設關其上，泉出爲大江，經州治東南下入西洱河尾，名波羅江。又白厓瞼江，亦發源於此，經州之白厓瞼，至定邊入禮社江。

東蒙化府界三百六十里，北大理雲龍州界百二十里。

永昌軍民，古哀牢國，漢不韋及博南縣，明初金齒衛。又其西有騰越衛，今併入焉。上中，無瘴。州一，縣二，安撫一，長官二。米八千三百石。

永昌諸山環列，騰越而西與諸夷接壤，固控扼之所急也。

關隘

清水關，在府城東北二十里卧佛山西。山達關，在府東百七十

保山，附郭。煩，劇。十八里。嘉靖元年置。

騰越，本越睒地，後軟化、騰衝府。上上。八里。府西南二百七十五里。

潞江安撫。怒江甸、柔遠路。府西百三十五里。

嘉靖元年又以鎮道、楊塘、瓦甸三安撫司，茶山長官司來屬府。

永平，本博南縣，南詔勝鄉郡。知土，餘流。微瘴，夷猓賊，中。八里。府東北百七十里。

山險

博南山，永平西南四十里，一名金浪巔山，一名丁當丁山，極險，乃蠻出没之所。高黎共山，府東北，一名崑崙岡，夷名高良公山，極高峻，界騰衝、潞江之閒，霜雪嚴沍，

鳳溪長官，府東二十五里。

施甸長官。本石甸，府南百里。

水險

銀龍江，在永平東，守禦城跨其上，源自上甸里，合木里場河，南合曲洞河，又東過薩佑河、花橋河，又東南入瀾滄江。勝備江，出永平東北百二十里之羅武山南，經

騰衝。騰越州城，本軍民指揮使司，嘉靖二年改衛。

里阿章寨。蒲關，在施甸司莽由寨。丁當丁山關，在博南山。上甸關，在永平北二十里。花橋關，在永平西南四十里。潞江關，在潞江東。

龍川江關，在騰越東七十五里江之西崖。古勇關，在騰越西百里。古永甸關，在永平東北四里，周二里。

蒙氏封爲西岳。

縣東南境，合九渡、雙橋二河，至蒙化府合樣備江。龍川江，源出峨昌蠻地七藏甸，經越甸，傍高黎共山北，渡口有藤索橋，下流至大公城，合大盈江。大盈江，已見前。

東北勝州界五十里，西麗江府界二百里。

鶴慶軍民，樣共川、鶴州、謀統郡。十三里。米一千二百二十六石。州二。府境左麗江右劍

劍川，義督羅魯城。裁，僻，中。十八里。府西九十里。州糧二千六百十七石。

山險

方丈山，府南百里，南詔名山凡十七，此其一也。金華山，劍川西。石

水險

樣共江，源出麗江府，經府東南，闊十餘丈，東注於金沙江。劍川湖，在劍川州

東瀾滄衛蒗蕖州界百八十里，西西番浪滄江二百里，南鶴慶府界七十里。

湖，山川險扼，內固大理，外控蕃、戎。

麗江軍民，麗水。無瘴。知土。下下。州四，縣一。米六千一百七十五石。府境東有麗水，西有瀾滄，南接大理，北距吐蕃，麗江環帶三面，爲大理要害地。

關隘

雪山關，在巨津東

順州。唐牛睒。知流，同土。瘴，僻。三里。府東百二十里。州米百四十二石。

通安州，附郭。古筰國，漢定筰，唐昆明，或三睒。十三里。同土。府東二百八十里。

寶山，漢邪龍縣境。僻，下。六里。知土，餘流。府東八十里。

寶山，劍川西南五十里。

臨西。夷名羅裒聞。臨邊，二里。府西北四百六十里。初屬巨津州，洪武十五年屬府，正統二年没於蕃。

東，周數十里，流入趙州境。

山水險要

雪山，府西百二十五里，亦名玉龍山，條岡百里，巋巍十峰，上插雲霄，下臨麗水，積雪經春不消，嵒壑幽異，清泉飛流，蒙氏封爲北岳。漢藪山，在巨津西北二百八十里，

	北，舊名越滅根關，當吐蕃、麼些界，最險峻。鐵橋關，在巨津北，唐時斷此絕吐蕃，其處有鐵橋城，吐蕃嘗置鐵橋節度於此。大匱寨，在寶山州。白馬寨，在巨津南二里。	蘭州，漢博南縣，蠻羅眉州、蘭滄郡。知土。下下。四里。府西二百六十里。 巨津。羅婆九睒。僻，下下。府西北三百里。		高可萬仞，上有三湖，廣闊五畝，深不可測。金沙江，源出吐蕃界犛石山下，流經巨津、寶山二州，江出沙金，故名。瀾滄江，源出吐蕃嵯和歌甸，流經蘭州西北三十里。		
東大理趙州界三十八里。	蒙化，唐陽瓜州，蒙氏開南縣。知土。微瘴，多夷，中中。三十三里。米四千八百二十石。	志云：府境北距點蒼，襟帶西洱，南接楚雄，北距樑榆，四面峰巒，環遶若環堵然。	山險 伏虎山，府東北十五里。巍山，府東南二十里，高聳冠於衆山。	水險 瀾滄江，府西南百五十里。樣備江，自劍川州過大理西洱河入府境，合於瀾滄江。	蒙化。	

東四川鹽井衛界十五里，北至西番界三百三十里。

永寧，樓頭瞼。瘴，賊。知土官。下下。四里。長官司四。
府境襟麗江帶三湖，地廣人稀，山川險阻。

剌次和長官，府東北二百四十里。
瓦魯之長官，府北三百八十里。

革甸長官，府西北百三十里。
香羅甸長官。府北百五十里。

東蒙化府界百八十里，西灣甸州界二百八十里。

順寧，蒲蠻所居，多夷，舊名慶甸，元時始通中國。瘴，賊。知土，判流。下下。二里。萬曆二十五年以大候州改爲雲州來屬，又以孟緬長官司隸雲州焉。

舊志云：府南有山，竝立如門，中有一路，崎嶇阨塞，實險隘之區。
○廣邑州，本金齒廣邑寨，宣德五年升爲州，隸布政司，正統元年徙府西南二百里之右甸城。

山險
偰山，府北十五里。樂平山，府西北十五里。把邊山，府東南四十三里，中有把邊寨。

水險
瀾滄江，源自金齒東南，流經府境，入景東府界。樣備江，源自蒙化府，流經府界，東南混流百里合於瀾滄江。

直隸布政。

西鶴慶順州界，北瀾滄衛蒗蕖州五十里。

北勝，南詔名北方睒、成偈睒，又善巨郡、成紀鎮、施州。同土。十五里。僻，中。洪武中屬鶴慶軍民府，後屬瀾滄衛，正統改隸布政司。

舊志：北勝州境一江外繞，三關內固，蓋阨隘地也。

山水　州北百里有甸頭山，林木森茂，土人於此牧羊，亦名牧羊坪。金沙江，自麗江府東流，環州治，一名麗江，即古麗水。

直隸都司。

瀾滄軍民衛。本北勝州地，洪武中於州治南築城置衛，弘治九年遷北勝州治於衛城內，初領北勝、蒗蕖、永寧三州，永樂四年升永寧爲

蒗蕖。羅共睒。知州、同知土官，州目流官。三里。衛北三百八十里。

志云：衛臨極邊，與西戎相接，山勢峭拔，一夫當關，萬夫不能越也。蒗蕖據麗江之東，在北勝、永寧南北之間。

山水　白角山，在蒗蕖州西北白角鄉。綿綿山，在州西南綿綿鄉。羅易江，源出州東，合數溪北流入永寧府。白角河，源出白角

府，正統六年升北勝爲直隸州，止領州一。

鄉，入西蕃界。衛境山水，見北勝州。

宣慰司七

車里，元時始通中國。徹里路、耿凍路、耿當、孟弄二州。洪武十七年改置車里軍民府，十九年改軍民宣慰使司。西界八百大甸，北界元江府，西北至布政司十八程。

木邦，舊名孟都，亦曰孟邦，元木邦路，洪武十五年改木邦府，後改軍民宣慰使司。東界八百大甸，西界緬甸，北界芒市，南界交趾，東北

禦夷府二

孟定，舊名景麻，元孟定路，洪武十五年改爲府。五里。東界威遠州，南界木邦，西界隴川，北界鎮康州，東北至布政司十八程。

孟艮。蠻名孟指，永樂時始通

宣撫司三

南甸，舊名南宋，元南甸路，洪武十五年改府，永樂十二年改州，正統八年升宣撫司。東界潞江安撫司，南界隴川，西界干崖，北界騰越，東北至布政司二十二程。

司東有蠻干山，

禦夷州四附安撫司一

威遠，唐南詔銀生府地，元立威遠州。知土。下。四里。東界新化州，南界孟璉長官司，西界孟定府，北界景東府，東北至布政司十九程，直隸布政司。

灣甸，蠻名細睒，元屬鎮康

長官司

者樂甸，本馬龍、他郎甸，猛摩，夷名者島，洪武末分置，隸布政司。北至景東府界百里，西至鎮沅府八十里。蒙樂山，在司東二百里，巍然高峙，行一日方至其頂，中有毒泉，人飲之立死。

猛緬，宣德五年以景東府孟緬、孟梳地置，屬景東府，後隸布政司，萬曆二十五年改

至布政司三十五程。

孟養，香柏城，元雲遠路，洪武十五年改雲遠府，十七年改孟養軍民宣慰使司。東至金沙江，南界緬甸，西界大古剌，北界干崖，北至布政司三十七程。

緬甸，舊有江頭、太公、馬來、安正國、蒲甘緬王五城，元邦牙司，洪武二十九年歸附，立緬甸軍民宣慰使司。東界木邦，南至南海，西界戛里，北界隴川，東北至布

中國，置孟艮府。東界車里，南界八百大甸，西界木邦，北界孟璉，北至布政司三十八程。

南有沙木籠山，西有南牙山，極險阻，土人恃以爲險。司幅員甚廣，爲三宣最。

干崖，干賴睒、渠瀾睒，元鎮西路，洪武十五年改鎮西府，後爲干崖長官司，正統間升宣撫司。東西北均界南甸，南界隴川，東北至布政司二十二程。安樂河在境內。

路，洪武十七年置灣甸州。知土。下下。五里。東界大候州，南界鎮康州，北界順寧府，西界永昌施甸長官司，東北至布政司二十程。

鎮康，蠻名石睒，元鎮康路，洪武十五年改府，十七年改州。知土。下下。四里。東界

大候州爲雲州，以猛緬隸焉。

鈕兀，蠻名也兀，宣德七年歸附，置鈕兀長官司，東界元江府，南界車里，西界威遠州，北界臨安府，北至布政司十六程。

芒市，舊名怒謀，曰大柘睒、小柘睒，唐茫施蠻地，元茫施路，洪武十五年置茫施府，正統九年改置芒市長官司，隸布政司。東界鎮康，西、南俱界隴川，北界永昌

政司三十八程。地有金沙江，闊五里餘，水勢甚盛。

八百大甸，世傳其土酋有妻八百，各領一寨，因名八百媳婦，元八百宣慰司，洪武中其酋來貢，立八百大甸軍民宣慰使司。東界老撾，西界木邦，北界孟艮，府南接波勒蠻界，北至布政司三十八程。

老撾，撾家。永樂時始通中國，置老撾軍民宣慰使司。東界水尾，南界交阯，西界寧遠，北界車里，西北至布政司六十八程。

大古剌。古南宋，正德中置大古剌軍民宣慰使司，在孟

隴川。舊麓川地，又平緬路，洪武十七年歸附，置麓川平緬宣慰司，正統三年叛，遂革其司，十一年置隴川宣撫司於隴把，東界芒市，南界木邦，西界干崖，北界南甸，東北至布政司二十六程。境內有馬鞍、摩梨、羅木三山，極高大，土人恃以爲險。司西北有大金沙江，又有麓川江，即龍川江。

孟璉長官司，南界孟定府，西界永昌潞江安撫司，北界大候州，東北至布政司二十三程。隸布政。灣甸同。

大候，蠻名孟祐，洪武二十四年置大候長官，後升爲州。知土。下下。四里。東界景東，南界鎮康，西界灣甸，北界順寧府，東北至布政司二十三程。萬曆二十五年改爲雲州，屬順寧府。

潞江安撫司，東北至布政司二十三程。南有青石山，峭拔千仞，奇怪萬端。又有永昌、幹孟契二山，皆高險，夷酋立寨居之，下有芒市河。又大車江亦流經山下，一曰大盈江。

孟璉，蠻名哈瓦，正統間平麓川，始來歸附，置孟璉長官司。東界車里，南界孟艮，西界木邦，北界威遠，東北至布政司二十三程。

茶山，本孟養部落，永樂三年置茶山長官司，地在騰越州西北五百里，據高黎共山，初屬金齒軍民司，嘉靖元年屬永昌府。

麻里。亦孟養部落，永樂初置麻里長官司，地與茶山接

養西南，自緬甸度大江不過兩日程即至其境，濱南海，與暹羅鄰。

舊麓川平緬軍民宣慰使司治，在隴川宣撫司南，洪武十七年置，正統六年討平麓川叛酋思任發，遂革。

舊底馬撒軍民宣慰使司，在大古剌宣慰司東南，永樂四年置，後廢其地，并於緬。永樂初大古剌、底馬撒、靖定、平緬、木邦、孟養、緬甸、八百、車里、老撾共爲西南十宣慰司，其靖定宣慰司亦與底馬撒同時俱廢。○底兀剌宣慰使司，永樂二十二年置，地與大古剌近。

孟密安撫司。

本木邦部落，成化十九年析置安撫司。東界木邦，西界緬甸，東北至布政司三十三程。初屬灣甸州，萬曆十三年升宣撫司，直隸布政司。

○耿馬安撫司在孟定府北百里，萬曆十二年置，屬孟定府。蠻莫安撫司，在孟密安撫司北，萬曆十三年析孟密地置。

壤，所轄皆峨昌夷，地隸都司。

○小古剌長官司、底板長官司、孟倫長官司、八家塔長官司，皆在西南極邊，俱永樂四年置。○剌和莊長官司，亦永樂四年置，直隸都司。○促瓦長官司、散金長官司，俱麓川平緬司地，永樂六年置。○八寨長官司，永樂十二年置，直隸都司。又有瓦甸長官司、麻沙長官司、沙勒長官司，與八寨俱在騰越徼外。瓦甸司，宣德二年置，正統五年升爲安撫司，嘉靖初以屬永昌府。○東倘長官司，宣德八年置，

			○鎮道安撫司，楊塘安撫司，二司地舊屬西番，與麗江府接界，俱永樂四年置，屬金齒軍民府，嘉靖元年屬永昌府。	屬緬甸軍民宣慰使司。○他郎寨長官司，嘉靖中改爲恭順州，屬元江府。

貴州第十五

按貴州之地，山箐峭深，地瘠寡利，蠻夷盤踞，本不足爲郡邑治也。且界川、湖夷洞之間，師旅數興，其費必仰給兩省，有一不到，斷若寄生矣。惟是滇南往來假道，故疆理焉。自黎平出偏師，由間道入都匀而掇其肘，從鎮遠下平越，據武勝之雄，出龍里之上，其勢未可禦也。若夫普安爲諸番之脉絡，思南爲鎮守之邊方，又不待言矣。

貴州本西南夷羅施鬼國地，元置八番順元等處宣慰使司都元帥府，明初以其地分隸湖廣、四川、雲南布政使，今改貴州等處承宣布政使司，治貴州。左右布政使一，左右參政二，清軍一，總理糧儲一。左右參議三，分守貴寧、安平二道一，分守新鎮道一，撫苗、思仁二道一。領府八，屬州二，縣六，安撫司二，長官司五十六。宣慰司一，屬長官司十。州四。屬長官司六，官廨附三，衛城內一十一。總爲里七十有九，户一十四萬八千九百五十七，口五十一萬二千二百八十九。夏秋二税共米麥一十四萬八千九百四十八石有零，湖廣布政司坐派解納本司糧米一十萬二千四百石，每石折解白銀三錢，共該銀三萬七百二十兩整。四川布政司坐派解納本司糧米一十萬九千七百五十三石，內五萬石每石折銀三錢，三萬石每石折布二匹，每匹徵銀二錢，原運永寧倉，今改豐濟庫；布米二萬九千二百三十三石，每石折布二匹，每匹徵銀一錢七分五釐；綦江縣秋米五百二十石，每石折銀五錢五分。四川播州宣慰司坐派解納本省豐濟、平越、清平、興隆、黄平等倉夏秋糧米共一萬六百石零三斗六升八合四勺三抄五撮，烏撒倉秋糧米九千四百石。烏蒙府起運烏撒倉秋糧米三千八百五十石，東川府起運烏撒倉秋糧二千九百石，鎮雄府起運烏撒秋糧四千九十二石四斗。洞蠻麻布二百五十九條有零，課程稅鈔一十三萬六千四十六貫四千三百八十八文，稅銀三百二十九兩九錢三分三釐九毫。

貴州都指揮使司，隸右軍都督府。都指揮三，內掌印一，管屯一，管操捕一。領衛一十有八，屬所九十三，長官司一十有三。守禦千户所二，本都司所屬馬步官軍三萬七千四百一十七員名。

提刑按察使司，按察使一，副使四，僉事三，副使：驛傳一，提學一，兵備二。僉事：貴寧道一，思石道一。分道四。

鎮守貴州兼威清等衛地方總兵一，駐宣慰司。參將二，駐永寧一，駐鎮遠一。守備三，駐烏撒一，駐普安一，駐都匀一。

宣慰使司宣慰使二，一水西安氏，一洪邊宋氏。同知一。

巡撫都御史一，巡按貴州監察御史一。

欽差清軍兼理雲、貴御史一。俱駐貴州。

貴州輿圖補註

一、烏江，在宣慰司北二百里，湍激洶涌，乃貴、播之界河，其南岸有烏江關，東北經平越衛及石阡府西，又北流入思南府，經府西北流入四川彭水縣西，復西北經涪州城入于大江。

一、陸廣河，在司西北百五十里，當水西驛道，於此置巡檢司。

一、福禄江，源自苗地，至黎平府西境爲古州江，東至永從縣南合彩江爲福禄江，又東合大喦江，流入廣西柳州界。

一、清水江，源出苗地，東至黎平赤、白兩江口合新化江。

按平越衛楊乂司西五十五里有清水江，龍里衛之大平伐司東南二十五里有甕首河合清水江。

一、盤江，在安南衛城東四十里，源自西堡諸溪，流經皮古、毛口諸屯，合規模小溪至下馬坡轉南入喦穴間，或見或伏，自普暢寨經普安境東北，其下流合烏泥江。

貴州輿圖

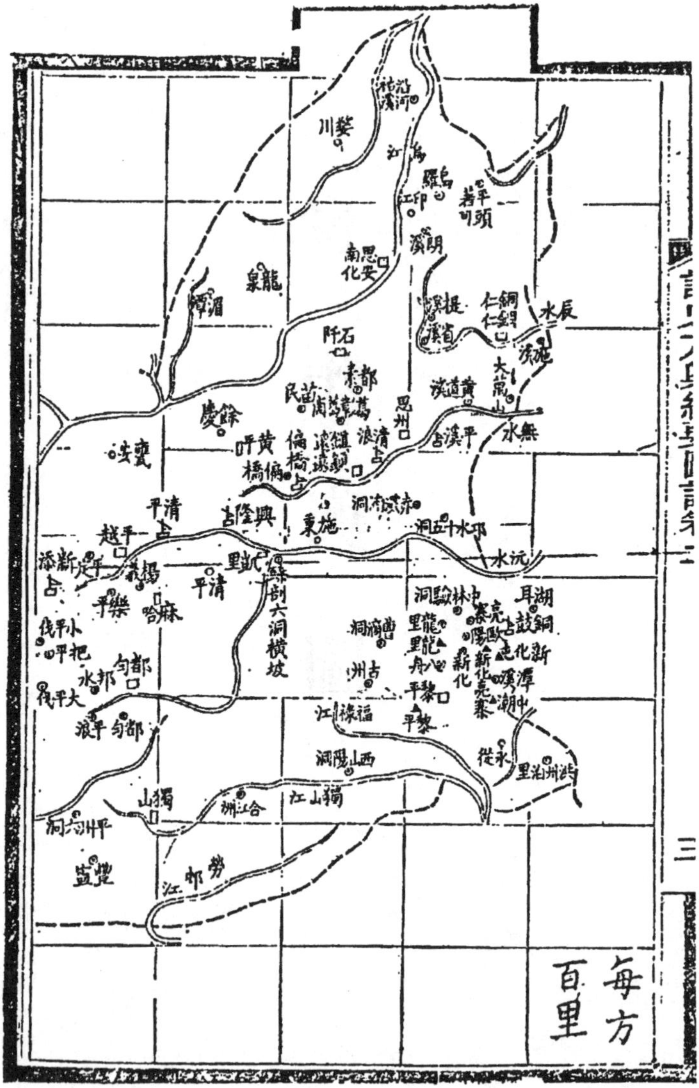
婺川
龍泉
思南
安化
石阡
餘慶
湄潭
思州
銅仁
辰水
無水
黃平
清平
施秉
興隆
沅水
麻哈
樂平
都勻
獨山
古州
黎平
永從
西山陽洞
合江州
獨山江
每方百里

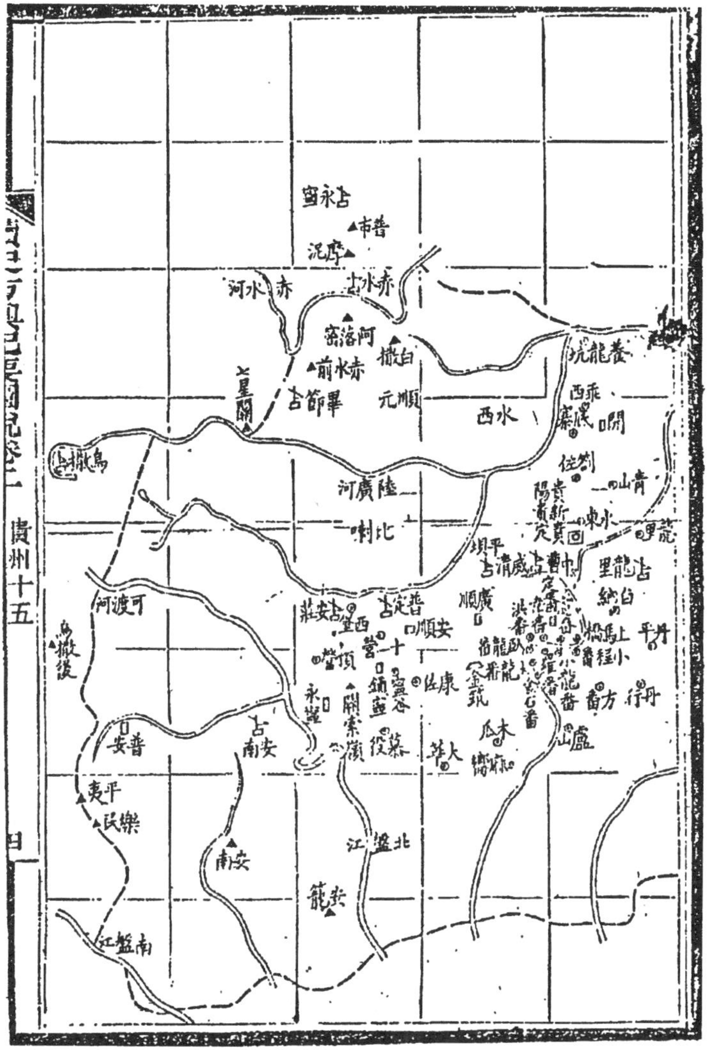
貴州十五
永寧
普市
赤水河
赤水
阿落密
白撒
赤水前
畢節
順元
水西
養龍坑
陸廣河
北喇
可渡河
普定
安順
安莊
普安
安南
南安
北盤江
南盤江
平夷
樂民
十二營
康佐
廣順
白納
龍里
清威
平壩
丹行
方番
盧山
大華
木瓜

道	貴寧道，
	巡撫，巡按。東龍里衛界五十里，南廣西泗城州界、北四川播州司界俱二百五十里，京師七千六百六十里，南京四千二百五十里。
宣慰司一 府八 衛十八	貴州宣慰司，宋大萬谷樂，元順元路，洪武初改置，領長官十。米八千五百三十石。司境東阻五溪，西距盤江，爲滇南門户。 貴州衛， 貴州前衛，二衛俱在司城内，隸都司。
州六 安撫司二 附郭	貴竹，附郭。元置長官司，明初因之。○萬曆十八年改置新貴縣，三十六年又割新貴及定番州地置貴定縣，亦附郭，屬貴陽府。 山險 獅子山，在司城西，土山帶石，如獅子形，潁川侯傅友德嘗駐于此。木閣箐山，在司西四十里，林木蓊蔚，水西之境由此而入。
并外縣外長官司 所	水東，元水東寨，司北三里。 中曹蠻夷，元中曹百納長官，司北十五里。 底寨，元置。下。司北百里。 青山，元清山遠地，司東北四十里。 劄佐，元落邦劄佐，司北五十里。
凡不書縣者皆長官司屬于衛而不書所者亦長官司	乖西蠻夷，元乖西軍民府。下。司東北百五十里。 龍里，元龍里縣。下。司東五十里。 白納，元茶山白納。下。司東北七十里。 養龍坑。元養龍坑宿徵，司北二百二十五里。

分巡兵備。東赤水衛界六十里，西四川烏撒府界百十里。	畢節衛，初爲貴州宣慰地，洪武十六年置，隸都司。衛西九十里，有七星關守禦所，初屬四川烏撒衛，永樂中來屬。	畢節東阻木稀關，西帶七星河，當華夏之要衝，爲雲南之通道。	木稀山，畢節東南四十餘里，巉岊陡壁，石磴崎嶇，僅容一馬，設關以守其險，名木稀關。	七星河，畢節南六十里，兩岸壁立，立鐵柱鎖鐵索以渡人行。
東四川播州三百里，南畢節衛，百七十里。	赤水衛，在四川永寧宣撫司東南百二十里，元永寧路，洪武中分置，今衛隸都司。	赤水衛屬有四千户所：曰赤水前，曰摩尼，曰阿落密，曰白撒。俱詳見四川永寧宣撫司。		
	永寧衛，在四川永寧宣撫城，來隸都司。			
守備。	烏撒衛，在四川烏撒府城，來隸都司。	隸烏撒衛。	烏撒後千户所。	

直隸都司。

普市所，北至四川永寧宣撫司五十里，南赤水衛摩尼所五十里，西南至畢節衛二百四十里，西永寧宣撫九姓長官百四十里。

普市守禦千户所。初爲四川永寧宣撫司地，洪武二十二年置，今所隸都司。

所東二里有木案山，所南二里有秀林山，所北有錦屏山。

北貴州宣慰司八十五里，東龍里衛大平伐長官司八十里，南廣西泗城州界百五十里。

程番府，南寧州、定遠府、古筑。初爲程番長官司，成化十年置府，苗、僚雜居。中下。領安撫司一，長官十六。米六萬五千四百石。○隆慶二年移府治于貴陽宣慰司城，改爲貴陽府，萬曆十四年於程番舊府治置定番州，又增置廣順州、開州，俱以屬貴

程番，附郭。元程番、武勝軍。

韋番，元置。府南十里，宣慰司南九十五里。

方番，元河中府。中下。府南七里，宣慰司南九十里。

洪番，元永盛軍。下。府西九里，宣慰司西南九十里。

卧龍番，元南寧軍。府南十五里，宣慰司

大龍番，元應天府。下。府東南三十里，宣慰司南百十里。

羅番，元遏蠻軍。下。府南三十里，宣慰司南百十五里。

盧山，元置。下。府南七十里，宣慰司南百五十里。

上馬橋，元上橋縣。下。府西北二十里，

東貴州宣慰司界六	
威清衛，本貴州宣慰司地，洪武二十一年	陽府。 安撫司據諸夷叢聚之地，山廣箐深，重岡疊寨，其北有天生橋，石壁千仞，環繞如城，水流其下，人行其上，坦如橋。又有天臺山，在司東南境，極高聳。
威清衛境重岡環繞，諸夷襟喉，衛城東南有	金筑安撫司，元順元路金竹府，洪武四年改金筑長官司，十年升安撫司，領長官三。初屬貴州衛，後屬布政司，成化十二年改屬府，在府東百里。
衛西北百里有鴨池河，與水西爲界。衛南百	南百里。 金石番，元太平軍。府東二十里，宣慰司西南百里。 小龍番，元靜蠻軍。下。府東南二十里，宣慰司南百三里。 木瓜，元羅賴州。安撫司東百里。 麻嚮，安撫司東百十里。 大華。安撫司東百二十里。
衛西八里有的澄關，臨的澄河，路出滇南。	宣慰司西南七十里。 小程番，元置。下。府西北十里，宣慰司城南七十五里。 盧番。元靖海軍。下。府北五里，宣慰司南八十五里。 府南百四十里有木官里，府東南百里有克度里，府東南百五十五里有通州里，俱屬府。

	十里，西平壩六十里。	置威清站，二十三年改置衛，隸都司。	馬鞍山，衛西南二十里有銅鼓山。	八里有的澄河。	
	東威清衛界四十五里，西普定界三十里。	平壩衛，西南夷地，洪武二十三年置衛，隸都司。	平壩衛南十五里有鹿角山，衛東南二十五里有馬頭山，羣山連絡，高聳淩空如馬頭。		
	東平壩衛六十里，西安莊衛六十里。	普定軍民衛。唐羅甸蠻地，後普里部、普定府，洪武中置衛，初屬四川，正統三年隸都司。			
威清道，	直隸布政司。分巡副使兼兵備。	東金筑安撫司界七十里，北鎮寧州十二營長官司界七十里，南金筑安撫司剌曹寨五十里。	安順州，元習安州，洪武十六年改安順州。知流，親領十四寨，及領長官司二。○州治舊在今治南，地名八十一寨，正統中移治普定衛城內，萬曆三	寧谷寨，州西南三十里。領寨二十四。西堡。州西北九十里。領寨四。	州城南有旂山，峻拔如卓旂。又嵒孔山，在州東四十五里，高峻盤亘，旁有嵒孔寨。州東四十里有九溪河。又谷龍河，在西堡司西北五十里，下

東普定衛六十里，西安南衛百十里。

直隸布政司。

東安莊衛

安莊衛，元永寧、鎮寧二州地，洪武二十三年置衛，隸都司，領守禦千户所一。

西永寧州六十里，北安順州七十里，東北金筑安撫司百五十里。

安南衛，元普安路，夷

十年升爲安順軍民府，增領鎮寧、永寧、普安三州及慕役、頂營、康佐、十二營四長官司。

關索嶺守禦千户所。衛南五十里關索嶺上。舊有雞公背堡，并入。

鎮寧州，元置，親領六寨，長官司二。裁，簡，瘴，衝，下。○州初治火烘寨，嘉靖十二年遷州治于安莊衛城内。

衛東四十里有盤江山，

安莊衛南三十里有白水河，懸崖飛瀑，直下數千仞，湍激若雷。

十二營，中下。州北三十里。領寨二十九。

康佐。下下。州東四十里。領寨四。

衛南四十里有者卜河，

流入烏江。

衛城北有環翠山，林木四時蒼翠。又東坡山，衛東三里，高三十里。

烏鳴關，衛南二里山顛，

百六十里，西普安州百六十里。	名尾灑，洪武二十三年置安南衛，隸都司。	與安莊衛爲界，石路屈曲，降陟峻險。	自普安州楊那山小溪合流，曲折二百餘里入盤江。	下入深箐，有戍兵防守。
直隸布政司。參將。	東鎮寧州六十里，西普安州百九十里，南廣西泗城州界百六十里，北安莊衛百五十里。	永寧州，元置。瘴，衛，下。親領六寨及領長官司二。○州初治打罕砦，宣德閒改建于關索嶺，萬曆四年又改建于安南衛，州初治西去安南衛蓋百里。志云：去衛三十里。悮。	慕役，中下。州西北七十里。領苗寨四。舊志：州西百七十里。誤。頂營。俱無瘴。州北七十里。舊志：州南百五十里。悮。領苗寨三。	
直隸布政司。守備。	東普定衛界百九十里，西雲南平夷衛界百二十里，北貴州宣慰司界五百五十里。 山險 八納山，州北七十里，山	普安州，漢牂柯，蜀興古，後盤水、永山、石梁、羅山，元普安路，洪武十六年置府，永樂初改安撫司，十三年改爲州。	名勝志：「州初治撒麻村，尋遷海子，復遷普安衛郭，萬曆十三年遷入衛城。」按遷衛郭蓋在永樂後。 關隘	水險 普安州東南百二十五里有深溪，源出木家寨，西南流經黃草壩，曲折三百里入烏泥江。者卜河，州東南百八十里，源出楊那山，下

普安衛在普安州城。

勢高聳，上有夷寨。羅麻塔山，州北百八十里，四面削壁，上有寨，惟一徑可達，東北瞰盤江。

普安衛。洪武二十二年建，隸都司，領守禦千户所四。

黨壁山，州西南二百七十里，四山環遶，而東南一箐，外狹中廣，可容數百家，夏月土人居此避暑。

芭蕉關，州東八十五里。分水嶺關，州西百十里。安籠箐關，州東二百四十里，與永寧州慕役司接壤。

樂民守禦千户所，衛西南九十里夾牛嶺上。

平夷守禦千户所，衛西百里香羅山上。

流爲磨溪入盤江。地常暖，土人冬則遷於此。

安南守禦千户所，衛東南百六十里楊那山下。

安籠守禦千户所。衛東南三百二十里安籠箐口。

都清道，

參將。東思州府界，西興隆衛界，俱百二十里，北

鎮遠府，舊竪眼大田溪洞，元鎮遠沿邊溪洞招討司，尋改鎮遠府，洪武五年改爲州，永樂十一年仍于州置府，正統三年省州入

鎮遠縣，附郭。元鎮安、安夷縣，後改金容金達及楊溪公俄等長官司，明初鎮遠金容金達蠻夷長官，弘治十一年改縣。中下。

施秉縣，元施秉前江等司，正統九年置縣，苗民。中下。一里。府西南四十五里。甕蓬關，府西五十里。梅溪關，府東六十里。

偏橋，元偏橋中寨。無瘴。二里。府西六十里。

邛水十五洞蠻夷。元定安縣，又邛水縣。裁，下。五里。府東

石阡府界百八十里。 隸湖廣都司。 隸湖廣都司。 隸湖廣都司。	府。知流，判推土。領縣二，長官司二。米八百石。府溪河旋繞，山嵒層列，東通沅水，西接貴陽。 鎮遠衛，府治。領長官司一。 偏橋衛，鎮遠府西六十里。 清浪衛，鎮遠府東七十五里。	三里。 關隘 東關，府治東北。津關，府治北。焦溪關，府東三十里。清浪關，府東七十五里。爛橋關，府西七十五里。 隸鎮遠衛。	紫岡關，府西八十里。油榨關，府西三十里。俱明初置。 臻剖六洞橫坡，鎮遠衛西七十里，元置臻洞涪洞長官司，洪武二十三年改置。	八十里。
東湖廣靖州界二百四十里，西鎮遠府邛水長官司界三百六	黎平府，古夜郎地，洪武初五開衛，永樂十年置黎平府，以宣化府省入。簡，中下。縣一，長官司十三。米二千六百石有奇。府東連靖州，西接生苗，		永從縣，唐溪洞福禄州，永從軍民司。裁，下。二里。府南六十里。 洪舟泊里蠻夷，中。三里。府東百五十里。〇舟，一作州。	湖耳蠻夷，一里。府北百三十里。 曹滴洞蠻夷，本名容江巴黄。六里。府東九十里。

十里，南廣西柳州羅城縣界五百里，北湖廣沅州界四百里。

南通交、廣，北達辰、沅，山川環繞，脉絡不絶。

山險

銅關鐵寨山，在潭溪司西南，山高峻，上平廣，可容千人，三面俱險，惟南可登。銅鼓寨，在府北二十里，有洞高大如屋，深遠可三里，中有溪水横流。

水險

新化江，源自府城西，爲三十里江，北流爲八舟江，又東北爲新化江，又西北合於清水江。

隸湖廣都司。

五開衛，在黎平府城，洪武十八年建，領所五。

銅鼓衛，在湖耳長官司西，黎平府北百二

潭溪蠻夷，下下。三里。府西南三十里。

歐陽蠻夷，下下。一里。府北五十里。

八舟蠻夷，下下。二里。府北三十里。

新化蠻夷，下下。一里。府西北六十里。

古州蠻夷，元古州八萬洞。二里。府西六十里。

中林驗洞蠻夷，一里。府西百里。

西山蠻夷，古生苗地。下下。一里。府北百里。

赤溪湳洞蠻夷，中下。一里。府東北二百里。

亮寨蠻夷，下下。一里。府北百里。

龍里蠻夷，一里。府西北九十里。

黎平守禦千户所，府西南三十里。

龍里守禦千户所，府東北八十里。

中潮守禦千户所，府東南四十里。

新化屯千户所。府東北四十里。以上二所均洪武二十五年置。

隸湖廣都司。

十里，洪武二十年建，尋廢，永樂三年復建。

新化亮寨守禦千户所，府東北五十里。以上三所均洪武二十一年置。

五所均隸五開衛。又府東九十里有平茶所，府東百二十里有平茶屯所。

分巡兼兵備，守備。東四川播州宣慰司界二百二十里，西龍里衛平伐長官司界百二十里，南廣西南丹州界三百二十里。

都匀府，元都匀軍民府，洪武十六年置都匀安撫司，二十三年改置都匀衛，弘治六年復置都匀府。中下。領州二，縣一，長官司八。米四千九百三十石。

都匀爲廣西之脣齒，貴州之藩垣，控扼要荒，僻而實險。

山險　凱陽山，平浪司西南六十里，殊險峻，上有

都匀，元上都雲。府南七里。

平州六洞，元都匀安撫司地。府南百五十里。

邦水，元中都雲板水。府西二十里。

平浪。同上。府西五十里。

麻哈州，元仡佬寨，明初爲長官司，屬平越衛，尋升爲州，改今屬。無瘴，簡。府北百里。領長官司二。

樂平，元仡佬寨，洪武中置，初屬平越衛，成化中改屬州。

平定。洪武中置，初屬平越衛，後屬清平衛，成化中改今屬。州西北六十五里。

獨山州。初爲九名九姓獨山州長官司，成

合江洲陳蒙爛土，宋合江、陳蒙二州，元

豐寧，州西南七十里。

清平縣。洪武十四年

寨。六洞山,六洞司西南七十里,險峻,有大六洞寨。鎮夷山,在獨山治南,山高頂平,土酋結寨於此以鎮苗賊。行郎山,在豐寧司西南八十里,頂平而路險,土人造梯以登山,上有蠻二百餘家。

都勻衛,在府城內,洪武二十三年置,隸都司。

化中升爲州。土官。簡,裁,僻,夷,瘴,下下。領縣一,長官司二。府南百五十里。

香爐山,在清平縣東三十里,盤亘兩重,壁立千仞,形如香爐,苗蠻常據爲險。

陳蒙長官,洪武十六年置今司。州東百里。

關隘

平定關,府北二十五里。

威震關,府西四十里。

置爲堡,二十二年升爲長官司,弘治八年改縣。一統志:「屬獨山州,在州北三十里。」

東平越衛界八十里,北龍里衛界六十里,東南都勻府百五十

新添軍民衛,元新添葛蠻安撫司,洪武四年置新添長官司,二十二年增置新添千户所,尋改所爲衛,二

新添,附郭。洪武四年置,初屬貴州衛,尋爲新添衛治。

小平伐,下下。衛西南五十里。

把平寨,下下。衛南六十里。

丹平,下下。衛西南

關隘

谷忙關,衛東十五里。

甕城關,衛西南十里。

里。	十九年又升爲軍民指揮使司，隸都司。領長官司五。		百里。 丹行。下下。衛西南百二十里。	
南新添衛界六十里，西至四川播州草堂司，北至播州黄平司俱百二十里，東北偏橋衛百八十里。	平越衛，元平月長官司，洪武十四年置平越衛軍民指揮使司，初領長官司五，三十年割清平、平定二長官司屬清平衛，弘治七年又改麻哈長官司爲州，隸都勻府，以樂平長官屬麻哈州，衛止領長官司一。	按萬曆二十七年分四川播州地置平越軍民府，與平越衛同城，改播州黄平安撫司爲甕州，甕水安撫司爲甕安縣，餘慶長官司爲餘慶縣，湄潭川地爲湄潭縣，及清平、興隆二衛、凱里安撫司俱以屬之平越府。	楊義，平越衛東南二十里。 黄平守禦千户所。在四川黄平安撫司城，洪武十八年建，隸貴州都司。	山險關隘 平越衛東三十里有七盤坡，高峻崎嶇，盤迴七里，坡下有溪。楊義司西五十里有杉木箐山，峰巒高秀，爲最險處。衛南二里有武勝關，衛西南有通津關，衛東南有羊腸關。
東新添衛界三十里，	龍里軍民衛，元平伐長官司，洪武初置		平伐，下下。衛東南六十里。	山險 平伐司治西有穴刀山，

西貴州宣慰司六十里。

龍里驛，尋改站，二十三年置龍里衛軍民指揮使司，隸都司。領長官司二。中下。

關隘

長衝關，衛西十七里。

隴聳關，衛東二十里。

大平伐。下下。衛南八十里。

峰巒高聳。大平伐司東北有峽山，連峰峭壁，爲兩司界限。

西南至平越衛，東至興隆衛俱六十里。

清平衛，洪武十四年置清平堡，二十三年置衛，隸都司。領安撫司一。

興隆衛。洪武二十二年置，隸都司。

凱里安撫司。正統中分四川播州宣慰司地置，初屬播州宣慰司，嘉靖九年改屬清平衛。

雞場關，清平衛西十里。

羅衝關，在衛北羅衝山。

思石道。

府東至湖廣沅州界九十里，西鎮遠府界百里。思州府東北三十里。

思州府，元思州安撫司地，洪武初置思州宣慰司，永樂中改府。簡，中下。領長官司四。米八百石有奇。

平溪衛，洪武二十二年建，隸湖廣都司。

都坪峨異溪蠻夷，附郭。元臺蓬若洞住溪長官司，洪武六年改置。下下。四里。

都素蠻夷，下下。二里。府西六十里。

施溪，下下。一里。府南百四十里。

黄道溪。下下。二里。府南二十里。

鮎魚關，府東北六十里。

兵備僉事，提調平茶播州。東銅仁府界三百九十里，西四川播州司界四百里，北四川涪州彭水縣界六百五十里。

思南府，漢武陵郡地，隋務川縣，唐務州、思州、寧夷郡，元思州宣撫司，洪武初改思南宣慰司，永樂十一年改府。領長官司四，縣二。米一千八百石。

府東接酉陽，西連錦、播，二江襟帶于左右，重岡起伏于四隅，誠控扼蠻夷之要地。按二江即烏江、内江也。

水德江，附郭。元水特姜長官司，洪武二十二年改今名。中下。四里。

蠻夷，附郭。洪武十年增置。○萬曆二十八年復分置安化縣于郭内。

婺川縣，隋置。中下。四里。府北二百四十里。

印江縣，唐思邛，宋邛水縣，元邛江長官司，後訛邛爲印，弘治十八年置縣。中上。四里。府東三十里。

沿河祐溪，中下。三里。府北二百十里。

朗溪蠻夷，中下。二里。府東四十五里。

撫苗參議，總兵，參將。府北至四川邑梅司界二百二

銅仁府，元銅仁大小江長官司，洪武初改銅仁長官司，永樂十一年增置府。中上，簡。領長官司六。米

銅仁，附郭。洪武五年置銅仁長官司，永樂中建府治焉。中下。五里。○萬曆二十五年改銅仁長官司

省溪，下下。一里。府西百里。

提溪，下下。一里。府西百四十里。

烏羅，下。三里。府西二百里。

平頭著可。下下。一里。府北百二十里。

十里。	四百八十石。府治西有銅仁大江，西北有銅仁小江。	爲縣。	大萬山，下下。一里。府南二百里。	
府西至四川播州餘慶長官司界百六十里。	石阡府。唐思州地，元石阡長官司，永樂十一年置府。簡，中。領長官司四。米八百五十石。	石阡。附郭。洪武五年置，永樂十一年爲府治。中下。五里。無瘴。有吏目。	苗民，二里。府西百八十里。葛彰葛商，二里。府西百里。	龍泉坪。中。二里。府西百二十里。〇萬曆二十七年改爲龍泉縣。

九邊總圖

按明初邊備，自遼東而大寧，而開平，而宣府，而豐勝，而大同，而寧夏，而甘肅，東西延亘，指臂相依，稱全盛焉。故合邊卒之數，不過四十萬，較之宋人備西夏一路猶七十萬者，蓋倍蓰也。自大寧既失，開平、興和又棄，東勝復捐，於是殘缺之形日以滋長，乜先、火篩而後，戎狄益起驕心，吉囊尤稱雄桀，跳梁之禍，無日而閒，邊境諸方，騷然不寧矣。逮乎末季，法令日玩，敝壞日生，匱乏日甚，補救猶曰不遑，孰敢攖其鋒而與之抗哉？諸家聚訟，不無一得，然而言者固難，聽者不易，苟非英君賢相，振作其閒，纍纍建明，亦徒文具而已。嗟乎！本實撥矣，且不能保舟中之敵，又何暇申閫外之威？議邊事於今日，無甚高論焉可也。若夫重屯政，擇大臣，至謂塹不如窖，窖不如垣，築臺增堡諸論，有王者起自不可廢，予亦頷其意而已。

九邊總圖

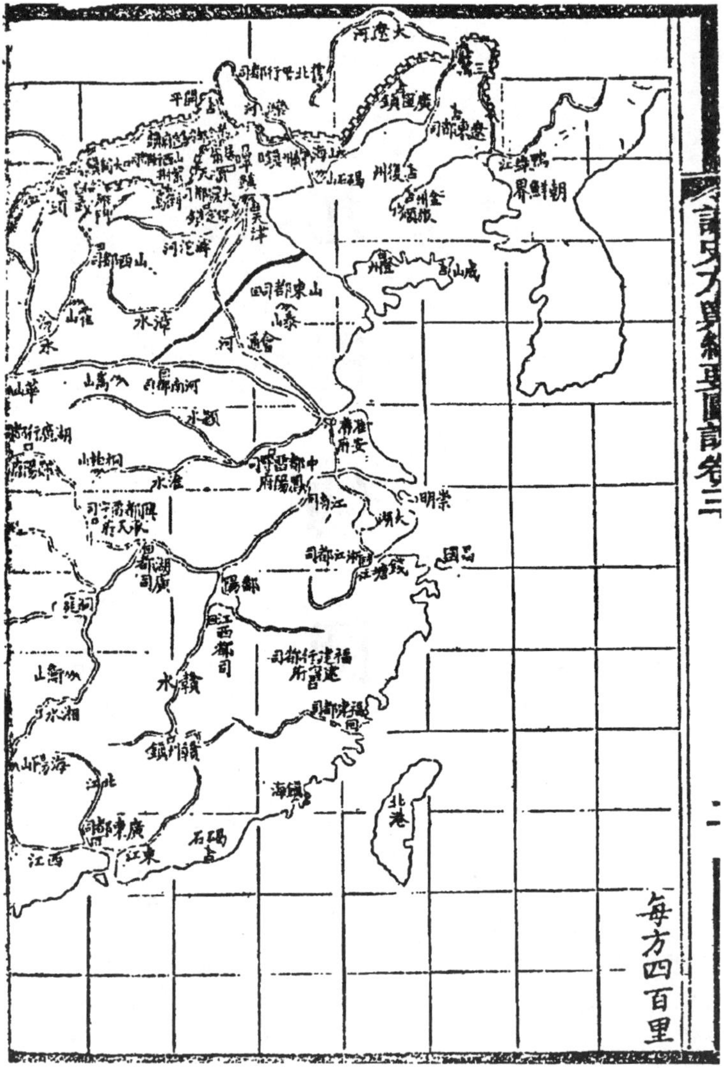
讀史方輿紀要圖說卷二
大遼河
舊北平行都司
廣寧鎮
遼東都司
山海
鴨綠江
朝鮮界
復州
金州
天津
滹沱河
山西都司
山東都司
泰山
會通河
霍山
汾水
漳水
成山
登州
河南都司
嵩山
華山
潁水
淮安府
中都留守司
鳳陽府
淮水
崇明
大湖
浙江都司
錢塘江
湖廣都司
鄱陽
江西都司
福建行都司
建寧府
贛水
湘水
贛州鎮
廣東都司
北江
西江
東江
碣石
北港
每方四百里

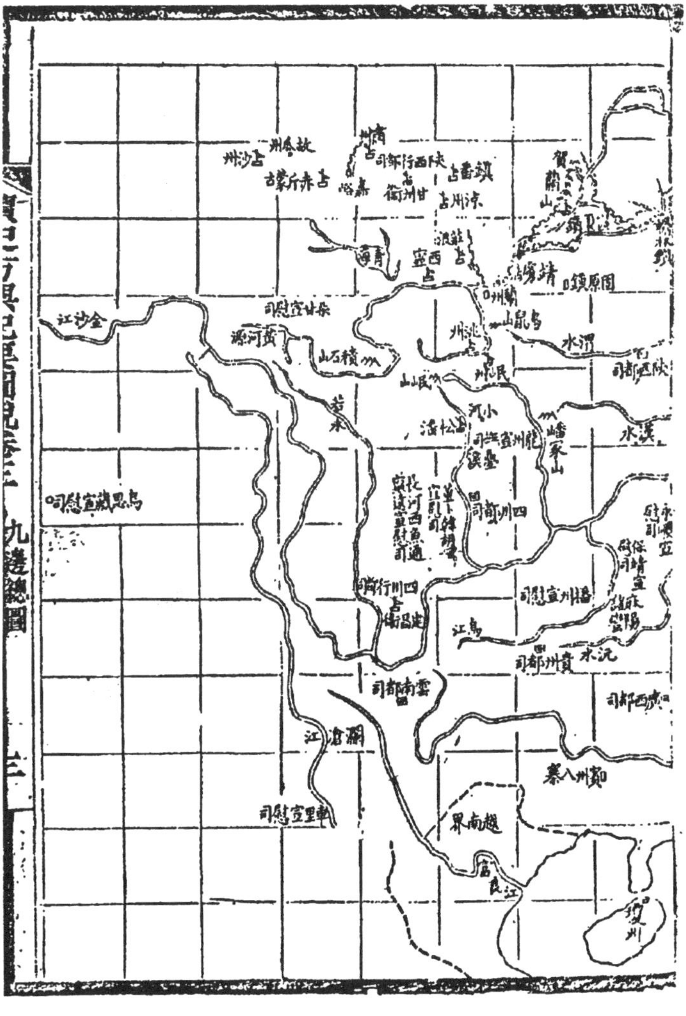
九邊總圖
陝西行都司
鎮番古
甘州衛
涼州古
故参州
沙州古
赤斤蒙古
西寧
青海
固原鎮
靖虜
烏鼠山
渭水
陝西都司
金沙江
朶甘宣慰司
黃河源
積石山
洮州
岷山
岷州
小河
松潘
漢水
嶓冢山
烏思藏宣慰司
四川
四川行都司
建昌衛
播州宣慰司
烏江
沅水
貴州都司
雲南都司
瀾滄江
車里宣慰司
越南界
交州八寨
廣西都司
富良江
瓊州

遼東邊第一

按遼東爲燕京左臂，三面瀕夷，一面阻海，山海關限隔内外，亦形勝處也。歷代郡縣其地，明初改置諸衛而控於遼陽。開元設安樂、自在二州以處内附夷人，其外附者東北則建州、毛憐、女直也，西北則朵顔、福餘、泰寧也。夫三岔河南北數百里，遼陽舊城在焉。今稽其略，則寧遠前屯乃遼之咽喉也，背山面海，一線地耳。而高橋鋪、王刀屯瓦窯衝、雙塔鋪以至於老衝等處，皆零賊潛伏截路處也。若三山營、仙靈寺、小團山等處，則大舉之虜必由此以犯中前、中右所、東關一帶地方者也，是可廢缺而不講歟？廣寧錦、義共十九邊堡，俱平坦通虜，閒有稍險者，如東之白雲山，西之九頂蓮花山，再西之紅螺山，其離邊皆四五十里，乃虜賊聚兵處也。如聚白雲山，則必自鎮安、鎮靜犯廣寧一帶矣；聚蓮花山，則必犯義州迤東一帶及十三山堡等處矣；聚紅螺山，則必由大福、大鎮入犯錦州松山、杏山以及右屯一帶矣。況高平、沙嶺，又零賊出没之途哉。遼陽一區，東西皆邊。其蒲河、瀋陽、十方寺直抵東勝、東昌、三岔河，此西境也，境外乃泰寧、福餘諸夷住牧處；會安、撫順、靉陽等處以至鴨淥江，此東境也，境外乃毛憐、建州諸夷住牧處。西邊雖有太、渾二河爲障，然灘淺可涉，長營而上，其餘小河更不足恃，至冬則患滋矣。如賊在舊遼陽、老虎林聚兵，必由十方寺、長營堡、黄泥窪進犯瀋陽南北一帶；若由東勝等處入，則海、蓋、復、金四州必受其患矣。海州而下，皆在境南，虜不易至，惟大舉或犯東昌、東勝及三岔河口，則憂切矣。夫修城布兵，此堂奥之策耳。或謂蓋州北有青石嶺山，東與諸山連絡，西與大海接連，海山之閒，平地二十餘里，乃虜出入之道，誠於此置城垣，築墩堡及虎牢濠塹諸備，布置嚴密，敵可走也。又於嶺之險處設關以通行，於平處峻途以弭患，使東西百里，屹然雄峙，則三衛固而根本立矣。開元等鎮當東北絶塞，三面皆夷，東建州，西福餘，北海西，東北則混同江諸夷團聚於外，號孤懸之區，噬臍之患實自此始。吁！誰之咎哉？若夫海道則天津上達廣寧以西，其東則以登、萊爲徑也。

遼東鎮，屬衛二十五，所十一，關二，營堡百。馬步官軍九萬九千八百七十五員名，馬九百九匹，子粒二十六萬一千四百六十七石，歲運銀十八萬五千二十四兩，米十二萬四千六十六石，草二百四十萬五千二百十一束，豆七萬五千二百二十九石六斗。

巡撫都御史一，總兵鎮虜將軍一，鎮守太監一，俱駐廣寧。分守副總兵一，駐遼東。分守東路參將一，駐開元。遊擊將軍一，駐廣寧。守備二，寧遠一，靉陽一。馬市官一。駐開元。

遼東邊圖補註

首山，都司西南十五里，連海州界，山頂有泉，行兵者多駐此。平頂山，司東百里，周二十里，頂平有泉，可耕稼。安平山，司東南百里，上有鐵場。鳳皇山，司東三百六十里，上有壘石古城，可容數萬人，唐太宗東征時駐此。石城山，蓋州東北十五里，上有石城，中有泉，昔人避兵處也。大黑山，金州東十五里，絶頂有城，四面懸絶，惟西向一路可通，中有井，亦昔時避兵處。醫巫閭山，廣寧衞西五里，古幽州鎮山也。其山環抱六重，故又名六山，巖壑絶勝。十三山，廣寧右屯北三十里，下有洞，上有池。紅羅山，中屯西六十里，一名紅螺，大小二山，東西綿亘百餘里，今因其勢築爲城，以障一方。大團山，寧遠西北三十里，中高四下，守此可斷北虜出没之途。萬松山，廣寧前屯西北十五里，綿亘東西四百餘里，連山海、永平界。東牟山，瀋陽東二十里，唐平高麗時渤海大氏以衆保此。輝山，瀋陽東北四十里，層巒疊嶂，爲境内諸山之冠。金山，三萬西北五十里，遼河北岸，亘三百餘里。長白山，三萬東北千餘里，横亘千里，頂有潭，周八十里，淵深莫測，南流爲鴨緑江，北流爲混同江。分水嶺，蓋州東百四十里，綿亘數百里，下有泉，東西分流。牽馬嶺，廣寧衞西北六十里，山脉與醫巫閭山相接，勢極險峻，中通驛路，過者下馬攀援乃得上。蓮花島，金州東三十里，其間七十二島，東北五十里者名蕭家島，有兵戍守。桃花島，寧遠東十五里，海舟漕運皆泊此。連雲島，蓋州西十五里，有戍兵。又萬灘島，復州東海中，陸路二百四十里，水路六十里。華島，寧遠東南二十里。太子河，一名東梁河，源出司城東北五百里榦羅山，至司東北五里，折而西南流，至渾河合爲小口，會遼河入海。渾河，一名小遼水，源出塞外，西南流至瀋陽合沙河，又西南流至司城西北入太子河。遼河出塞外，自三萬衞西北入境，南流經鐵嶺、瀋陽都司之西境、廣寧之東境，又南流至海州衛西南入海，行千三百五十里。太宗征高麗，患遼澤泥淖，布土作橋，今其地遇雨多淖，蓋天造之險也。大淩河、小淩河，俱出大寧境。大淩河自義州西六十里入境，南流經廣寧左、右屯界入海。小淩河自廣寧左屯西入境，合女兒河、哈剌河南流入海。松花江，出長白山湖中，北流經金故南京城，合灰扒江，至海西合混同江東入海。

關隘攷

連山關，都司東南百八十里，朝鮮入貢之道。大片嶺關，海州東百十里。梁房口關，蓋州西北九十里，海運舟必由此入遼河。連雲島關，蓋州西十五里。石門關，蓋州東七十里。欒古關，復州南六十里。旅順口關，金州南百二十里，海運舟由此登岸。蘺家島關，金州東北百五十里。三頭關，三萬衛南六十里。清河關，三萬衛西南六十里。各關俱官兵戍守。

又志所載墩堡極多，與此間有出入，不盡録。

羅氏曰：「國初河東十四衛，北自登州海運給糧，有海船十餘隻，直抵遼陽、鐵嶺以達開元城西老米灣，使其法不廢，遼陽匱乏，其無患乎？」

毛云：「廣寧險要有二：途鎮静，虜自不能北來；駐三岔，虜自不敢東渡。」

遼東邊圖

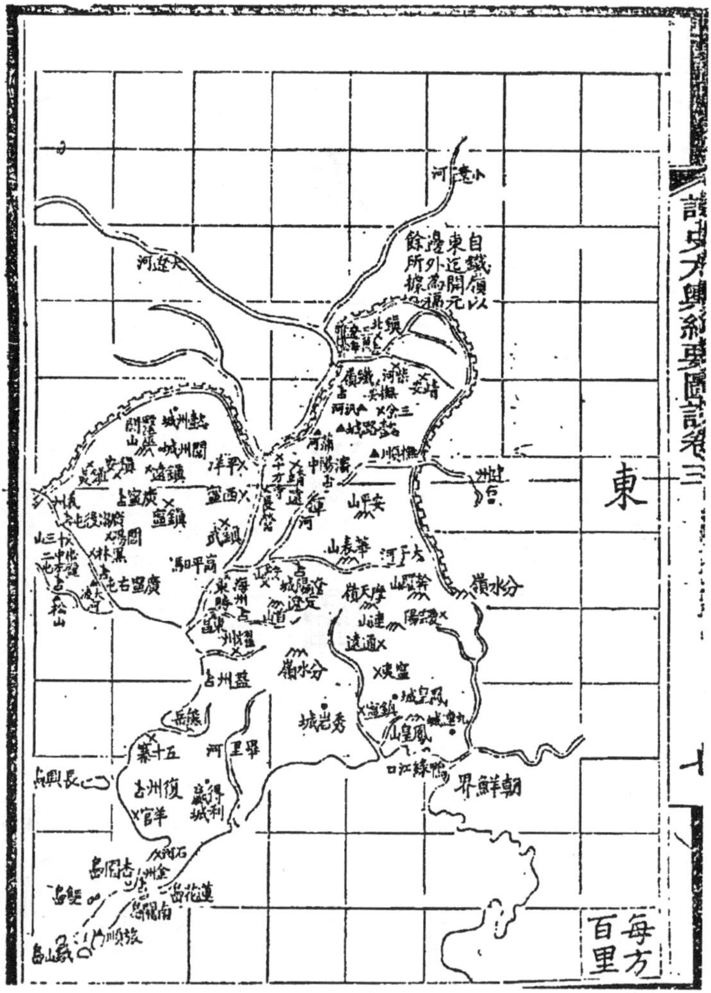
東
每方百里
朝鮮界
分水嶺
安平山
蓋州
復州
金州
小遼河
大遼河
鳳凰山
秀岩城

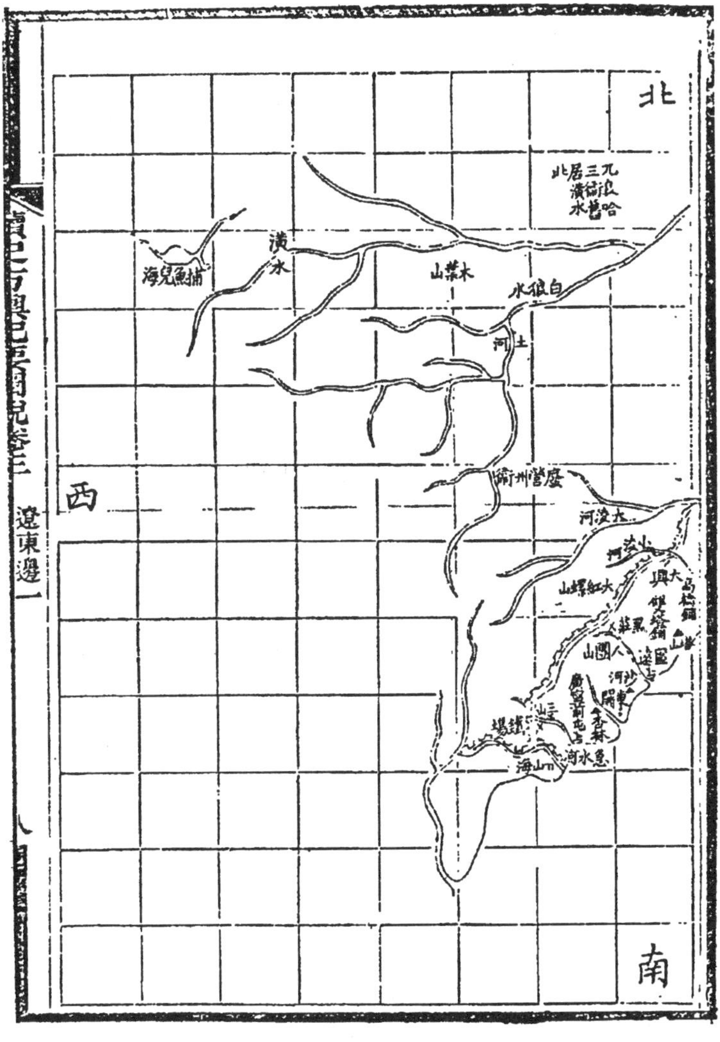
遼東邊一
北
西
南
捕魚兒海
潢水
白狼水
土河
大凌河
小凌河
大紅螺山
急水河

	衛二十五所	所	關堡	馬步官軍	馬	子粒	歲運銀	米	歲辦秋草	豆
巡撫，總兵，	廣寧，廣寧中，廣寧左，廣寧右，同在廣寧衛城內。		鎮安等堡。	一千六百五十六員名。		一萬二千六百一石。	十五萬兩。	五萬三千八百六石。	四十四萬四千七百束。	一萬四千六百九十石。
			鎮夷等六堡。	二萬二千八百四十六員名。						
	廣寧右屯，	廣寧衛南百二十里。	黑林等七堡。	九百十三員名。		一萬五千八石。			四十四萬八千束。	
	義州，廣寧後屯，後屯與義州衛同城。		大定等六堡。	八千三百五十三員名。		四千二百四十石。	七千三百六十四兩六錢。	二萬九千九百三十四石。	二十七萬六千九百束。	一萬四千八百七十一石七斗。

守
備，

廣寧左屯，廣寧中屯，二衛同在故錦州城。	寧遠，西至廣寧前屯衛百三十里。	廣寧前屯，西至山海關七十里。
中左，大凌河。中左，松山。	中左，塔山。中右，小沙河。	中前，急水河。中後，杏林。
大興等七堡。	黑莊等十堡。	鐵場等七堡。
六千三百零三員名。	二百四員名。	九千二十員名。
	九十六匹。	
二萬一千四百五十石。	二萬七千百二十五石。	一萬九千一百九十八名。
五千四百六十一兩六錢。		一萬二千百十六兩八錢。
十八萬三百十束。		四十五萬六千束。
一萬二千六百十四石四斗。		一萬六千四百二十六石五斗。

遼東都指揮使司，兵備僉事，副總兵，靉陽守備，	定遼中，以下六衛均在遼東都司 定遼左，定遼右，定遼前，定遼後，東寧，城內。	中左，	鞍山等二十四營堡。	二萬四千九百十四員名。	五十四匹。	八千九百八十七石。	一萬八十兩。	四萬二百二十六石。	三十三萬七千四百束。	一萬二千六百二十六石。
	瀋陽中，鐵嶺衛南百二十里，南至都司		靖遠等三堡。	二千三百四十三員名。		七萬二千九百七石。				

	遼陽城百二十里。	撫順，瀋陽衛東百八十里。	十方寺等堡。撫順關。	一千六百五十六員名。		二千五百九十八石。
		蒲河，瀋陽衛北四十里。	三岔等四堡。	一千三百十六員名。		二千四百九十七石。
	鐵嶺，三萬衛南九十里，南至都司遼陽城二百四十里。	中左，汎河。	柴河等二堡。	一千四百二員名。		三千二百六十九石。
		左左，懿路城。	撫安等三堡。	一千四百十六員名。		三千一百五十石。
參將。	三萬，二衛同在遼海，故開元城。		鎮北等八堡。	一千三百五十二員名。		

海州，南至蓋州衛百二十里。		耀州等六堡。三岔關。	七千四百十七員名。		八千六百六十二石。
蓋州，南至復州衛百八十里。		五十寨等二堡。	四千七百三十五員名。	三百四十一匹。	三萬七千三百三十石。
復州，南至金州衛百八十里。		羊官等二堡。	五十員名。	五十匹。	萬二千五百十石。
金州。南至海百二十里，北至遼陽城六百里。	中左。旅順。	石河等二堡。	四千七十九員名。	三百七十匹。	二萬四千八百五十九石。

薊州邊第二 內三關附

按薊州爲京都左輔，當大寧未徹時，與宣府、遼東東西應援，誠藩屏重地也。自挈其地以與兀良哈，而宣、遼聲援絶，内地之垣籬薄矣。嗣後朵顔日盛，侵肆有加，乃以薊州爲重鎮，建置重臣，增修關堡，東自山海，西迄居庸，延袤千里，備云密矣。説者曰：薊鎮禦虜，以守爲先，而沿邊山形盤旋，道路崎嶇，往來應援，深爲不便。又虜人巢穴皆在宣府邊外獨石地方，若犯薊邊，必由西而東，則當以黄花鎮、大水谷、河防口、石塘嶺等處爲首衝，次則犯白馬關、古北口、黑谷關地方，又次則及馬蘭峪、太平寨等處，而灤河一帶，外雖有土蠻諸夷，然勢小力孤，其備之也視諸方爲緩，使探哨嚴明，而更番接援，未始不可成功也。夫虜情叵測，使東西連結，而虛實互用，其何以禦之哉？昔人有言，兵難遥度，我未敢深信也。若夫横山置守，則未始不可從也。議曰：内邊東自龍井關，西至黑谷關，邊城磬折，可六百里，夷地一區，約田千頃，乃在腹裏，外有横山一帶，止百五十里，相連高峙，窺見内地虛實，若修築外口，不惟我據其險，有地可耕，且以收六百里之人，堡移守百五十里，豈不簡且便耶？但不知歷代何以未之從耳。

薊州鎮，屬關一百十三，寨七十二，營四十三，堡六十一，城十一。馬步官軍七萬八千六百二十一員名，糧四十六萬八百餘石，料豆六萬七千五百餘石，子粒米麥一萬五千七百七十八石六斗，布絹折銀二萬兩，綿布十二萬一千六百餘匹，綿花絨六萬六千三百餘斤，草四十萬七千餘束。

山東、河南、直隸各司府起運夏秋二稅糧，麥豆三萬四千五百八十八石二斗零，布十三萬三千九百匹，綿花八萬一千五百斤，絹二千餘匹。海運兑軍本折米共二十四萬石，軍民屯折色草銀共二十一萬六千九百六十兩零。夏秋二稅，本折色絹米一千一百四萬九千二百餘石，草九萬七千六百八十四束。

總督遼、薊都御史一，駐薊州。巡撫順天等處都御史一，駐遵化。密雲兵備副使一，駐薊州。巡按山海關監察御史一，兵部主事一，駐山海關。將軍總兵官一，駐密雲。參將五，燕河營一，馬蘭峪一，密雲一，太平寨一，古北口一。遊擊參將一，駐建昌營。都指揮二，通州一，居庸一。守備八，山海關一，永平一，遵化一，燕河營一，薊州一，通州一，三河一，黃花鎮一。

薊州邊圖

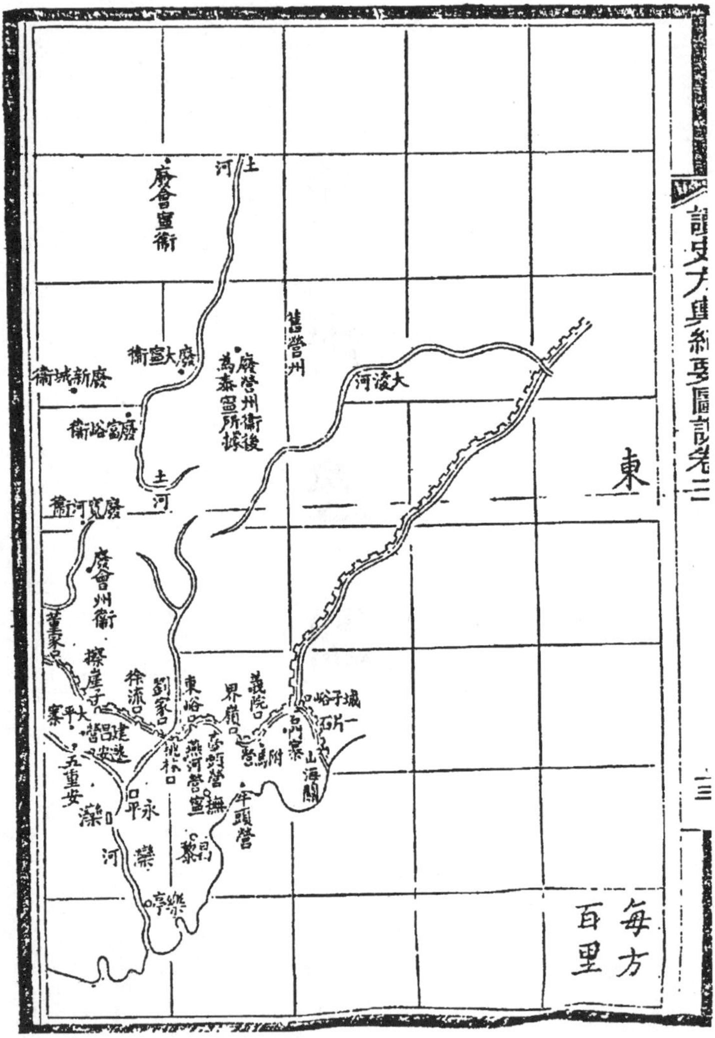
讀史方輿紀要圖說卷三
東
每方
百里
土河
廢會寧衛
廢大寧衛
廢新城衛
廢富峪衛
廢營州衛後為泰寧所據
舊營州
大淩河
廢寬河衛
土河
廢會州衛
董家口
擦崖子
徐流口
劉家口
東峪口
界嶺口
義院口
墻子峪口
一片石
山海關
大平寨
建昌營
遷安
燕河營
桃林口
撫寧
牛頭營
永平
灤河
昌黎
樂亭

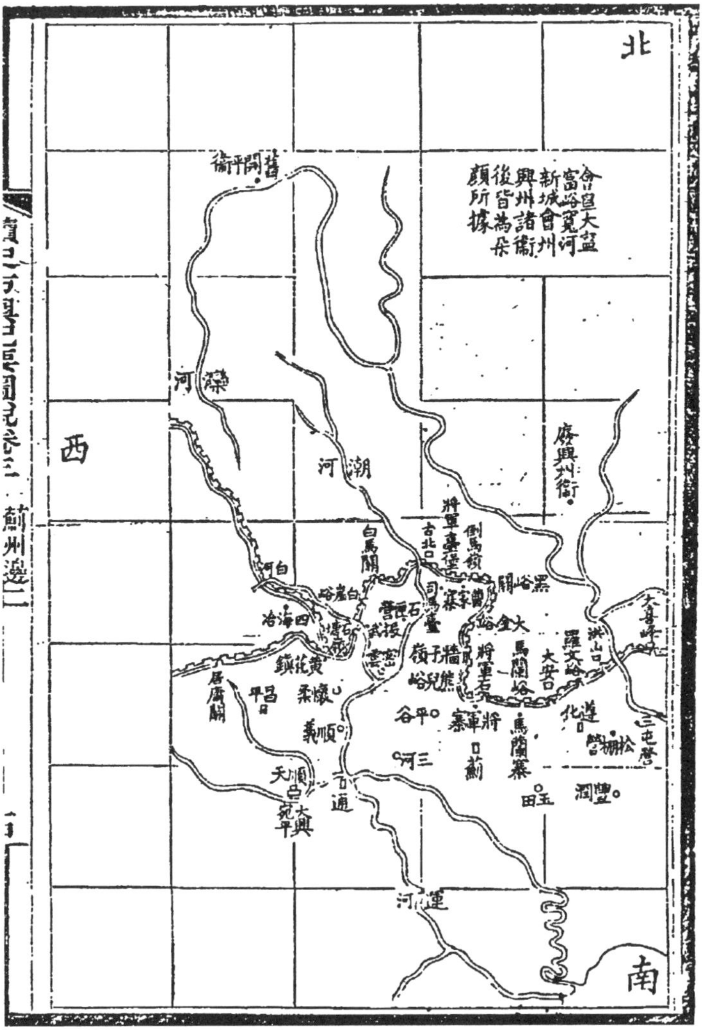
北
南
西
舊會州大寧富峪寬河新城會州興州諸衛後皆為朶顏所據
開平衛
灤河
潮河
廢興州衛
古北口
將軍臺堡
倒馬嶺
白馬關
白河
黑峪關
曹家寨
司馬臺
白崖峪
石塘
四海冶
大金峪
羅文峪
洪山口
大喜峰口
黃花鎮
居庸關
昌平
懷柔
順義
平谷
將軍寨
馬蘭寨
三河
薊
遵化
松棚營
三屯營
天順
宛平
大興
通
玉田
豐潤
運河
讀史方輿紀要卷十一 薊州邊二

	鎮	關寨營堡口		馬步官軍	子粒米
總督，守備，兵備副使，巡按，守備，兵部主事，	薊州。			一百六十四員名。	一百十三石。
		山海關，永平府撫寧縣東百里。	管九關。	一百六十二員名。	二百零二石。
把總，		一片石關，撫寧縣東七十里。	管十四關。	八百八十六員名。	三百四十五石。
把總，		養院口關，撫寧縣北四十五里。	管十關寨口堡。	一千三百六十八員名。	九百四十六石。
把總，		界嶺口關，撫寧縣北七十里。	管五關。	一千五百九十二員名。	五百七十石。
把總，		桃林口關，永平府北六十里。	管九關寨口堡。	一千六百十四員名。	五百八十八石。
把總，		擦崖子關，永平遷安縣東北七十里。	管七關。	一千一百四員名。	九百四十五石。
把總，		董家口關，撫寧縣東北七十里。	管六關寨。	一千六百二十五員名。	二百十石。
把總，		大喜峰口，薊州遵化縣東北七十里。	管七關寨。	七百六十二員名。	五百四十三石。

巡撫駐遵化，把總，	洪山口關，遵化縣北三十里。	管十二關寨。	一千四百八十九員名。	六百三十九石六斗。
把總，	羅文峪關，遵化縣西北十里。	管七十關寨堡口。	一千九百八十八員名。	一百五十五石。
把總，	馬蘭峪關，遵化縣西北七十餘里。	管十五關寨口。	一千八百五十四員名。	二百六十石。
總兵駐密雲，把總，	將軍石關，密雲縣東北百十里。	管十關寨。	八百三員名。	三百零八石。
把總，	將軍臺堡，古北口東南。	管四十關寨。	二千一百五十四員名。	
分守參將，把總，	古北口，昌平州密雲縣東北百二十里。	管三十四關寨。	一千八百八十員名。	
內臣守備，指揮，把總，	黃花鎮，順天府昌平州北八十里。	管十一口。	三千八百四十九員名。	
把總，	牛頭營，撫寧縣東三十里。	管三營。	一百九十六員名。	
把總，	石門寨，義院口關南二十五里。	管四營。	二千二百十九員名。	六百十四石。
把總，	附馬寨營，撫寧縣北五十里。	管一營。	八十五員名。	三百二十四石。

把總,	界嶺營,永平府撫寧縣北七十里。	管一營。	三百五員名。	
分守參將,守備,	燕河營,永平府東北五十里。	管十八關塞營堡口。	一萬六千二百四十一員名。	四百八十石。
指揮,	桃林營,桃林口關南十里。關見上。	管三營。	一千二百四十二員名。	一千三百九十石。
遊擊將軍,把總,	建昌營,永平府遷安縣北四十里。	管一營。	二千六百八十二員名。	三百八十八石。
東路副總兵,把總,	臺頭營,撫寧縣西北三十里。	管一營。	四百二十六員名。	六百七十石。
把總,	五重安營,擦崖子關東南。關見上。	管四營。	一千四百九十二員名。	七百四十五石。
把總,	松棚營,遵化縣北。	管四營。	五千二百七十六員名。	一千二百九十一石。
把總,	大安口,馬蘭峪關之東。關見上。	管三營。	一千三百八十四員名。	五百十一石。
分守參將,	馬蘭營,近馬蘭峪關。	管七十五關寨營堡口。	一萬八千六十九員名。	一百七十二石。
把總,	將軍寨,	管三營。	一千四百九員名。	一百七十二石。

把總，

把總，

把總，

指揮，把總，

西路副總兵，指揮，

分守參將，

中路副總兵。

熊兒峪營，密雲縣東。

司馬臺營，密雲縣東北百二十里。

石塘嶺關，密雲縣西北四十里。

振武，

石匣營，密雲縣東北六十里。

○大平寨，建昌營西六十里。營見上。

○三屯營，遷安縣西北百二十里。

○墻子嶺關，密雲東北七十五里。

○曹家寨。密雲縣東北九十里。

○薊鎮邊分東中西三路。東路

管三營。

管五營。

管四營。

管一營。

管一營。

一千四百九員名。

一千二百五十名。

七百七十九員名。

一千二百四員名。

五百五十六員名。

五百五十六員名。

四：山海關、石門寨、燕河營、建昌營，東路帥駐臺頭營。中路四：大平寨、喜峰口、松棚峪、馬蘭峪，中路帥駐三屯營。西路四：墻子嶺、曹家寨、古北口、石塘嶺，西路帥駐石匣營。

內三關附

按三關逼邇京師，防維邊塞，皆形要處也，故議者以此爲亟，而龍泉以下諸關，視此少緩焉。觀昔人之言，曰勁卒擣居庸，北拊其背，大軍出紫荆口，南扼其喉，可以知其大略矣。夫居庸固重地也，而紫荆連接宣、大諸邊，實南出之要路，使疾馳抵運道，不數日可至也。則其所係，豈出居庸下哉？紫荆迤西七十里有浮圖峪口者，又紫荆之肘腋也。若夫倒馬一關，實當西方之衝要，故亦在所重焉。

直隸三關：居庸關，紫荆關，倒馬關。

巡撫保定等處都御史一，駐保定。巡按居庸等關監察御史一，駐京師。

鎮守副總兵一，駐保定。都指揮一，駐居庸。守備五，居庸一，紫荆一，倒馬一，白羊口一，浮圖峪一。

内三關圖

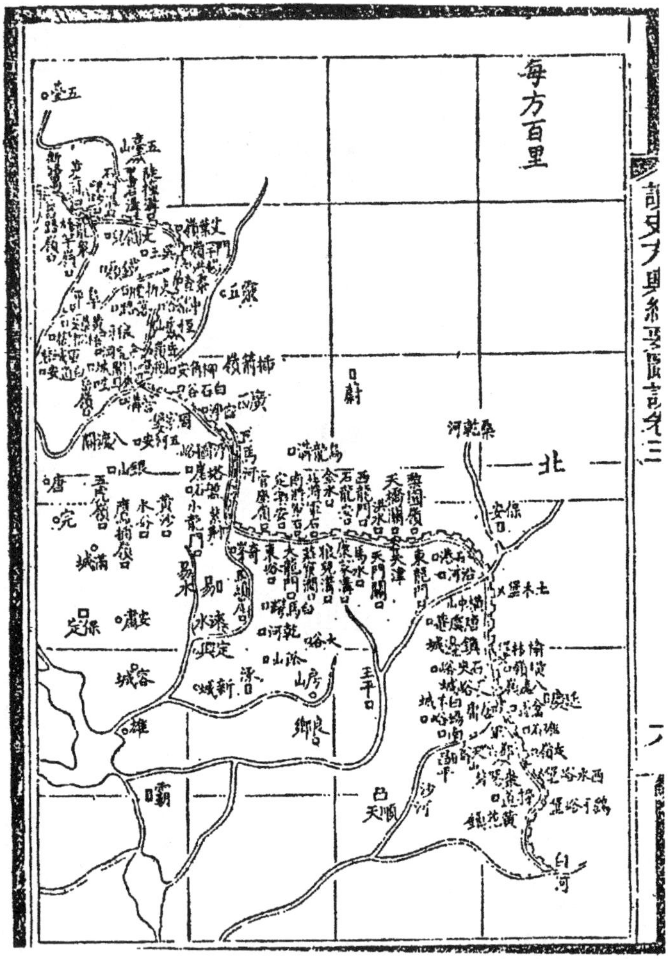
每方百里
北
桑乾河
保安
蔚
易水
涞水
定興
新城
房山
良鄉
霸
雄
容城
安肅
保定
滿城
唐
完
順天
沙河
白河
黃花鎮

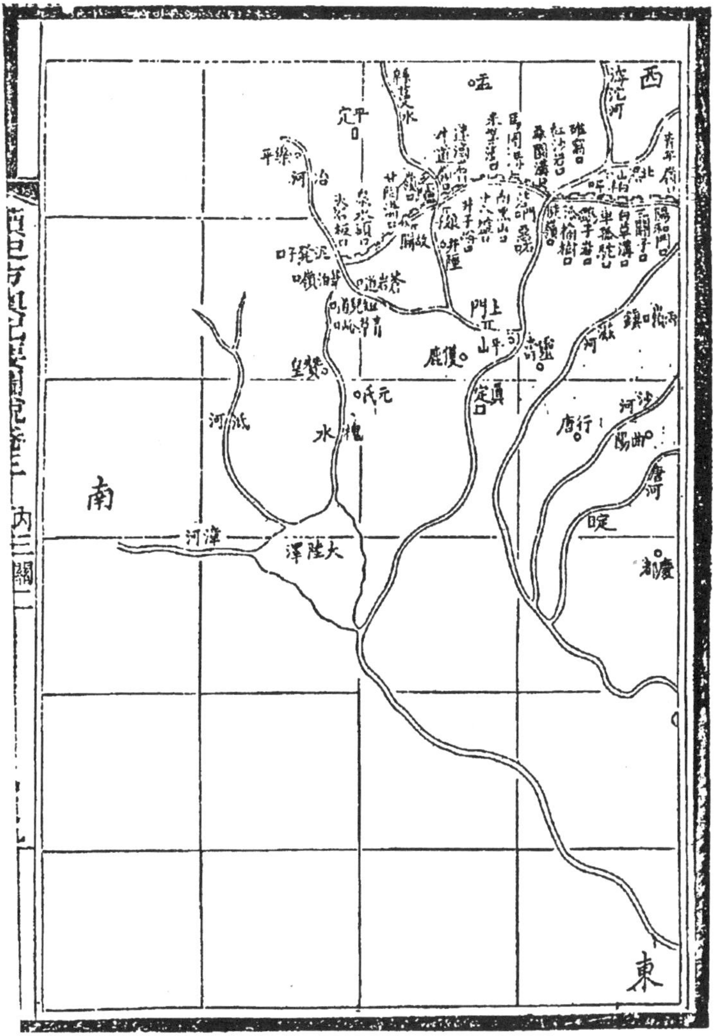
西
南
東
大陸澤
唐河
沙河
曲陽
行唐
真定
元氏
平山
獲鹿

居庸關，隸薊州。所轄撞道等口墩寨七十有三，城二，堡三。屬馬步官軍一萬三千七百六十二員名，子粒米三千六十石，新增餘地折色銀二百五十兩，餘丁承稔米三百三十石，馬四百二十匹。

東路撞道等口一十三，俱無住城，横石墻一道。共馬步官軍一百七十八員名。

中路雙泉等口三十六，同東路，内除白羊口堡。共馬步官軍七百七十員名。

白羊口堡，小石城一座。馬步官軍五百八十一員名，馬六十匹，迤西六墩軍四十名。

西路榆林堡等口三十七，俱無住城，横石墻一道。有鎮邊城一座，内除長峪城。共馬步官軍五百三十三員名。

長峪城一座，馬步官軍二百七十二員名。

紫荆關，隸保定提督。所轄沿河等口七十六，屬春秋輪班兵備禦，常守馬步官軍共五千八百八十六員名，子粒米一千七十四石，馬四百十二匹，馱鎗馬八十四。

外一層自東而西，沿河等口五十二，内除浮圖峪口。共馬步官軍一千三十七員名。

浮圖峪口，馬步官軍四十三員名，馬八十匹。

内一層自西而東，白石等口二十四，共馬步官軍七十三員名。

倒馬關。隸保定都督。所轄周家堡等口一百十五，有關二，屬常守備冬馬步官軍共五千八百一十二員名，子粒米一千六十石，備冬騎操馬一百三十匹。
東北路周家等口六十六，內除插箭嶺口。共馬步官軍四百九十七員名。
插箭嶺口，馬步官軍三百員名。
西南路龍泉等口五十一，共馬步官軍一千四百四十一員名。

宣府邊第三

按宣府前望京師，後控沙漠，左扼居庸之險，右擁雲中之固，誠邊陲重地也。乃吾稽舊開平爲元之上都，志稱其南環灤水，北莫龍岡，即卧龍山，在開平廢城北三里。爲形勝之地。明初置衛於此，東有凉亭、沈河、賽峰、黄崖四驛，直抵大寧古北口；西有桓州、威虜、明安、隰寧四驛，直抵獨石。文祖三犂虜庭，皆自開平、興和、萬全出入。自大寧淪失，興和亦廢，而開平失援難守，宣德中乃於獨石置衛，棄地蓋三百餘里。土木之變，獨石八城盡没，雖旋收復，而氣勢愈微，宣府獨重矣。議者謂開平與宣、遼首尾，不可棄也。然而大寧尤急於開平，故有易置三衛之説焉。今據圖而論，則宣府自東路之四海冶堡，歷中、北二路，抵西路之西陽河爲大同界；自大同東路之東陽河迤邐而西，歷中、北二路，抵西路之丫角山爲山西界；自山西之老營堡迤邐而西，歷中水泉、偏頭、保德州爲黄河界：計一千九百二十餘里，皆逼臨虜巢，所謂外險也。又老營堡轉南迤邐而東，歷寧武、雁門、北樓抵平刑關，又迤邐而南，而東，爲保定界；歷龍泉、倒馬及吴王口、插箭嶺、浮圖峪、沿河口，又東北爲順天界；歷高崖、白羊抵居庸而止，計二千五百餘里，皆峻山層岡，所謂内險也。據天造之金湯，爲北方之藩障，爲宣府計，亦已足矣。若必欲規遠猷而出萬全，則有明初之成算在。

宣府邊圖補註

山險

翠屏山，萬全右衛北三里，兩峰高聳，望之如屏。水溝口山，懷安衛南十五里，其山嵬峙百餘丈。又西有良山，永樂時車駕曾駐此。大海陀山，懷來衛東北三十里，高百仞，下有龍潭。東山，開平東三十里，高峻，上有墩可瞭望三百里。雙峰山，龍門北三十里，二峰相向，高入雲霄。龍門山，雲州堡東北五里，兩山對峙，望之如門，寨外諸水出其下，亦名龍門峽。野狐嶺，萬全右衛北三十里，風勢甚烈，飛雁遇風輒墮地。

增攷

炭山，宣府西百二十里，遼主、后多納凉於此。其西北二十里有愛陽河，水草甘凉，宜牧放。大松山，龍門衛西十里，有松一株，盤曲高聳，成祖曾駐此。鴛鴦泊，雲州堡西北百餘里，周八十里，其水渟蓄，自遼以來爲牧放之所。上都，宣府東北七百里，即廢開平是也。元主歲一巡幸，稱爲上都。大勝甸，萬全右衛境内，金兵與元戰敗於此。

水道

洋河，宣府南五里，源出境外，合懷安衛南水溝口、燕尾等河東流，過保安境入桑乾河。東河，赤城堡東，自獨石、雲州東流經古北口，爲通州白河上源，過密雲、順義入通州爲潞河。灤河，雲州堡北六十里，下流入開平界，廢開平縣有夾皂、香河二水，皆注焉。龍門川，雲州堡東，合獨石、紅山二處水從龍門峽南下，故名。順聖川，宣府西南百里廢順聖縣，延袤二百餘里，多美芻，本朝牧放於此。

宣府邊圖

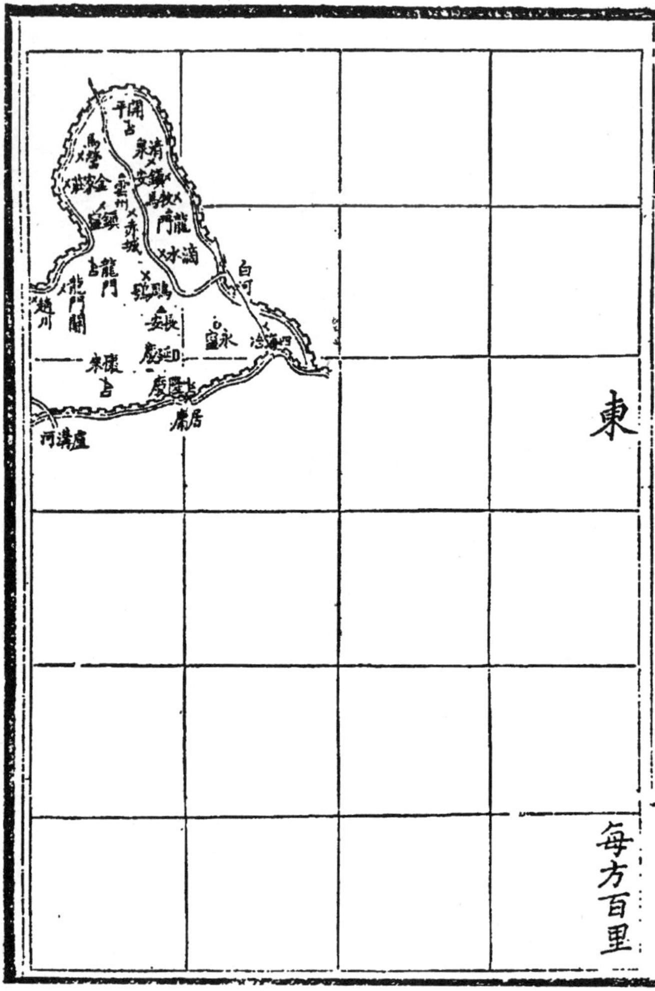
東
每方百里
開平
古
清泉
鎮安
牧馬
龍門
滴水
馬營
金家莊
雲州
赤城
白河
龍門
古
龍門關
趙川
雕鶚
長安
永寧
四海冶
延慶
懷來
古
隆慶
古
居庸
盧溝河

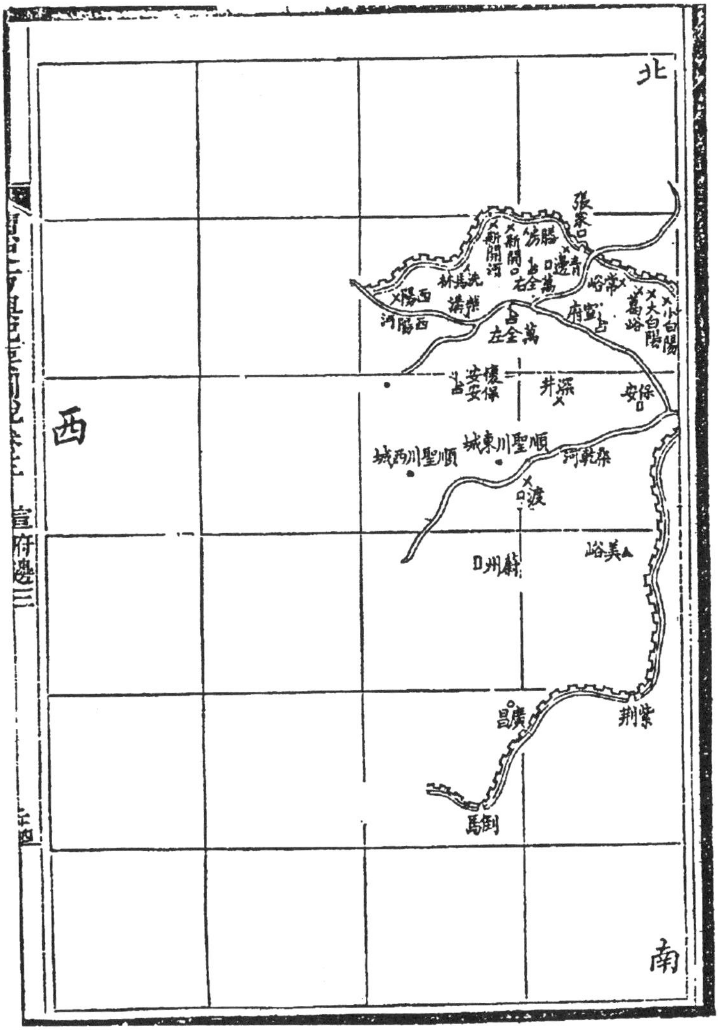
北
西
南
宣府邊三
張家口
青邊口
萬全右
萬全左
新開口
洗馬林
西陽河
宣府
常峪
葛峪
大白陽
小白陽
懷安
保安
深井
順聖川東城
順聖川西城
桑乾河
美峪
蔚州
廣昌
紫荊
倒馬

鎮	城衛	所	關堡	馬步官軍	馬	屯糧	地糧	園種	公務糧	驛傳糧	稻田	草
宣府，總兵，				二萬二千五百十員名。	一萬三千八百四匹。		八萬一千七百八十石。					二萬一千二百二束。
	宣府前，附郭。			二千七百六十員名。		八千四百八十一石。	三千二百九十一石。					二萬一千二百束。
	宣府左，附郭。			二千百三十四員名。		三千二百十石。	五千七百五十九石。					九千九百束。
	宣府右，附郭。			一千百七十員名。		三千六百七十石。	一千一百七十石。					九千一百八十束。
	舊。	興和，	懷安衛北。	三百八十員名。		一千六百五石。	五百十一石。					二千八百六十二束。

副總兵，	永寧，	永寧、隆慶左二衛同在永寧縣。		八千八百八十員名。	一千一百七十五匹。	五千二百八十石。	二百四十石。					一千五百束。
	隆慶左，			一千二百五十九員名。	二百二匹。	四百二十三石。	七百十二石。	二十七石。	五百四十一石。	五十四石。		一千八百五十七束。
	隆慶右，	隆慶右衛在懷來衛城。		二百五十三員名。	一百二匹。	一千一百四十三石。	七百九十五石。		六百四十八石。	百六十一石。		四千二百三十束。
東路參將，	懷來，			一千八百八十九員名。	六百八十八匹。	一千六百九十二石。	九百六十五石。					一千一百九十二束。
	保安，保安衛在保安州城。	美峪，		三千五百十員名。	一千三十四匹。	三千七百六十五石。		二千八百六十二石。				六百束。
			保安，	三百六十七員名。	二百九匹。	四百三十石。	九石四斗。	一千四百四石。				

			四海冶，	一千六十一員名。	二百六十九匹。	一千四百九十石。	一百一石八斗。					
	隆慶，	在居庸關。		一千二百九員名。	一百二匹。	四百二十三石。		五十八石。		三十六石。		一千三百七十束。
南路順聖、蔚、廣參將，												
	順聖川西城，			一千四百九十八員名。	九百五十四匹。	三千四百九十八石。	三百四十四石七斗。	一千三百石。				八千四百七十五束。
	順聖川東城，			一千一百九十八員名。	二百二匹。	二千五百二石。	五千七百五十三石。	四千三百二十石。	四百八十石。	百二十石。		六千二百五十五束。
	蔚州，在蔚州城。			二千一百六十二員名。	八百六十四匹。	六千四百四十石。	五千二百七十石。	二百二十五石。				一萬六千百五十束。

中路參將,												
		廣昌,		一千四十員名。	二百二十四匹。	二千三十七石。	五百四十四石。					五千九十二束。
			深井,	三百九十員名。	二百五十四匹。							
			葛峪,	八百十六員名。	六百三十四匹。			二百八石。				五十束。
			大白陽,	一百七十二員名。	二百三十二匹。			百七十石。	二十八石。			九十七束。
			小白陽,	二百四十六員名。	二百七匹。			三百五十七石。				二百九十二束。
			青邊口,	三百七十五員名。	三百十三匹。			一百五十三石。	六十六石。			二百二十七束。
			羊房,	三百五十四員名。	二百九十三匹。			一千三石五斗。				十束。
			常峪,	二百七員名。	三百十匹。			六十三石。				五十二束。
			趙川,	八十七員名。	百七十八匹。			三百四十二石。	七十二石。			七百五十束。

			龍門關，	一千八百九十七員名。	二十匹。	一百八十八石。	二百四石。	二千四百十六石。	八十四石。			一萬四千六百七十七束。
	萬全左，	鎮西六十里。		三千八百二員名。	八百七十一匹。	五千八百七十一石。	二千二百七石。	六千一百五十六石。	二百二十二石。	一百八石。	五百五石二斗二升。	二萬一百七十束。
上西路參將，	萬全右，	鎮西八十里。		一千一百九十九員名。	二千二百三十六匹。	四千六百十八石。	三千一百九十七石。		六百九十石。	一百四十四石。	六百七十七石八斗。	
			張家口，	六百八十員名。	六百二十六匹。			一千七百五十五石。				
			渡口，	一千九百五十九員名。	四百二十八匹。			八十二石。				一萬二千二百九十七束。

下西路參將，

懷安，	鎮西百二十里，		六百六十九員名。	九百八十七匹。	四千九百五十九石。	二千二十三石。	二千九百三十一石。	二百三十四石。		五十五束。
保安右，	保安右衛同城。									
		新開口，	一千四百六十一員名。	三百四十七匹。			四千六石。			一千三百四十六束。
		洗馬林，	九百五十四員名。	六百七十一匹。		六石七斗。				一百九十五束。
		新河口，	一千九百四員名。	五百九十九匹。						三千二百十束。
		柴溝，	一千九百四員名。	一千三百八匹。		三百六十一石。		三百六十石。	四十八石。	
		西陽河，	六百七十七員名。	六百四十七匹。						二十四束。
		膳房，	八千八百三十員名。	四百二十五匹。			五十二石。			四千六百五束。

上北路參將,	開平,	鎮東北三百里獨石城。		二百七員名。	二千九百四十二匹。	六百十四石。	三百六十石。	四千六百二十石	九十六石。			
			清泉,	二百五十七員名。								
	龍門。	鎮東北百二十里。		三千五百八十八員名。	七百二十一匹。	一千九十八石。			三十二石。			四千一百十七束。
			馬營,	三千三百七十三員名。	一千八百九十一匹。		八十一石。	五千二百七十八石。				
			赤城,	一千一百六十六員名。	四百十四匹。		四十二石。	一千七百十八石。	五十六石。			
	鎮東北百四十里。	長安,	長安嶺,	六百五十九員名。	二百三十九匹。	五百七十石。	二百二十五石。		六十四石。			一千四百二十五束。
			鵰鶚,	二千三百三十三員名。	二百六匹。		二百八十二石。	五百五十石。	六十四石。			

下北路參將。		龍門，鎮東北二百四十里。		二百十二員名。	七百六十四匹。	一百八十八石。	二百四石。	二千四百十六石。				七百五束。
			牧馬，	四百四十九員名。	一百二十六匹。							
			鎮安，	一千五百九十七員名。	二百十六匹。							
			滴水，	一千五百七十員名。	一百七十四匹。							
	鎮東北二百十里，於堡置所。	雲州。	雲州，	一千九百七十員名。	三百四匹。	六十石。	二百八十八石。	一百四十五石。	五十六石。			四百五十束。
			金家莊，	四百十二員名。	二百十七匹。	六十石。						
			鎮寧。	四百二十九員名。	二百九十五匹。							

大同外三關邊第四

按大同古雲中地，川原平衍，多大舉之寇。西則平虜、威遠，中則左衛、右衛，皆虜南犯應、朔諸城必窺之地也。東則天成、陽和，爲虜入順聖諸處之要衝。而平虜西連老營，直接偏頭，逼近黄河，焦家坪、娘娘灘、羊圈子等處，皆套虜渡口往來蹂躪處也。夫漢人據河爲守，唐人守在河外，明初棄豐州，已失西面之險，況并棄東勝乎？姑言其略，則陽和、天成一路，瓦窯、永嘉、白羊、鵓鴿諸險所當守也；左、右二衛一路，黑山、華皮溝、牛心、兔毛諸險所當守也；平虜、老營一路，黄家山、井坪、紅門諸險所當守也。若夫偏頭、寧武、雁門三關，内有十八隘口，誠爲重險。説者以寧武居兩關閒，東西要害，爲楊方、義井之門户，外接八角堡，内維岢嵐州，故設重臣以調度焉。而偏頭西接黄河，與套虜僅隔一水，其保障尤難也。是故三關險要雖同，而偏頭爲急；十八隘口雖同，而胡峪、楊方、石峽諸口尤急；河岸渡口雖同，而娘娘、太子二灘尤急。蓋開平、東勝設而三關重，三關重而偏頭尤重，其勢一也。徒知楊方起釁，則大同外藩不可恃，而不知偏頭、老營之際，無外藩者尤可憂也。若因山澗之崎嶇，爲屯守之形勢，自老營以接平虜，由平虜以達大邊，東西連絡，籬垣嚴固，則丫角墩而南，楊方口而東，庶少息肩乎。若雁門一關，寧武、朔州、馬邑、大同之衝，通忻、代、崞諸郡縣之路，虜從左、右衛而入，勢當首犯，東越廣武，則北樓、平刑皆爲虜衝，西越白草溝，則夾柳、鵰窠莫非要守，雁門警備，於是切矣。夫三關以東有十八隘口，又東則居庸、紫荆也，山勢連亘，實天造之險，固山西即所以衛京師，其成略可不重乎？蓋嘗攷之，五原、雲中，趙武靈所欲下甲咸陽者也，此而不守，則全晉危，而全陝亦危，京師之右臂斷矣。當是者塞内有五堡之設，塞外有隘堡之建，至築長城以爲守，設敵樓以爲助，增内堡以爲援，因時而備，非無取焉。而大寧不復，開平不復，東勝不復，有識者安在不抱恨於無窮也歟？

大同鎮，屬衛八，所七，堡五百八十三。馬步官軍舍餘土兵共五萬四千百五十四員名，糧料布花屯糧屯草及京運年例，通共銀七十七萬五千百八十八兩七錢五分，屯糧十三萬七千七百十一石，每石折銀八錢。屯草十七萬六千四百十一束，秋青草三十七萬六千四百束，每束折銀三分。年例銀七萬兩，例鹽七萬引，馬四萬六千九百四十四匹。每匹折銀三錢。山西起運夏秋二税，糧料二十九萬一千四百七十五名，每石折銀一兩。夏秋二税，折布十八萬二千五百匹，每匹折銀一錢。綿花絨八萬斤，草二百四十四萬四千八百五十束。每束折銀八分。河南起運小麥九萬六千石。每石折銀四錢。

巡撫地方贊理軍務都御史一，管糧郎中一，俱駐鎮城。征西前將軍一，鎮守地方總兵一，協守地方副總兵一，俱駐鎮城。分守參將四，東路一，中路一，西路一，宏賜堡一。遊擊將軍二，駐大同。行都司都指揮三，掌印一，僉書二。備禦指揮二，山西一，河南一。守備二十二。靈丘一，陽和一，天成一，左衛一，右衛一，渾源一，懷仁一，山陰一，馬邑一，聚落一，威遠一，平虜一，朔州一，應州一，井坪一，廣靈一，高山一，鎮川一，鎮邊一，鎮虜一，鎮河一，宏賜一。

外三關屬堡三十九，口十九。馬步官軍舍餘共二萬七千五百四十七員名，子粒米六千二百七十七石，布政司派徵解邊銀三十八萬餘兩，新增歲用銀五萬八千七百十兩，糧料十六萬七千九百四十石，馬一萬五千一百四十三匹，草五百八萬五千餘束。

提督三關兼巡撫山西都御史一，駐太原，防秋移代州。兵備副使一，駐代州。鎮守山西兼提督三關副總兵一，駐寧武關。參將二，代州一，偏頭一。遊擊二，北樓一，老營一。守備八。雁門一，寧武一，偏頭一，廣武一，平刑一，利民一，老營一，神池一。

大同外三關邊圖

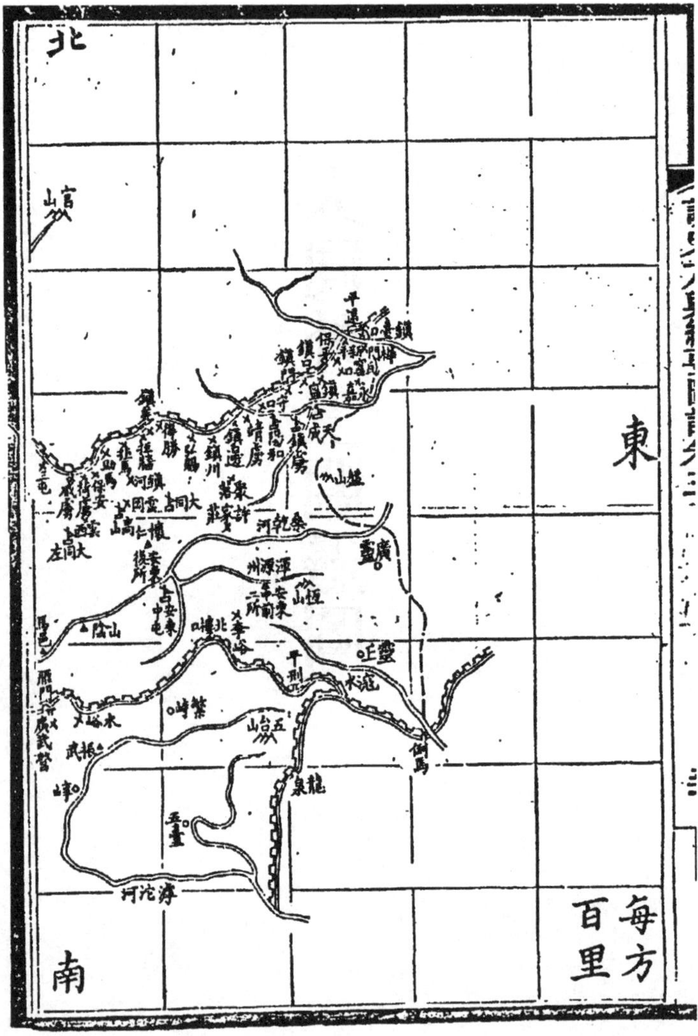
北
東
南
每方
百里
桑乾河
滹沱河
渾源州
恒山
五臺山
繁峙
龍泉
倒馬
廣靈
靈丘
大同
懷仁
陰山
馬邑
雁門
五臺

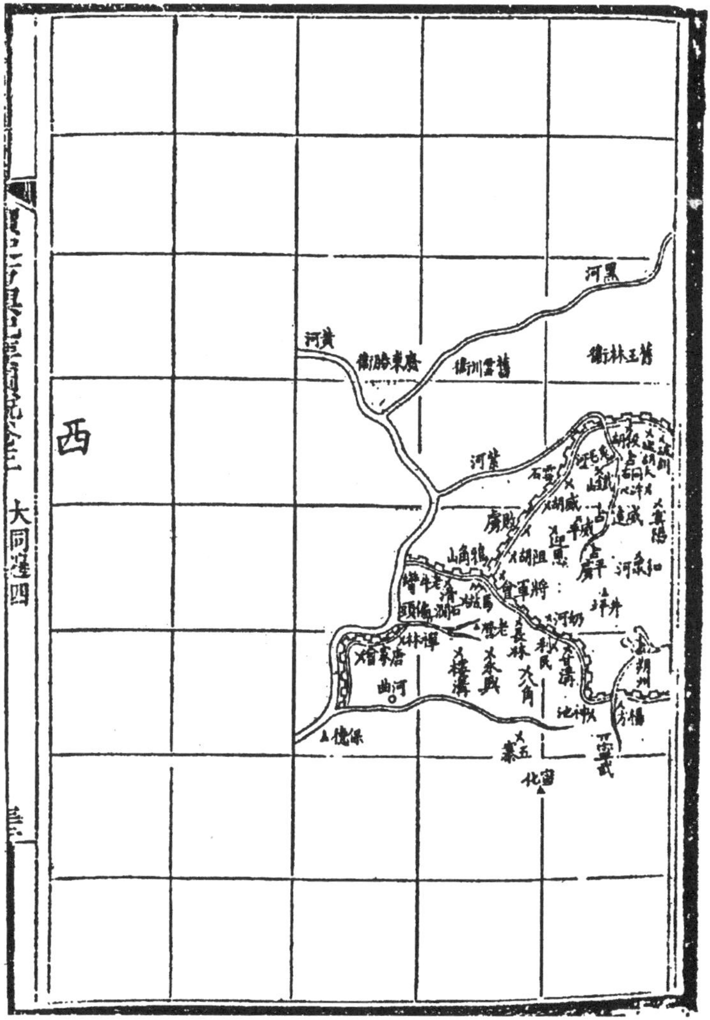
大同邊四
西
黃河
黑河
紫河
舊東勝衛
舊雲川衛
舊玉林衛
將軍會
敗虜
威遠
平虜
井坪
朔州
河曲
保德
五寨
寧化
寧武

	鎮	衛	所	堡	馬步官軍	屯糧闕　馬闕　草闕
總兵與山西行都司同駐大同鎮城，遊擊將軍，守備，	大同。鎮與大同府同城。	大同前，附郭。大同後，附郭。		轄聚落等堡九十二。		附攷　原文所列衛所及所轄堡名多與志不符，今據見於大同、太原各衛堡注中者逐條附記，以備參攷。
副總兵，中路參將，守備，	鎮西南百二十里。	大同左，正統中移雲川衛來，同城。		轄高山等堡五十五。	五千一百九十三員名。	大同中路轄左、右、雲、玉四衛，守口、靖虜、鎮門、鎮口、鎮寧、雲陽、紅土、牛心、黃土等堡，左副總兵及分守中路參將同駐左衛城。
北東路參將駐宏賜堡，守備，	鎮西二百里。	大同右，正統中移玉林衛來，同城。		轄宏賜等堡七。	六千三百二員名。	大同北東路轄許家莊、鎮羌、宏賜、鎮川、得勝、鎮邊、拒墻、鎮河八堡，分守北東路參將駐宏賜堡。
守備，	鎮西百八十里。	威遠，		轄甘溝等堡八。	二千四百七十六員名。	威遠路轄雲右、威胡、威平、和衆河四堡，分守威遠城參將駐威遠衛城。

西路參將，守備，	鎮西二百五十里。	平虜，		轄奶河等堡三十二。	三千四百七十一員名。	○大同西路轄三屯、鐵山、馬堡、殺胡、馬營河、破胡、殘胡、阻胡等堡，分守西路參將駐平虜衛城。
	鎮東北百八十里。	天成，鎮虜衛附衛城內。		轄永嘉等堡三十六。	九百六十六員名。	○大同東路轄天成、陽和、高山、鎮虜四衛，迎恩、敗虜、瓦窑口、永嘉四堡，分守東路參將駐陽和衛城。○又嘉靖二十五年於東路之東建新平路，轄新平、平遠、保平、樺門四堡，參將駐新平堡。
東路參將，守備，	鎮東北二十里。	陽和，宣德初移高山衛於衛城。		轄鎮河等堡七。	二千二十三員名。	
應州參將，守備，	在應州城。	安東中屯，		轄柳林等堡四十九。	四千九百五員名。	○大同北西路轄助馬、彌虜、保安、威虜、拒馬、寧虜、荷虜、雲西、雲岡九堡，嘉靖二十六年移應州參將駐助馬堡，分守北西路。
守備，	在朔州城。	朔州，		轄趙家屯等堡六十二。	四千六百三員名。	
守備，			井坪所在朔	轄細水兒等堡三十二。	一千七百五十四員名。	

			州西北百餘里井坪堡。			○井坪路，萬曆四年移朔州參將駐井坪所，分轄井坪堡、第三堡、將軍會堡、乃河堡，朔州、應州、馬邑、山陰、懷仁及西安堡而俱屬於大同中路。
廣寧守備，				轄風西等堡二十五。	四百員名。	
渾源守備，		安東中、前二所分守渾源州。	安東中所，	轄李峪等堡三十九。	五百八十一員名。	
			安東前所，	轄窑村等堡六十九。	六百三十八員名。	
懷仁守備，		安東後所守懷仁縣。	安東後所，	轄台頭等堡七。	四百員名。	
靈丘守備，			山陰，在山陰縣。	轄西小河等堡四十九。	二百二員名。	
守備，			馬邑。在朔州城。	轄河西底等堡十五。	二百八十六員名。	
守備。						

山西外三關

	關	所	堡營	馬步官軍	子粒米	馬	草
守備，	雁門，代州北十五里。	雁門，在雁門關。	轄水峪等堡十八。	一萬一千四百六十員名。	三千八百三十石。	七千五百四。	
副總兵，守備，	寧武，代州崞縣西北百十里。	寧武，在寧武關。	轄楊方等堡十一。	一萬一千八百二十二員名。	二百七石。	六千百九十四。	
參將，守備，	偏頭，太原府河曲縣北百十里。	偏頭，在偏頭關。老營。偏頭關東北八十里。	轄羅漢等堡二十八。	一萬一千八百二十八員名。	二千一百九十石。	六千七十五四。	
守備，	代州之振武衛、保德州之保德所、靜樂縣北之寧化所應屬三關。						

廣武營守備，
神池堡守備，
利民堡守備，
北樓堡遊擊，
平刑關守備。

平刑嶺。代州繁峙縣東百四十里，西至雁門關二百三十里。

廣武營，
神池，
利民，
北樓口。

榆林邊圖第五

按榆林舊治在綏德，成化時余肅敏字子俊。廣開城垣，增置三十六營堡，其邊墻東起黄甫川，西至定邊營，長一千二百餘里，横絶河套之口焉。侈其功者曰：鎮包米脂、魚河三百里膏腴地，東連牛心堡，可使應援，西截河套衝，可便耕牧，一千三百里樹蓺、圍獵、樵采之地，吾得擅而有焉，據險衛内，誠雄鎮也。引爲重罪者曰：榆林東有雙山堡，虜由此而寇綏德，我兵之在東者以無險而不能守也。榆林西又有定邊、花馬池，虜由此而寇固原，我兵之在東南者以路遠而不能援也。且鎮既移，則綏德之兵寡，其不能禦虜必也。憂其危者曰：軍所恃者食也，自虜據套而耕牧絶，耕牧絶而轉輸艱，轉輸艱而佐伍耗，榆林之軍不患無勇而患恒饑也。惟陜州有河可通綏德，若計沿河郡縣所征本色悉以輸之，庶少蘇耳。且夫亂峰墩、野猪峽是直衝魚河之徑，虜若駐兵魚河，則斷榆林、綏德爲兩矣。又自定邊營西抵寧夏，東接黄河岸横城堡，三百里中，平原沙漠，虜賊大舉多由此入，當慎之矣。今而後有王者起復河套而守東勝焉，彼榆林之或有或無，正不足深論也。

榆林鎮，屬營六，堡二十八。馬步官軍舊凡四萬九千二百五十員名，馬二萬四千四百四十六匹，糧料十八萬九千七百二十八石零，民糧三千九百石，草八十八萬一千三百六十束。

巡撫都御史一，駐鎮城。陝西管糧僉事二，鎮城一，靖邊一。監守通判三，鎮城一，靖邊一，神木一。總兵一，副總兵一，俱駐本鎮。分守東路參將一，駐神木。分守西路參將一，駐新安邊。游擊一，駐本鎮。都指揮一，駐本鎮。守備一，駐定邊。把總指揮三十一，高家一，雙山一，歸德一，響水一，懷遠一，鎮靖一，寧寨一，清平一，清水一，孤山一，永興一，柏林一，黄甫一，木瓜一，永濟一，新興一，三山一，鹽池一，建安一，常樂一，魚河一，波羅一，威武一，鎮羌一，大柏油一，龍州一，靖邊一，把都河一，舊安邊一，澇池一，饒陽一。坐堡官三十一，把總管隊官全，印屯局捕首領官全，千户所官全。

榆林邊圖

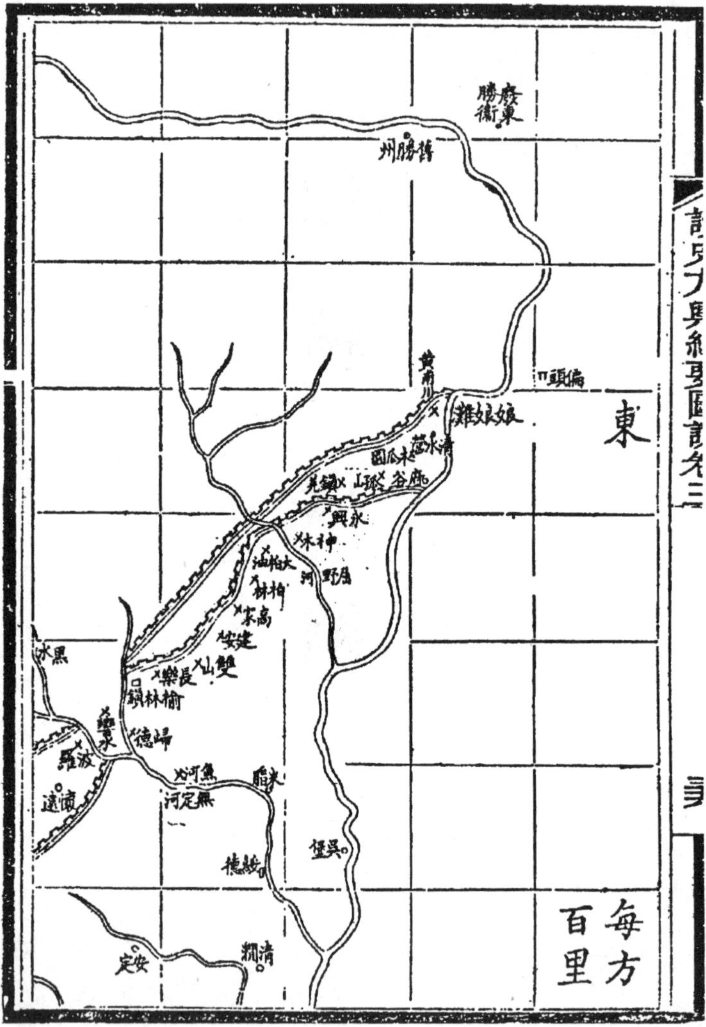
東
每方百里

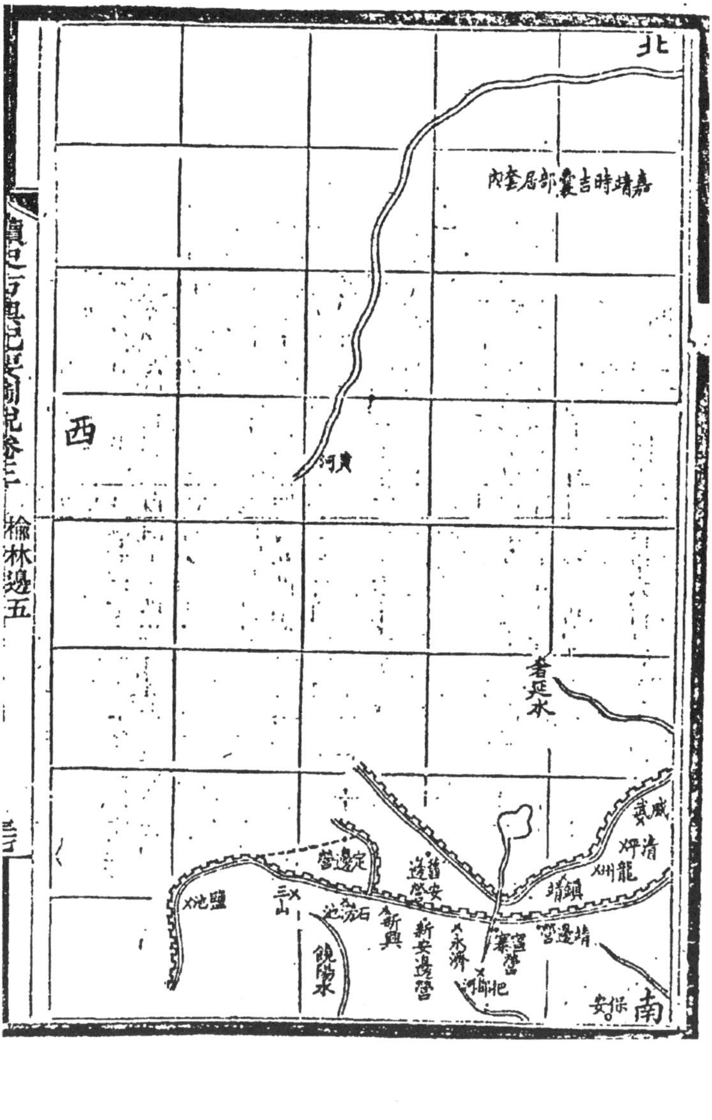
榆林邊五
北
西
南
嘉靖時吉囊部居套內
黃河
奢延水
威武
清平
龍州
鎮靖
靖邊營
舊安邊營
定邊營
鹽池
三山
石澇池
新興
新安邊營
永濟
寧塞營
把都河
保安
饒陽水

	鎮	營堡營六，堡二十八。凡不稱營者皆堡。
總兵，巡撫，副總兵，中路參將，俱駐鎮城。中路轄常樂等十二堡。	榆林。馬步官軍十三萬三千七十七員名，馬一萬一千二百三十二匹，糧料三萬三千五百六十八石，民糧三千九百三石七斗六升，草五千束。	常樂，鎮東三十里。官軍七百七十六員名，馬三百四十三匹，糧四百五十石，草三千六百八十二束。 雙山，常樂東四十里。官軍八百三十四員名，馬四百九匹，糧九千七百三十五石，草九千九百四十九束。 歸德，鎮南三十里。官軍七百七十六員名，馬一百六十七匹，糧三千三百六十二石六斗，草三萬二千七十六束。 響水，鎮西四十里。官軍五百七十三員名，馬二百五十五匹，糧一萬一千七百四十石，草八千六百三十束。 波羅，響水西四十里。官軍六百九十二員名，馬三百六十四匹，糧六千五百四十八石九斗，草三萬三千二百四十三束。 ○龍州堡稍西有龍州城，亦戍守要地。 懷遠，波羅西四十里。官軍四百二十四員名，馬三百五十匹，糧四千三百五十四石九斗，草一萬五千六百四十四束。 威武，懷遠西五十里。官軍五百二十五員名，馬三百五十三匹，糧二千一百五十一石一斗，草一萬二千三百六十三束。 清平，威武西五十里。官軍六百三員名，馬三百四十匹，糧二千二百五十一石一斗，草二千四百十八束。 龍州，清平西四十里，龍州城之東。官軍五百七十二員名，馬五百七十七匹，糧二千七百七十四石，草一萬三十束。 魚河，鎮南百餘里。官軍六千三百二員名，馬三百十二匹，糧一萬四千六百七十二石一斗，草一萬四千六百十束。 ○響水堡南又有新添堡，成化中所置，皆中

東路參將駐神木堡，分轄神木等九堡。永興堡、清水營亦屬東路。

神木，堡即神木縣城。官軍二千七十七員名，馬一千二百四十八匹，糧二萬四千九百六十一石三斗，草九萬一千三百六十束。

鎮羌，神木東四十里。官軍六百五十九員名，馬五百六十七匹，糧六百五十五石，草八萬六千一百五十束。

孤山，神木東八十里。官軍六百五十九員名，馬三百匹，糧四千一百十石，草六萬五千七百十束。

木瓜園，清水營西八十里。官軍四百三十六員名，馬三百六十八匹，糧一千五百二十石，草四萬一千二百五十束。

大柏油，神木西十五里。官軍二百九十六員名，馬一百八十一匹，糧四百六十六石，草八萬四千六百四十四束。

路分守之地。

柏林，大柏油西十五里。官軍五百六十五員名，馬一百九十五匹，糧三千八百二十五石九斗，草三萬六千六百十三束。

高家，柏林西四十里。官軍九百九十四員名，馬三百七十四匹，糧四千一石九斗，草三萬二千一百三十三束。

建安，高家西四十里。官軍七百二員名，馬四百一匹，糧五千三百七十四石四斗，草一萬四千八百三十一束。

黃甫川，清水營東十五里，東至黃河九里。官軍三百六十九員名，馬二百十四匹，糧五百八十五石，草三萬一千二十束。

永興，神木東北六十里。官軍七百六十員名，馬四百七十八匹，糧四千三百二十石，草八萬四千六百四十四束。

西路參將駐新安邊營，統十二營堡。

管糧僉事，

守備。

清水營，東至黃甫川十五里。官軍七百十四員名，馬六百七十二匹，糧一千三百五十石，草九萬六千八百六十束。

新安邊營，鎮西五百七十里。官軍一千四百四員名，馬七百八十二匹，糧一千石，草六千束。

靖邊營，寧塞營東六十里。官軍九百七十六員名，馬五百三十五匹，糧一萬九千二百六十七石，草一萬九千九百四十五束。

寧塞營，鎮西四百六十里。官軍九百八十三員名，馬五百七十四匹，糧二千三百二十八石四斗，草二萬九千九百三十四束。

舊安邊營，定邊營東九十里。官軍九百五十四員名，馬四百六十六匹，糧六百石，草一萬五千五百束。

定邊營，西至寧夏後衛花馬池六十里。官軍八百四十四員名，馬四百四十四匹，糧

鎮靖，靖邊營東九十里。官軍一千八十七員名，馬五百三匹，糧二千七百石，草一萬七千九百四十五束。

新興，新安邊營西六十里。官軍三百八十四員名，馬八十九匹，糧三千三百八十四石七斗，草八千束。

石澇池，新興西百五十里。官軍四百二十六員名，馬一百九十五匹，糧六十二石三斗，草九千六束。

三山，石澇池西五十里。官軍三百二十員名，馬一百五十四匹。糧二千二百七十八石七斗，草一百四十六束。

饒陽水，三山西三十五里，定邊營之南。官軍百八十八員名，馬一百八十八匹，糧

五千八百石，草三萬八千三百八十二束。

永濟，新安邊營東四十里。官軍七百三員名，馬三百三匹，糧六百七十石六斗，草一萬四千一百八十八束。

把都河。永濟東四十里。官軍六百二十二員名，馬三百二十五匹。糧五千八百石，草八千二百九十一束。

六百二十五石，草三千八百三十五束。

鹽池。定邊營南。官軍一百三十五員名，馬一百十八匹，糧三百五十石，草三千束。

寧夏固蘭邊第六

按寧夏本朔方地，賀蘭山環其西北，黄河襟其東南，誠關隘重鎮也。當河套未失時，沃野千里，屯可四百萬頃，轉輸省而邊垂固，東至大同，西接寧夏，虜患蓋寡焉。自棄套以後，深山大河，勢反在虜，靈、夏外險，轉居河西，而花馬池一帶爲其利涉之衝矣。姑就圖而論，平虜其一路也，而險在新興、靈武、鹽山等處；寧夏其一路也，而險在赤木、玉泉、馬跑泉等處；中衛其一路也，而險在棗園、柔遠、舊安寨等處；花馬池其一路也，而險在定邊、楊柳、清水、興武、鐵柱泉、靈州等處，而靈州尤要焉。靈州北臨虜套，西控大河，實寧夏之咽喉，固原之門户。靈州不守，則寧夏隔爲外境，環、固勢孤無援，無環、固則無寧夏，此防禦之大略也。然則四路虜情，花馬池最急，寧夏次之，平虜、中衛又次之。何也？平虜徙自鎮遠，已失地百里，而扼塞猶可憑，中衛偏在西隅，塹山堙谷，有險足恃也。寧夏當賀蘭之衝，乃前後山賊出入之徑。花馬與套虜爲鄰，沿河三百里盡敵衝也。是故虜窺平、固則直犯花馬，掠環、慶則由花馬東入，若西犯靈州，則清水營一帶是其徑矣。吾又聞之清沙峴以北、紅寺堡以南，周環曠阻，殆數百里，水泉四十五處，草木繁茂，虜入寇必休於此，呼爲小河套，乃其間所恃者紅寺堡也，而堡勢孤懸，汲水甚遠，外高内下，四面受敵，外有梁家泉，虜據水頭駐守，害非淺矣。有識者議於徐斌水築邊，至鳴沙州止，二百四十里，設險扼要，包水泉四十五處，沃土阡陌，不下百餘頃，較之舊邊自徐斌水西南至靖虜、黄河岸六百五十里近而且利，又無青沙峴土疏易塌之苦，爲虜深入之患焉，誠老謀也。乃若慮中衛之孤懸，則在修觀音口、鎮關墩抵黄河百八十里之邊，邊修而廣武、玉泉、大壩諸外户亦得所捍矣。慮平虜之單弱，則在復黑山營、鎮遠關之險，二者不復，平虜未爲固，而寧夏之屏蔽未修，河東之貽謀未遠也。至於固原，亦雄鎮也。記曰：陜以延寧爲籬蔽，花馬池爲門户，固原爲堂奥，而蘭、靖實爲固原要隘，地濱河，冰合則虜至，故有冬防。而定火城又爲蘭州之要害，裴家川又爲靖虜之要害，棄定火城則無以屯糧，棄裴家川則無以爲營田，藉田卒以守河南，藉糧以守河北，此兵食交足之源，何可不講也。

寧夏鎮，屬衛二，所四，營四，堡十八。備禦馬步官軍三萬七千八十七員名，馬四千八十四，糧料二十萬七千五百五十七石零，民糧四千六百九十石三斗八升，草一百三十六萬一千五百餘束。

總督軍務都御史一，督理糧儲郎中一，駐寧夏後衛。管糧僉事一，駐本鎮。管糧通判二，後衛一，中衛一。監收通判一，駐本鎮。巡撫都御史一，總兵一，副總兵一，遊擊一，方面坐營正奇遊千總都指揮三，俱駐本鎮。分守東路參將一，駐後衛。分守西路參將一，駐中衛。把總管隊官全，印屯局捕首領官全。

固原鎮，屬衛二，所四，營一，堡十五。馬步官軍二萬八千八百三十員名，馬八千六百七十三匹，糧料十三萬九千九百十五石，折色銀并折草銀十四萬九千五百八十兩，年例銀五萬兩，草三十二萬八千三百三十七束，布五萬七千九百四匹，綿花二萬六千七百三十四斤，京運年例銀五萬兩。

總督軍務都御史一，駐鎮城。兵備副使二，鎮城一，蘭州一。督理糧儲郎中一，監收同知一，俱駐蘭州。監收通判二，鎮城一，靖虜一。總兵一，駐鎮城。參將一，駐蘭州。遊擊二，東路一，西路一。守備二，鎮城一，靖虜一。把總管隊官全，印屯局捕首領官全，俱駐蘭州。千總中軍把總官全，印屯局捕首領官全。駐蘭州。

寧夏固蘭邊圖補註

寧夏衛

賀蘭山，寧夏衛西六十里，丹崖翠峰，巍然峻大，盤踞數百里，爲寧夏之屏蔽。峽口山，寧夏西南百四十里，兩山相夾，黄河經其中，塞北勝槩也。麥垛山，衛東三百里，山勢高聳如麥垛。平山，靈州東北八十里，山頂平甚。三山，在寧夏衛東南三百六十里，三峰列峙。其南有椁子山，溪澗險惡，豺虎居之。黑水河，寧夏衛城東，番名哈剌河，西流至黃河。清水河，衛南三百五十里，經故鳴沙州城南，即古胡盧河也，河流甚狹，自平凉界來，注於黃河。觀音湖，衛城西九十里賀蘭山大水口。環衛之境，又有金波、三塔等湖，而靈州所有草場、薄草等湖，韋州所有鴛鴦、東湖，稱沃衍矣。漢延渠，衛東南，支引黃河水遶城，灌田可萬頃，恒無旱澇之慮，外有唐來、紅花、秦家、漢伯等渠，皆耕牧所資也。鹽池有二：一在衛北四百里，曰大鹽池；一在衛東南二百七十里，曰小鹽池。其鹽不假人力，自然凝結。

寧夏中衛

沙山，中衛西五十里。觀音山，衛北五十里，山有觀音洞。石空寺山，衛東七十里，又東有石空洞。馬槽湖，衛東北二十五里。又衛北四十里有蒲塘，產蒲草。中渠，衛西五里。環衛之境，又有蜘蛛、羚羊、石空、七星等數渠，皆灌溉所資也。

靖虜衛

烏蘭山，靖虜衛南一百二十里。雪山，衛北百二十里，山勢高峻，積雪不消。祖厲河，衛西南，北流經祖厲城入河水。河水，祖厲城西，與祖厲水合。唐史云：「有河池，因雨生鹽。」按祖厲城，衛西南一百三十里，前凉張軌時已廢。

蘭州衛

九州臺山，蘭州黃河北五里，峭拔如臺，登之可以望遠。榆谷，州西百里，有大小二谷，漢時西羌居此，緣山濱水，以廣田畜，常雄諸種。李麻谷，蘭州西四十里，通甘州路。

寧夏固蘭邊圖

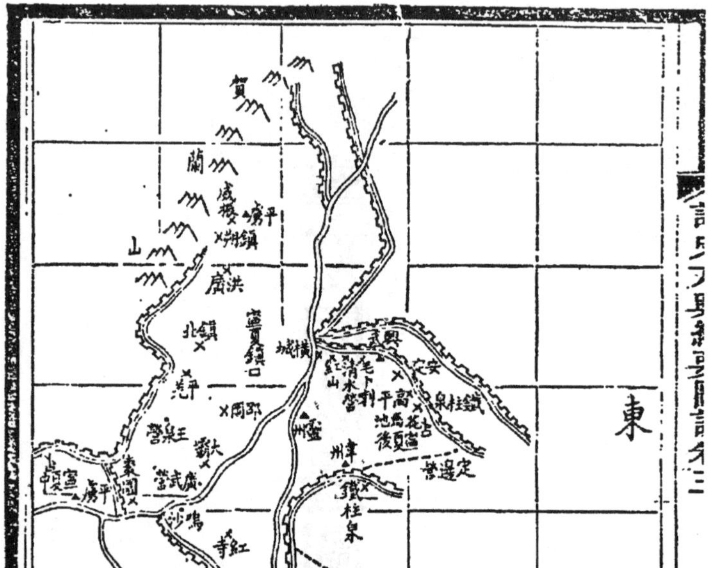
東
每方百里

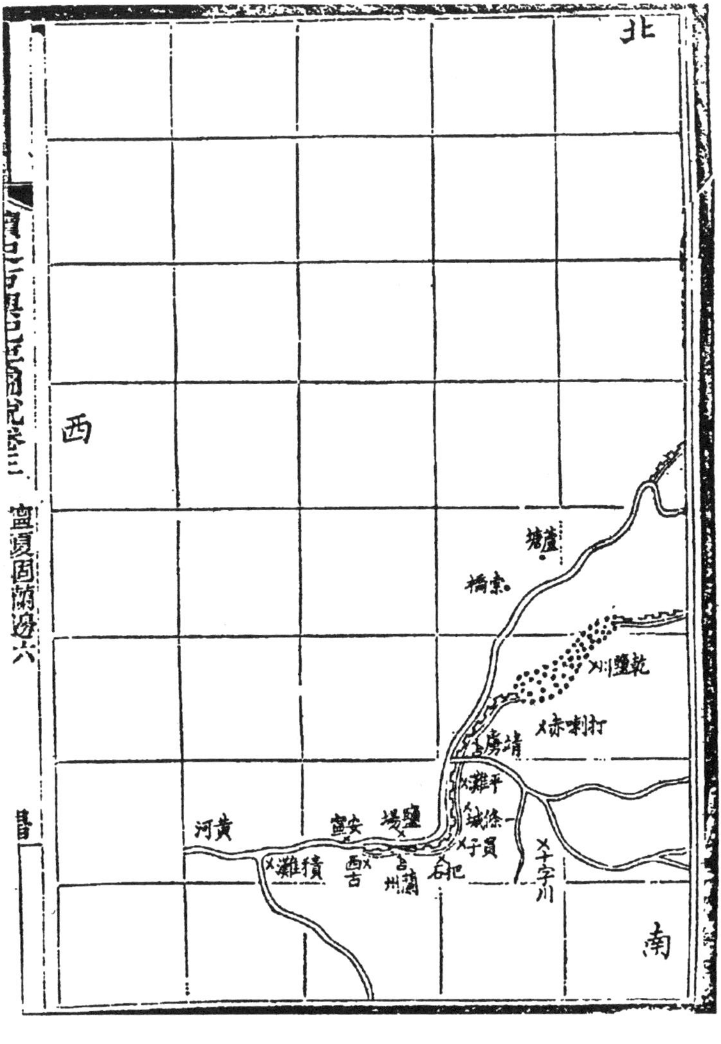
讀史方輿紀要卷三
寧夏固蘭邊六
北
西
南
黃河
安寧
鹽場
積灘
蘭州
把石
平灘
一條城
員子
十字川
靖虜
打喇赤
索橋
盧塘

鎮	衛	所	營堡
總兵，寧夏， 副總兵， 巡撫， 管糧僉事。			玉泉營，鎮西百三十里。軍二百員名，馬十三匹，糧二千三百五十五石，草一千三百五十束。 廣武營，鎮西南百七十里。軍一千五百二十員名，馬十三匹，糧一萬四千三百九十四石，草一萬一千七百四十束。 平羌，玉泉營東北。軍二百員名，馬十三匹，糧一千八十九石，草一萬七千四十束。 邵岡，在鎮西南。軍五百十八員名，馬二百六十七匹，糧八千七百六十四石，草十萬一千六百二十束。 棗園，在廣武營西。軍一百員名，馬三十八匹，糧二千五百石，草一萬四百二十四束。 大壩，西至中衛二百十里。軍二百一員名，馬十匹，糧八百四十八石，草一千二百一十五束。
中路， 志有靈州左參將。		靈州，鎮南九十里。軍三百九十二員名，馬五百八十二匹，糧四千八百五十七石。	清水營，靈州所東八十里。軍五百九員名，馬十七匹，糧九千九百五十四石，草五千二百束。 毛卜剌，清水營東南三十五里。軍二百三員名，馬六十四匹，糧 紅寺，靈州所西百四十里。軍三百七十二員名，馬二匹，糧一千三百二十石，草一千三百五十束。 橫城，紅山堡西北四十里，西至

北路，志有北路平虜城參將。

平虜，鎮北百六十里。軍七百七十二員名，馬六百五十六匹，糧五千一百十三石，草五萬六千三百四束。

韋州，鎮東南二百六十里。軍一千三百二十員名，糧二萬一千三百三十石，草五萬四千七

九千四百四十六石。

紅山，清水營西北四十里。軍二百五十一員名，馬五匹，糧六千六百八十五石，草二萬二千四十六束。

威振，平虜所西北二十里。軍二百四十一員名，馬十一匹，糧二千四百五十九石，草三萬七千三十四束。

鎮朔，在平虜所西北。軍三百十七員名，馬二十九匹，糧一百九十七石，草二百四十八束。

黃河三里。軍三百三員名，馬十八匹，糧一千七百二十三石，草十萬二千四百二十束。

洪廣，平虜所西八十里。軍三百一員名，馬十六匹，糧八百石，草四千八百三十束。

鎮北，在洪廣堡西。軍二百二十七員名，馬六匹，糧一千八百七十三石，草一萬三千三百八束。

分守東路右參將，後衛在花馬池寧夏鎮東南三百六十里。

寧夏後，軍七千一百十五員名，馬六百五十五匹，糧一萬四千一百四十九石，民糧四千六百九十石三斗八升，草三百六十六束。

興武，鎮東南三百二十里。軍一千三百八十員名，馬二百五十二匹，糧五千八百六十四石，草五十三萬六千束。

高平，後衛西四十里。軍一千一百二員名。

永清，軍三百零一員名，馬，糧，草。

安定，高平堡西二十里。軍一千七百三員名，馬一百三十三匹，糧一千三百六十一石，草一萬八千束。

鐵柱泉，後衛西南六十里。軍四百三十一員名，馬九十六匹，糧九千一百十三石八斗四升，草一萬三千四百束。

分守西路左參將，中衛在寧夏鎮西南三百六十五里。

總兵，固原。兵備副使，固原鎮在固原州，與衛同城。

十一萬九千一百九十六束。

寧夏中，軍七千六百十四員名，馬七百八十七匹，糧三萬三千九十三石，草一萬一千九百五十二束。

固原，軍四千八百十員名，馬一千八百五十五匹，屯糧三萬五千八百五十七石，

西安，固原鎮西北二百三十里。軍一千零九員名，馬四百五十匹，屯糧一千八百石，銀易糧二千六百十四石

鳴沙，軍四百員名，馬二十四匹，糧七千十七石，草一萬七千四十束。○中衛東南百五十里有鳴沙城。

海剌都，西安所東四十里。軍八百十九員名，馬四百六十四匹，屯糧一千六百十四石，銀易糧一百三十一石五斗，草二千五百束。

下馬房，固原鎮北二百四十里。

鎮虜營，軍三十一員名，馬十六匹，糧二千石，草九千六百四十四束。營在中衛東四十里。

石空，中衛東八十里。軍五十八員名，馬三十二匹，糧六千三百四石，草二千二百九十八束。

白馬，固原鎮東北百三十里。軍一千二百九十四員名，馬四百三十七匹，屯糧二百九十二石，銀易糧三千八百六十三石六斗，草一萬七千五十束。

紅古城，西安所北百里。軍一

折色糧草銀十三萬三千八百十二兩，草十二萬二千二百四十五束，布三萬四千六百七十二匹，綿花三千零二斤。

七斗，草五萬五千五百四十束。

鎮戎，固原鎮北百二十里。軍一千二百九十一員名，馬三百十一匹，屯糧一千八百三十石，銀易糧三千二百五十石，銀易草三萬六千四百四十五束。

平虜，固原鎮北二百里。軍一千二百五十三員名，馬五百五十九匹，屯糧一千八百七十六石，銀易糧七百

軍八百一員名，馬三百八十一匹，銀易糧一千四百十石，銀易草一萬一千二百束。

千一百二十八員名，馬四百九十一匹，銀易糧二千八百六十三石，屯糧二千一百四十石，銀易草一萬束。

守備，靖虜衛在固原鎮西四百五十里。

靖虜，軍三千一百三十員名，馬七百八十九匹，屯糧五千七百七十石，折色糧草銀一萬五千七百七十三兩，草四

八十五石八斗零，銀易草五萬四千八百八束。

甘州。固原鎮西北三百餘里。軍七百五十員名，馬四百九十二匹，糧草總積固原。

打剌赤，靖虜衛東七十里。軍一千五員名，馬二百七十五匹，糧五千五十石，草三千九百三十九束。

平灘，靖虜衛西九十里。軍九十八員名，馬二十四匹，糧三百六十石，銀易草一萬束。

乾鹽川，打剌赤堡東五十里。軍九百四十員名，馬四百七匹，屯糧三千二百三十四石，草四千八百五十束。

參將，兵備副使，蘭州衛在蘭州城。

萬八千八百九十束，布一萬九百二十四，綿花四千九百零五斤。

蘭州。軍九千八百十五員名，馬一千六百四十八匹，屯糧七萬七千七百六十八石，草四萬六千三百六十九束，布一萬二千三百十二匹，綿花九千三百六十七斤。

一條城，蘭州金縣東七十里。軍三百四十員名，馬一百三十八匹，屯糧三千二百四十九石，草二萬一千三百二十束。

十字川，金縣北八十五里。軍四百十員名，馬八十四匹，屯糧三千二百四十九石一斗七升，草一萬五千七百二十束。

西古。蘭州西八十里。軍九十員名，馬十二匹，屯糧五百石，草□□束。

買子，金縣西三十里。軍九十員名，馬十二匹。

安寧，蘭州西四十餘里。軍九十員名，馬十二匹。

鹽場，在蘭州北。軍四百四十六員名，馬三百六十四匹。以上三堡糧草蘭州支。

把石，金縣北四十里。軍三百員名，糧蘭州支。

積灘。蘭州西百二十里。軍九十員名，馬十二匹，屯糧二千三百十石一斗，草二萬七百九十六束。

莊寧涼永邊第七

莊浪衛，屬堡十一。漢土馬步官軍召募官軍共一萬八百五十六員名，馬共三千四百六十七匹，糧料二萬三千九百十三石，運糧銀三萬一千九百九十一兩二錢，兼支銀四千四百四兩四錢，鹽糧一萬四千四百四十九石三斗，鹽糧銀四千六百五十兩，草二十八萬六千一百九十四束，布萬一千一百八匹，綿花四千一百六十五斤。監收判官一，參將一，守備二，紅城一，鎮羌一。把總指揮二，駐岔口。防守官六，沙井一，苦水灣一，野狐城一，青寺一，南大通一，武勝一。把總管隊管操全，印屯局捕首領官全。魯氏土官五十六員名，俱世襲，代守忠勇。

西寧衛，屬所一，堡五。馬步并召募官軍八千五百員名，馬并新買共四千七十二匹，糧料三萬三千四百一石零，鹽糧五千三十八石四斗，草三十七萬二千七百九十一束，年例銀二萬五千四百五十兩七錢，布一萬九千六百五十四匹，綿花七千四百六十四斤。兵備副使一，監收判官一，俱駐西寧。守備一，把總管隊管操官全，印屯局捕首領官全，俱駐西寧。操守一，印操官全，駐碾伯。按伏官二，水溝一，古鄯一。守堡官三。平戎一，巴川一，老鴉城一。

凉州衛，屬所一，堡八。馬步官軍一萬八千一百五十八員名，馬五千五百二匹，糧料四萬五千五百二十三石七斗四升，民運折色銀四萬一千三百九兩三錢八分，鹽糧銀一萬六千四百八十三石六斗二升，草四十一萬五千一百八十六束，年例銀二萬五千四百五十兩七錢，布一萬九千六百五十四匹，綿花七千四百六十四斤。

分守參政一，監收通判一，判官一，俱駐凉州。縣丞一，駐古浪。副總兵一，遊擊三，指揮一，俱駐凉州。守堡八，雙塔一，靖邊一，大河一，黑松一，懷遠一，柔遠一，武威一，安遠一。操守一，駐古浪。千總中軍把總管操官全，印屯局捕局總首領官全。

鎮番衛，屬堡二。馬步官軍四千九百員名，馬一千四百七匹，糧料七千四百三十八石零，民運折色銀五千二百十二兩，鹽糧一萬三千四百二十一石一斗，草十八萬九千九百七束，布九千八百十六匹，綿花三千七百十五斤。

監收判官一，守備一，駐鎮番。守堡官二，三岔一，黑山一。把總管隊官全，印屯局捕首領官全。

永昌衛，屬堡五。馬步官軍八百三十二員名，馬一千四百七匹，糧料一萬四千四百三十八石零，民運折色銀一萬三千二百二十九兩四錢五分，鹽糧一萬三千六百石三斗，草十三萬五千八百十七束，布八千四百四匹，綿花三千一百五十一斤。

監收判官一，遊擊一，守備一，俱駐永昌。掌堡官五，水磨一，高古城一，水泉一，永寧一。千總管司管隊官仝，印屯局捕首領官仝。

按莊、寧、鎮、涼、永及山丹等衛，俱屬行都司，當與甘肅合爲一邊，其規略具詳於甘肅山丹圖首，兹不復贅。

莊寧涼永邊圖補註

大松山，莊浪東百二十里，多大松。又莊浪東北百里有小松山。大通河，莊浪南百二十里。○峽口山，西寧城東，極險峻，爲湟、鄯往來咽喉地，漢名湟陿，唐嘗修閣道，宋築者章城控制要害，一名綏遠關。西海，西寧西三百里，海方數百里，中有無鱗魚，王莽諷卑禾羌獻西海地，置西海郡，今名青海。蘇木連河，在西寧城北，即湟水也。詳見省圖。西寧河，西寧北，源出熱水山，北流五十里，經伯顔川，又合都海川，流五百里入黄河。浩亹水，亦曰閤門，在西寧西北，源出塞外，東至允吾界入湟水。宗水，在西寧衛境，來自青海，經衛境入湟水，水之南有宗谷口。○蘇武山，在鎮番南，即蘇武牧羊處也。○青巖山，涼州東北，下有湫甚廣，人觸之風雹立至。白嶺山，涼州西南，山頂冬夏積雪，望之皓然。白亭海，涼州東北，見禹貢，亦名休屠澤。○熱水山，西寧南五百里，山南出煖水。又青海北有泉，即西寧河源。

附攷

大通城，西寧東北，舊名達南，形勢險要，控扼夏境，宋時收復湟、鄯，築寨把守，名大通，亦曰米川。

莊寧涼永邊圖

西

北

東

川磨水
蒿
泉水
川田永水
古永昌
水藍水
威武
進泉
達堂
山樑天
州洮
進泉
安懷
揭鐢
山黑
番錫
山伏東
成
合三
漁

清澄

卅二

每方
百里

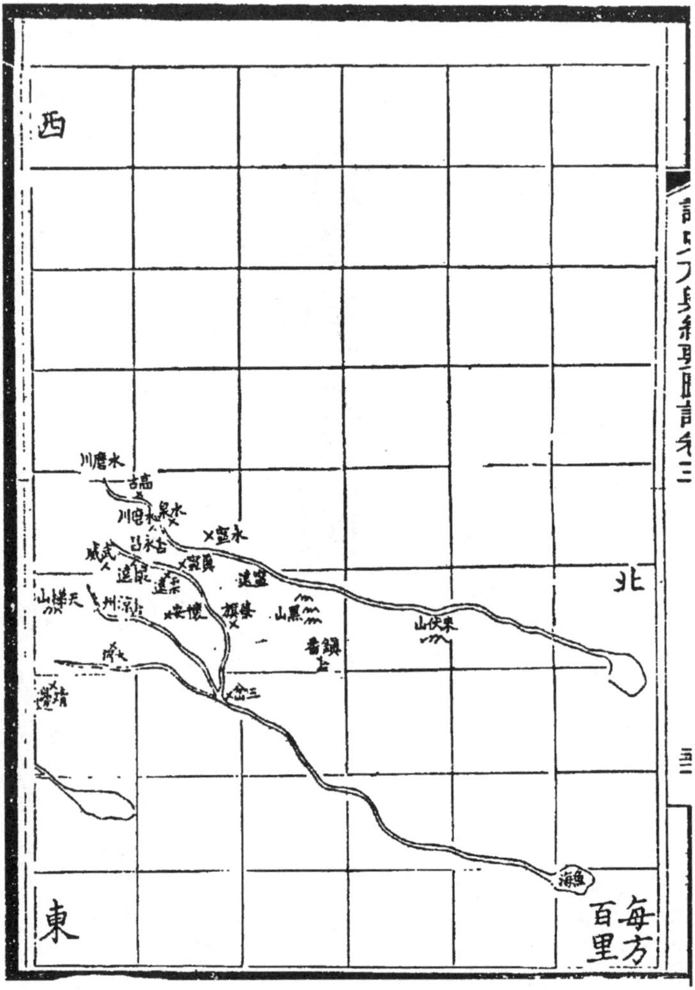

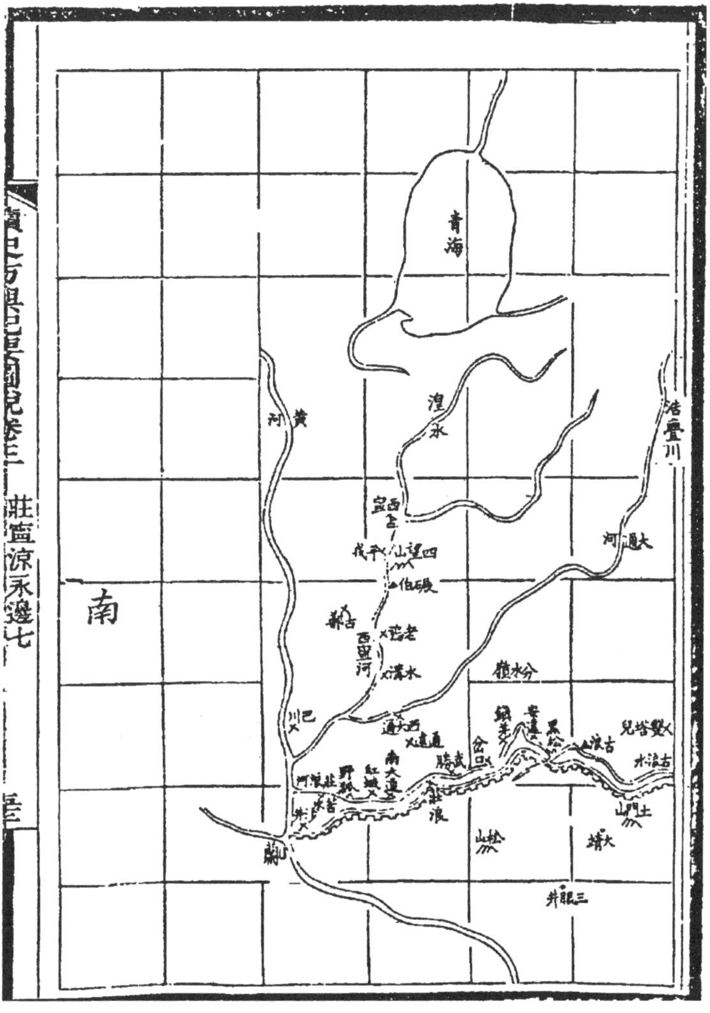
莊浪涼永邊七
南
青海
湟水
黃河
大通河
分水嶺
三眼井
大靖
松山
土門山
古浪

	衛	所	堡	
分守左參將，紅城守備，鎮羌守備，岔口把總，	莊浪，西至涼州衛三百七十里。軍七千七百七十七名，馬二千二百三十八匹，糧七千七百三十二石五斗，民運銀三萬一千九百九十二兩二錢，鹽糧一萬四千四百四十九石二斗，草七萬七千三百三十五束，布一萬二百七疋，綿花四千一百六十五斤。		紅城，南大通堡東南四十里。軍一千三百名，馬八百八十四，糧三千三百五十七石，草三萬二千八十束。 鎮羌，衛西北百二十里。軍八百二十名，馬二百五十四，糧三千四百九十五石，草四萬九千六百五十束。 岔口，衛西北七十里。軍四百名，馬八十四，糧一千六百八十九石六斗，草五萬一千五百束。 沙井，衛南百九十里。軍四百名，馬二匹，糧二千四百七十石，草二萬四百九十五束。 南大通，衛東四十里。軍二百名，馬二匹，糧四百六十八石六	苦水，紅城堡東南六十里。軍二百名，馬二匹，糧二千五百八十七石，草三萬二千四百六十束。 野狐，在衛東南。軍二名，馬二匹。 青寺，軍二百名。 通遠，與青寺堡均在野狐堡西北。 武勝，衛西北三十里。軍一百一名，馬二匹，糧四百六十九石，草一萬一千百束。 西大通，衛西南百六十里。糧六百二十九石六斗九升，草七千六百五十二束。

兵備副使，
守備，

分守右副總兵，
分守參政，

西寧，莊浪衛南四百十里。軍四千七百三十三名，馬三千五十九匹，糧一萬七千三百五十五石七斗，鹽糧五千三十八石四斗，草四萬八千三百二十六束，年例銀二萬二千一百五十兩七錢，布一萬九千六百五十四疋，棉花七千四百六十四斤。

涼州，西寧衛北三百六十里。軍八千六百三十三名，

碾伯，西寧衛北百二十里。軍五百七十員名，馬二百四十五匹，糧四千一百六十三石七斗，草四萬六千二百五十七束。

古浪。涼州衛東南百三十里。軍一

斗，草四千九百八十五束。

水溝，碾伯所東九十里。軍五十名，馬一匹。糧七十石，草七百束。

古鄯，巴川堡東五十里。軍五百名，馬二匹。糧一千三百八石八斗五升，草一萬三千四百五十束。

平戎，衛東七十里。糧二百二十六石七斗，草二千四百四十束。

雙塔兒，衛東百十里，東至古浪所三十里。軍八十七名。

老鴉城，碾伯所東五十里。糧七十石，草七百束。

巴川，衛東南二百三十里。糧七十石。

柔遠，衛西九十里。軍五百七名，糧一千一百九十石三斗。

守備，

馬七千七百七十七匹，糧一萬一千三百二十一石八斗，民運折銀三萬五千一百六十七兩六錢，鹽糧一萬二千四百四十四石四斗，草四萬四千五百十束，年例銀三萬兩，布一萬八千六百二十二疋，綿花七千零二斤。

鎮番，涼州衛北百九十里。軍三千六百名，馬八百十二匹，糧三千三百二十二石六斗，草一萬七千束。餘

千三百名，馬二千十六匹。糧一萬七千三百石六斗四升，民運折銀六千一百四十七兩七錢，草二萬六千六百十束，布一千三百三十二疋，綿花六百八十七斤。

靖邊，衛東八十里。軍五十員名，糧一千五百石，草三萬束。

大河，衛東三十里。軍二百三十名，糧二千石，草二萬束。

武威，在衛西。軍七十三名。

懷遠，衛西四十里。軍四十九名，糧二十石。

三岔，在衛東南，又東南至涼州衛四十里。軍二百五名，馬一百五十匹，糧四百三十四石二斗，草四千二百四十束。

黑松，古浪所東南三十里。軍一百六十八名，馬二匹。糧一千九百三十石三斗七升，草一萬二千六十五束。

安遠，一名打班堡，在古浪所東南六十里。軍二百二十一名，馬二匹。

黑山，衛西南六十里。軍一百六十二名，馬一百十四，糧一百十六石五斗，草一千一百六十束。

遊擊，
守備。

項見前。
永昌。涼州衛西百五十里。軍九千九百九十六名，馬一千二百匹，糧七千三百十二石，草十二萬束。餘項見前。

真寧，衛東二十里。軍八十四名。
水磨川，衛西二十里。軍六十七名。
永寧。衛西北六十里。軍一百名，馬二百二匹，糧三千一百六十石，草一萬七千三十一束。

水泉兒，衛西九十里。軍三百八十四名，馬十九匹，糧四千三百五十四石，草一萬五千三百五十束。
高古。衛西八十里。軍三百名，馬三匹。

山丹甘肅邊第八

按甘肅即漢武所開河西四郡也。蘭州爲金城；過河而西，歷紅城子、堡名。莊浪鎮六百里至涼州，爲武威郡；涼州之西歷永昌四百餘里至甘州，爲張掖郡；甘州之西歷高臺、鎮夷二所名。四百餘里至肅州，爲酒泉郡；肅州西出嘉峪關，爲沙、瓜、赤斤、苦峪、哈密等處，皆燉煌郡地。明初下河西，遂以嘉峪爲限，而燉煌未及焉。自莊浪岐而南爲西寧衛，古湟中也，其去莊浪約三百里。自涼州岐而北爲鎮番衛，古姑藏也，其去涼州約二百里。若山丹則逼近甘州，爲岐邑焉。試語其形勢：都燕者固以肅爲右掖矣，昔推遼爲左掖，肅爲右掖。乃其地孤懸絶域，四顧叢梗，經略未可易也。甘州西扼回戎，北拊强胡，南遮羌部，勢臨斗絶，朝廷於此建大將，陳重兵，允矣。而涼固在衝要之所也，雖古浪扼東，永昌捍西，鎮番當其西北，賴是不甚跋疐，然控馭或乖，而風塵告警，涼州失，甘肅非我有矣。莊浪北枕烏梢，山名。南臨黄河，松山左峙，分水嶺右踞，亦河西之肘腋也。昔有魯氏經者，宣力其閒，爲羌、戎所憚懾，然其人可常有耶？要之，據要害，重屯田，實馭邊良策，況涼地水土豐饒，於屯尤宜。昔人謂屯修於甘，四郡半給，屯修於四郡，則内地稱甦矣。此其說非誣也。若西寧之大略，予又得而論之。西寧居西海、崑崙、黄河之閒，三川合流入於湟，西寧衛治湟南，而碾伯所則治湟北，故論邊事者以爲西寧之危危於碾伯云。使套虜跨西凉而擣巴川，海虜挾羌部西寧有南北部羌，皆桀驁。而擾鄯善，聲連勢合，吾虜凉、永諸城反在户垣之外也。是故塞水溝，候河源，遮海路，觀順逆，以施撫禦安攘者所必由也。否則，河、隴、洮、岷之閒猖猖而起，憂患且將延及於川中矣。

甘州衛，屬堡八。馬步官軍三萬三千八百九十四員名，馬八千五百七十一匹，糧料六萬五千七百九十七石，民運本折色糧布銀十萬七千三百九十九兩七錢二分，鹽糧二萬六千八百十四石八斗，草一百十萬一千四百九十束，年例銀四萬兩。

巡撫都御史一，太僕寺卿一，分巡副使一，寺丞一，監收通判一，判官一，俱駐甘州。總兵一，副總兵一，俱駐甘州。守備一，駐洪水。指揮五，黑城一，平川一，古城一，板橋一，甘峻一。掌堡官二，東樂一，沙河一。坐營管千總管司把總管隊官全，印屯局捕首領合屬官全。

山丹衛，屬所一，堡八。馬步官軍八千五百八十三員名，馬二千二百七十八匹，糧料一萬七千五百十三石六斗，民運本折色糧布銀一萬二千五百三十二兩五錢，鹽糧四千九百三十二石，草三十六萬四千一百七十束。

監收判官一，駐山丹。縣丞一，駐高臺。守備一，駐山丹。指揮二，石峽一，花寨一。操守一，駐高臺。掌堡一，駐新河。防守五，黑泉一，九垻一，鎮羌一，八垻一，紅崖一。把總管操管隊官全，印屯局捕局操首領官全。

肅州衛，屬所一，關一，堡四。馬步官軍一萬一千二百六十七員名，馬四千六百五十四匹，屯糧二萬七千五百九十六石零，鹽糧一萬六千九百四十石零，民運銀一萬三千二百二十一兩，草五十三萬四千七百八十七束，折色草銀一百七十九兩五錢，布二萬一千三百二十二匹，綿花八千四百八十八斤，毛襖五百六十二領。

兵備副使一，駐肅州。監收縣丞一，駐鎮夷。分守參將一，駐肅州。把關指揮一，駐嘉峪。操守一，駐鎮夷。按伏官二，金佛寺一，馬營一。守堡二，深溝一，鹽池一。掌堡一，駐臨水。把總管操管隊官全，印屯局捕撫夷首領官全。

山丹甘肅邊圖補註

甘州衛即都司城

人祖山，甘州東北四十里，其下不毛。合黎山，司西北四十里，即禹貢所記也。甘泉山，司西南八十里，有泉甘冽，因名。祁連山，司西南百里，本名天山，匈奴呼天爲祁連，山高廣，草木茂盛，冬温夏凉，宜牧放。居延海，司城西北，地理志「渡張掖河西北合黎山峽口，傍河東壖曲屈行千五百里」是也。張掖河，司西十里，出擺通川，經祁連山，西出合黎，北流入亦集乃界。弱水，司西，環合黎山，東北八里入東涉界。

山丹衛

甘峻山，衛西北三十里，亘甘州中，有三石洞，下有泉。焉支山，衛東南百二十里，亦名山丹山，所云「失我焉支山，婦女無顔色」也。南草湖，山丹城南，周九里；又西十里有西草湖；皆宜灌溉。紅鹽池，衛北五百里，産紅鹽。又居延澤傍有池，産白鹽不竭。

肅州衛

嘉峪山，衛城西，亦名玉石山。黑山，衛城北，沙漠中望之，惟見黑山。崑崙山，衛西南二百五十里，南與甘州山連，其頂峻極，冬夏積雪不消。崆峒山，衛東南六十里，史記「黄帝披山通道，西至崆峒」，即此。清水河，衛城北四十里；沙河，衛東四十里；二水入討來河。討來河，衛北百里，源出雪山，東流三百里入黑河。黑河，在鎮夷所南四里，即古張掖河，經石峽口入居延海。

肅州補

黑水，肅州西北十五里。古志云：黑水出張掖縣雞山。白水，州西南二十里，下流與紅水、黑水合。紅水，州南二十里，源出山谷中，下流合黑水、白水。

山丹甘肅邊圖

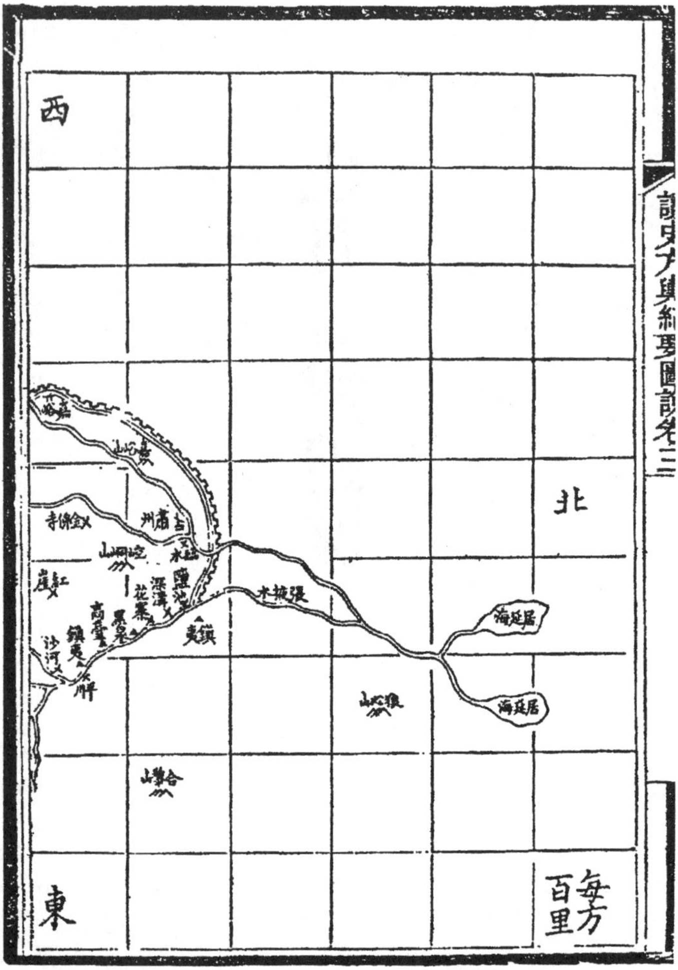
西
北
東
每方百里
張掖水
居延海
居延海
狼山
合黎山
嘉峪山
肅州
金佛寺
崆峒山
紅崖
鹽池
深溝
花寨
高臺
黑泉
鎮夷
鎮夷
沙河
平川

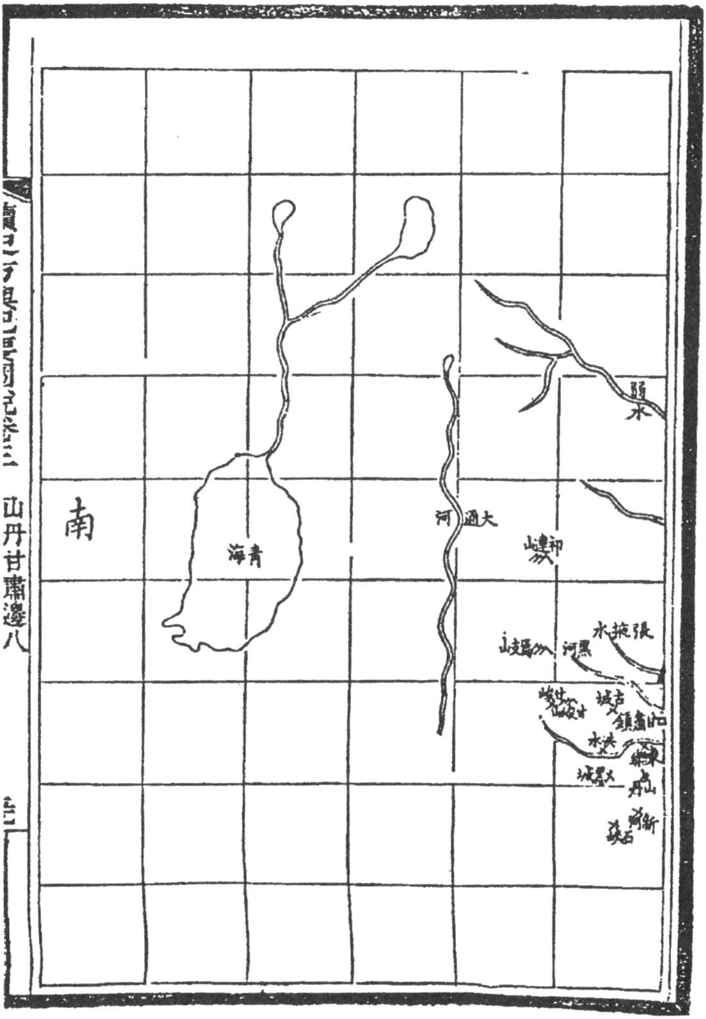
南
青海
大通河
祁連山
弱水
張掖水
黑河
古城
洪水
山丹
新河

鎮	衛	所	關堡
總兵，甘肅，副總兵，巡撫，行都司，分巡副使，俱駐鎮城。洪水守備，	甘州，軍三萬一千七百八十七員名，馬七千八百三十五匹，糧五萬二千二百二十七石九斗，民運折銀見前，鹽糧二萬二千一百三十石，草九十二萬四千三百六十束，年例銀見前。		洪水，鎮東南百四十里。軍五十八員名，馬四百五十九匹，糧六千一百三十七石五斗七升，草八萬四千四束。 黑城，洪水堡東四十里。軍三百十三員名，馬一百三十一匹，糧二千一百六十二石四斗，草三萬二千三百九十五束。 板橋，鎮西北二百里。軍二百七十四員名，馬七匹，糧五百五十九石一斗，鹽糧一千五百九十四石三斗，草一萬六千十四束。 平川，在鎮西北。軍三百十五員名，糧二千八百九十六石，馬一百九十四匹，草三萬八千七百九十四束。 甘峻，鎮西南八十里。軍二百員名。 古城，鎮東南四十里。軍二百員名。 東樂，鎮東南八十里。糧六百五十六石四斗，鹽糧一萬八千八十石七斗，草五千五百十三束。 沙河，鎮西八十里。糧一千一百五十七石八斗，鹽糧一千二百五十三石七斗，草五千五百十三束。

守備，

分守右參將，

兵備副使。

山丹，鎮東南百八十里。軍六千五十四員名，馬一千二百二十六匹，糧四千七百三十一石二斗，民運折銀一萬一千八十四兩五錢，鹽糧二千四百十三石，草十萬六千八百七束。

高臺，甘州西百六十里。軍一千四百九十員名，馬一千二百二十四匹，糧六千六百六十一石八斗，民運折銀一千四百四十八兩，鹽糧一千一百六石二斗八升，草十五萬二千六百五十八束。

肅州，鎮西五百十里。軍九千一百八十九員

石峽，衛東八十里。軍六百二十四員名，馬一百二十四匹，糧二千石九斗六升，鹽糧一千五百九十四石三斗，草四萬二百五十九束。

花寨，軍二百六十員名，馬一百七十四匹，糧千八百六十四石九斗，草三萬九百九束。

○按舊圖山丹衛南有兩花家堡，一在東南，一在西南，蓋即花寨之訛。

嘉峪關，肅州衛西六十里嘉峪山下。軍三百八十八員名，馬七百七十四匹，糧二千一百五

新河，衛東四十里。糧一千一百二十三石八斗三升，草一萬二千五百二十八束。

黑泉，所西五十里。糧一千石，草一萬束。

八壩在所北。軍五十員名。

九壩，所西北四十里。軍五十員名。

紅崖，所西南百餘里。軍二十五員名。

鎮羌，軍二十五員名。○按鎮羌屬莊浪，相距甚遠。石峽堡東二十里有定羌廟，在山丹、永昌界。

金佛寺，肅州衛東南九十里。軍二百員名。

名，馬二千三百八十四，糧二萬九千三百五十九石九斗，民運折銀一萬三千二百三十一兩，鹽糧一萬四千六百五十石，草四十二萬五千五百六十束，折草銀一百三十四兩，布一萬六千六百十二匹，綿花六千五十三斤，毛襖四百領。

鎮夷。鎮西北三百里，南至肅州衛界四十里。軍一千二百九十六員名，馬七百七十四匹，糧四千九百八十四石五斗，鹽糧二千二百九十八石八斗八升，草六萬七千一百五十四束，布四千一百七十匹，綿花一千五百九十六斤，毛襖一百六十二領。

十三石一斗，草二千二百二十束。

臨水，肅州東四十里。軍一百員名，糧一千一百三石三斗，草四萬九千四十七束，折草銀四十五兩二錢。

馬營，在鎮夷所東。軍五十名。

深溝，鎮夷所東五十里。軍四十三員名。

鹽池。鎮夷所南少西五十里，東至深溝堡四十里。軍□□員名。

洮河邊第九

按洮、岷、河皆古羌、戎地也，與岷、階等州居山谷之中，爲秦、蜀屏蔽。自漢以來，良多故矣，控制之方，豈無所衷乎？乃吾聞階、文、西固所名。之閒，諸羌盤聚，無有寧所，豈非據山谷者易動難静，自昔然哉？蓋嘗考階州有羊腸鳥道之險，西固有重岡複嶺之雄，而文縣接近松潘，蒼崖絶壁，陰平故險，實蜀口之要區也。馭羌靖邊者，其必先於此。乃若山川名勝，則洮、岷與河州固其尤也。記曰：西傾，岷山之宗也，朱圉、鳥鼠爲輔，嶓冢、秦嶺爲屏，隴首爲限，而江出於岷，渭出鳥鼠，漢出嶓冢，河浮積石，洮出西傾，隴出隴首，天下山川，皆其支派，攷形勝者，此又不可不知也。

洮州鎮，屬衛一，關五，寨二，堡二十四。馬步官軍六千一百七十五員名，新舊召募選舍人土兵民夫八百名，馬三千七百十六匹，各處民運糧三萬五千九百六石零，草八千七百五十九束，民屯糧三千九百四十九石零，布八千四百匹，綿花三千三百斤。

洮州監收通判一，參將一，總巡指揮四，東路一，南路一，西路一，北路一。把總管隊官全，印屯局捕首領官全，防守官十八。駐各寨堡。

岷州鎮，屬衛一，所三，寨七十，堡八。馬步官軍一萬四千九百三十八員名，召募民壯四百四十五名，馬二千一百九十二匹，各處民運糧折銀二萬九千五百八十七兩三錢三分，額徵民屯糧二萬八千五百九十四石零，布三萬七千七百五十一匹，綿花一千三百二十二斤，草二萬三千一百九十束。

岷州邊備副使一，駐岷州。守備三，本鎮一，西固一，階州一。總巡千户所四，階州二，文縣二。總巡指揮三，東路一，南路一，西路一。把總管隊官全，印屯局捕首領官全，防守官十七。駐各塞堡。

河州鎮，屬衛一，所一，關二十四，堡三。馬步官軍九千二百十七員名，新舊召募壯丁二百九十二名，馬二千三百六十四匹，各處民運糧一萬八千六百八十石，草六萬一千九百六十束，本處民屯糧二萬九千八百七十五石，屯草折銀一千六百七十七兩，本色鹽糧三千三百六十石，折色鹽糧銀二千百十二兩五錢。

河州監收通判一，守備一，把總管隊官全，印屯局捕首領官全，歸德所印操官全，總巡指揮二，西路一，南路一。防守官十七。駐各關堡。

洮河邊圖補註

洮州衛

西傾山，洮州西南二百五十里，桓水出焉，禹貢所云「因桓是來」也。石嶺山，州北一十五里，山勢峭拔，草木不生。洮河，衛南三十五里，出西傾山，東流入岷州北，經臨洮府至蘭州北入黄河。白水江，衛西南五百里，源出香藏族，東流入洮州。

按洮州，舊志有九關，已見省圖。

岷州衛

岷山，在岷州北，山黑無樹木，洮水經其下，相傳禹受黑玉書於此。貴清山，衛東百五十里，頂平衍可耕種。分水嶺，衛南四十五里，下有分水嶺河。馬淳河，衛東百八十里，流入漳水。

按岷州，舊志所載諸寨數十，與此相出入，多寡亦復不同，詳見前圖。

河州衛

積石山，衛西北七十里，禹貢導河處也。雪山，衛西南五十里，接洮州番境，四時有雪，亦名雪嶺。大夏河，衛南三里，亦名白水河。州關寨俟攷。

文縣軍民所

太白山，所南二百五十里，山谷高深，嘗多霜雪。滴水巖，所城北，亂山矗立，劃開二峰，如髻對峙，有飛泉千尺，州人置槽引以汲用。上清洞，所北四十里，深遠不可窮。白水，在所城外，源自故松州赤磨嶺流下，東北流至本境，黑水、白馬水、東維水皆入此。天池，所西北百六十里，一名天魏湫，合衆山凹爲大壑，環百五十里，水積其中，不見畔岸。

洮河邊圖

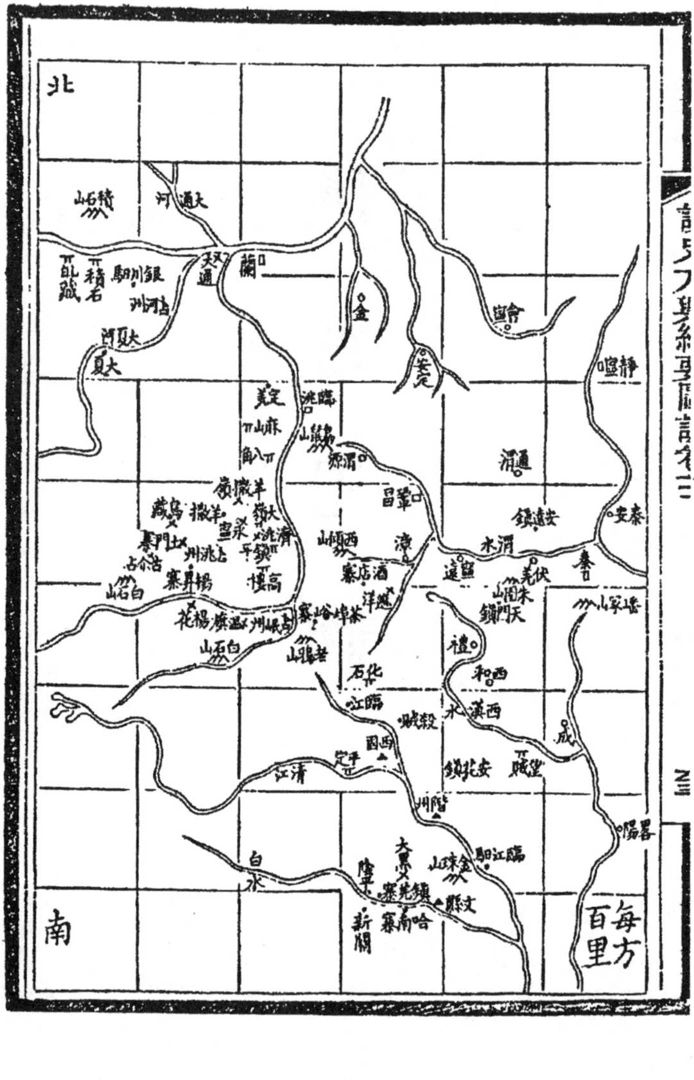
北
南
每方百里
積石山
大通河
蘭
金
會寧
靜寧
安定
臨洮
渭源
鞏昌
通渭
安遠鎮
秦安
渭水
寧遠
伏羌
秦
禮
西和
西漢水
成
階州
文縣
白水
大夏河
大夏
岷州
洮州
河州
西傾山
酒店寨
老鴉山
西固
臨江驛

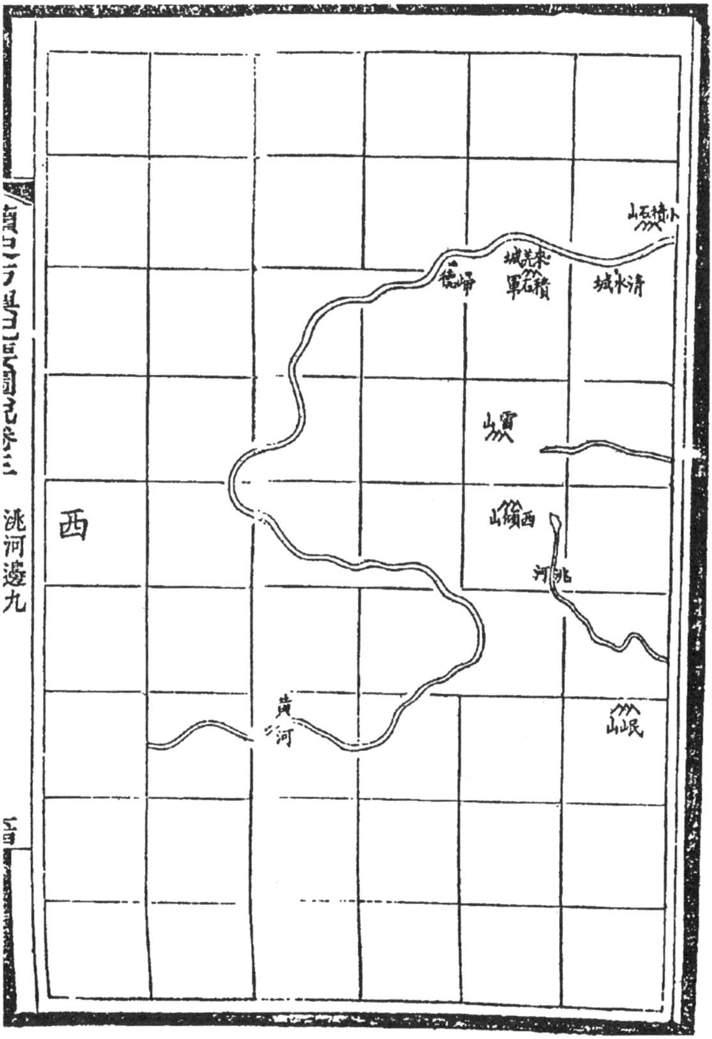
洮河邊九
西
小積石山
歸德
來羌城
積石軍
清水城
寶山
西傾山
洮河
黃河
岷山

	衛三	所四	關塞堡
參將，萬曆六年改設洮、岷副總兵，駐洮州， 邊備副使，志有分守階、文、西固參將， 守備，	洮州，岷州衛西百五十里。馬步官軍五千六百二十二員名，舍人土兵八百名，馬三百九十八匹，民運糧三萬五千九百六石，草五萬八千五十九束，民糧三千九百四十九石五斗，布八千四百匹，綿花三千三百斤。 岷州，階州北六百三十里，領茶埠峪等四十一寨。軍七千五百五十四員名，馬一千四百二十九匹，民運糧銀三萬二千七百七十兩一錢二分，民屯糧二千七百八十四石，布三萬六千一百六十五匹。	階州，在階州城内，領望賊等關寨。軍二千七百五十二員名，馬一百五十九匹，民運銀三千七百十兩二錢二分，民屯糧五千六百九十九石三斗。 文縣，階州南二百十里，領陰平等十一寨。軍二千三百九十一員名，馬一百五十九匹，民運銀三千一百兩，民屯糧五千一百七十五石，布一千五百八十六	高樓等關，馬步官軍七十二員名，馬二匹。 楊昇等塞，馬步官軍三十員名。 濟洮等堡，馬步官軍四百五十員名，馬十六匹。

守備，志有分守河州參將。

河州。洮州衛北三百十里。馬步官軍七千七百員名，馬二千二百八十五匹，民運糧一萬三千六百六十石，民屯糧二萬六千五百九石六斗，屯草糧一千三百二十四石九斗。餘見前。

匹，綿花一千三百二十三斤，草七千六百七十六束。

西固，岷州衛南四百里，領沙川橋等十三寨。軍一千六百三十九員名，召募民壯四百四十五名，馬四百四十匹，草一萬五千五百八十三束。

歸德。河州衛西七百里。軍一百四十八員名，馬五十五匹，民屯糧三千三百六十六石，屯草折糧三百五十三石四斗。

積石等關三十二，軍二百九十三員名，馬十四匹。

大通河等堡。軍九百七十六員名，馬十四匹，民運糧三千一百十六石四斗，草一萬八千六百束。

松潘邊圖第十附

按松潘諸境，大略山川峻險，民羌連結，不特川蜀之襟帶，而亦秦隴之藩籬，議兵議食不可已也。試推其槩，諸戎之竊伺者非章臘乎？則屯宜密也。龍州實松潘之咽喉，一或梗焉，則餉道絶而調撥疏矣。且地東連漢、沔，進可戰而退可守，誠相度中原，此固要區。茂州汶川，蜀土之藩，而威州控馭西番之重地，有唐李公曾事此矣，其經略猶可想見焉。先民有言：「吐番入寇，多在黎、文；蕃、詔糾合，恒由灌口。」於此數方者，防守得宜，則西北之險，於蜀可以無虞矣。

松潘衛等處軍民指揮使司隸四川川西道。領守禦所一，小河。宣撫司一，龍州。安撫司四，八郎一，麻兒匝一，芒兒者一，阿角寨一。長官十七，牟力結一，蠟匝一，白馬路一，山洞一，阿昔洞一，勒都一，祈命一，北定一，者多一，麥匝一，班班一，阿昔一，阿用一，包藏一，思曩兒一，潘幹寨一。

茂州衛指揮司領守禦所二，疊溪一，威州一。長官司五，靜州一，岳希蓬一，疊溪一，鬱即一，隴木頭一。

三司隸茂州，二司隸疊溪。

松潘衛小河所三路新舊屯田二千八百九十五頃七十畝零，主客官軍各兵萬一千六百八十四員，額坐各倉糧九萬九千三百八十一石，布政司原額茶課十九萬二千九百四十四斤，原額鹽課銀七萬八千四兩。安、綿、壩底、石泉四路各官軍各兵六千四百五十二員，額坐各倉糧三萬一千一百十八石。茂州衛并疊溪、威州、灌縣四路主客官軍兵一萬四千百五十二員名，守禦所新舊屯田八百五十六頃七十四畝，額坐各倉糧十萬三千九百十七石，外倉二十，收糧十萬三千八百十七石。

巡撫四川兼理松潘、安、綿、建昌等處兵備御史，駐四川。

整飭松潘、威、茂、安、綿等處兵備按察司分司三，松潘駐松潘，威茂駐茂州，安綿駐綿州。

分守松潘等處副總兵一，駐松潘。協守東路左參將一，駐小河壩底，轄守備一，提督指揮五。南路右參將一，駐威州，轄提督指揮三，千户一，鎮撫一。協守遊擊。東路駐龍州，轄江油至漢關；南路駐疊溪，轄鎮五，茂州。

松潘邊圖補註

雪欄山、松潘衛東三十里，山勢宛延，四時積雪。大分水嶺，衛北二百三十里，高峻，水分二流。〇排柵山，疊溪南五里，明初大軍於此立柵爲營，故名。雲峰山，所東六里，高聳淩雲。翼水，所南五十里，源有二，一出松潘地，一出黑水，合流如張兩翼，唐置翼水縣，以此。〇金鳳山，龍州司東十五里，山土色赤，日光炤映，形如金鳳。崆峒山，司西北十里，山谷深嶮，西接番界。馬盤山，司東南百二十里，高三千餘丈，形如馬，旋而上，重巒疊嶂，行者難之。牛心山，司東南百五十里，山形秀拔。石門山，司東南百七十里，兩壁相對如門，與氐、羌分界，鄧艾嘗屯兵於此。○白水江，青川東三百里，鄧艾作浮橋處。○茂濕山，茂州北十六里，樹木茂密，嘗有嵐氣，因名。鷄宗山，州西南四十二里，鷄宗關在焉。○高碉山，威州北三十里，三面懸崖，古維州城也。雪山，威州西南，與乳川白狗嶺相連，山有九峰，上有積雪，春夏不消。赤水，在威州西北。又州北有平谷水、溪谷水，俱入大江。

松潘圖

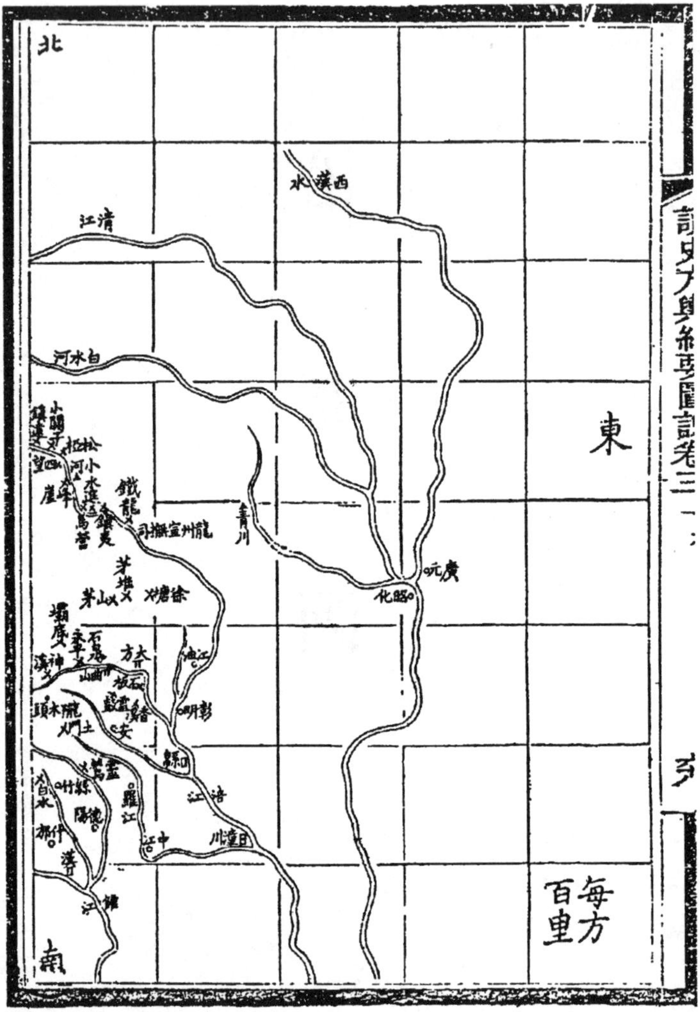
讀史方輿紀要圖說卷三
北
東
南
每方百里
西漢水
清江
白水河
龍州宣撫司
青川
廣元
昭化
彰明
江油
羅江
中江
潼川

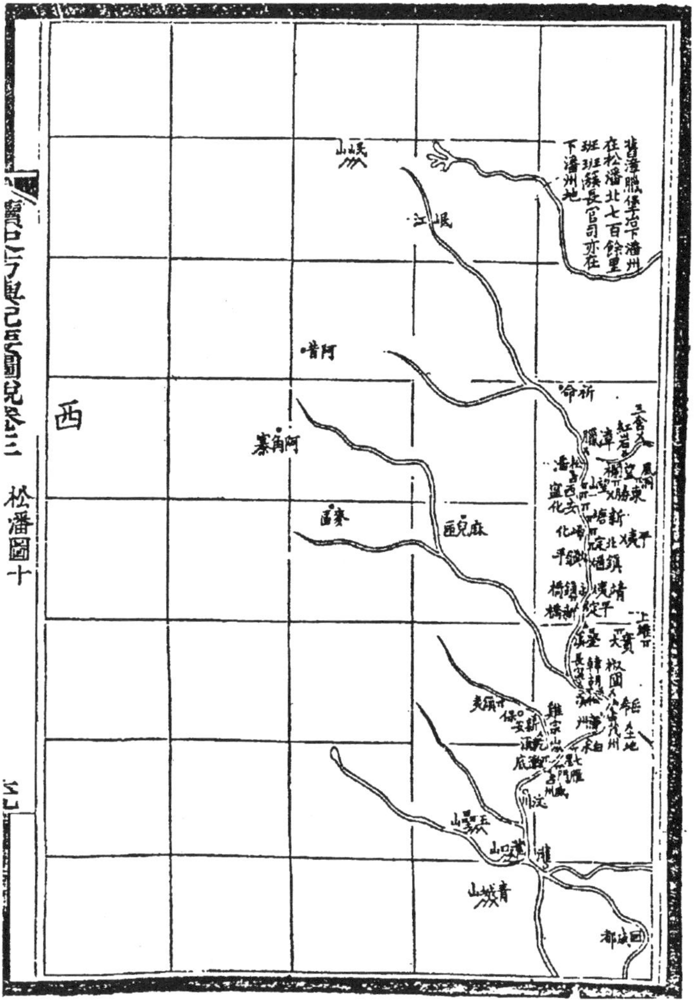
輿圖要覽卷三　松潘圖十
西
岷山
岷江
阿昔
祈命
阿角寨
麻兒匝
漳臘
松潘
係古下潘州
在松潘北七百餘里
班班簇長官司亦在
下潘州地
汶川
灌口山
青城山
都江堰

	提督十五	關	屯堡	墩	官軍	民快土兵	屯田	屯糧	倉糧	馬
東勝等堡皆在松潘城四周近郊。分守副總兵駐松潘。	一領東勝等九堡。		東勝，熊溪，紅花谷，高屯，羊峪，塘舍，潭郭，漳臘，艾蒿，鎮革，小屯。〇潭郭，一作潭廓，或作潭赫。		五百九十員名。		原額九百十六頃三十九畝，新增一百十六頃二十五畝。	三千八百七十石。	九萬三千二百七十一石，外麥一千七十四石。	四百八十七匹。
浦江、新塘等關在松潘南路數十百餘里之間。	一領浦江等六關堡。	浦江，北定，歸化。								
自浦江至望山	一領新	新塘，安化，								

各路俱轄於副總兵。	塘等三關。	西寧。								
平定等堡在松潘南路，當疊溪所以北。	一領平定等六堡。		平定，鎮夷，鎮番，鎮平，金瓶，平夷。							
松潘東路自望山至四望，又東即小河所。	一領望山等十三關堡。	望山，雪欄，風洞。	松林，三舍，鎮遠，小關，松埡，三路，師家，四望。		一千四百三十員名。					
小河路自峰崖東至鐵	一領峰崖等六堡。		峰崖，葉堂，馬營，水進，鎮夷，鐵龍。		四百七十員名。	五十五名。	原額一千百頃，新增六百	四千八百九十石。		九十四四。

龍，當龍州西北。							九十頃。			
曲山等關堡在安縣、綿竹境，觀子、石板、平番等	一領曲山等十五關堡。	曲山。	雷鼓，香溪，疊溪，曲溪，三江，靈鷲，馬尾，白水，龍蟒。		一百八十五員名。	一千二百四十五名。			三萬三千四十五石。	
關堡在石泉縣境，爲安、綿、壩底、石泉四路。	一領觀子等八關堡。	大方。	徐平，觀子，平通，大印，茅堆，山茅，徐塘。		四百七十五員名。	八百四十七名。				
安綿兵備駐綿州，	一領石板等八	石板，上雄。	壩底，石塘，白印，青岡，石泉。		七百九十一員名。	一千八百三十三名。				

協守東路左參將，轄小河路及安、綿、壩底、石泉四路，駐小河所。	關堡。									
	一領平番等三堡。		平番，赤土，奠酒啞。		五百餘員名。					
永鎮等關堡在疊溪所以北。	一領永鎮等九關堡。	永鎮橋，鎮平。	新橋，大平，永鎮，普安，靜夷，鎮番。				原額五十八頃五十一畝。	一千五百九十六石。		九十七匹。
徹底等關堡在威州境，協守右參將駐。	一領徹底等九關堡。	徹底，鎮夷，保子。	乾溪，壩州，坡底，保縣，新安，西平。				原額六十二頃四畝，新增百三十四頃	五千二百五十八石。		

威州。							四十二畝。			
茂州南路有七星等關堡以達于威州，威茂兵備駐茂州。	一領七星等十五關堡墩。	七星，雞宗。	石鼓，雁門，青坡，文鎮撫村，大宗渠，棃園頭，羊毛坪。	遷橋，白水，瞰遠，四顧，五星。	九百九十四員名。	三百八十五名。	原額五十九頃十八畝。	一千六百十四石。		一百五十六匹。
茂州東路有土地等堡達於桃關，東出石泉縣。	一領土地等七關堡。	桃坪。	土地，鎮夷，關子，神溪，夾山，土門。		七千九百六十員名。	三百七十三名。				

茂州北路有實大等關堡達于疊溪所。威、茂、疊溪諸路俱轄于右參將。
一領實大等關堡。
實大，魏磨。
椒園，韓胡，松溪，長寧，穆肅。
一千七百六十四員名。
四十三名。
原額三百四十六頃五十畝，新增百八十三頃有奇。
一萬五千五百七十二石。
十萬五千六十石。
五百四十九匹。

建昌邊圖第十一 附

按建昌古越嶲地，東連烏蒙，西距吐蕃，南接滇池，北鄰黎、雅，亦形勝地也。然吾聞有國以來所不忽者，惟烏撒、芒部等境恒多稱重焉，故議綏輯者，恒敘、瀘是亟而建昌反緩，豈知守碉門以控諸番，固昔人筭也，謀人國者可忽於斯歟？

四川行都司領衛六，屬所七。關七，堡五十四。總爲六十七。屯糧五萬六千七百四十三石，秋米七十萬八千七百四十五石九斗，鹽課米三千六百石零。

整飭建昌等處兵備兼分巡上川南道地方四川按察司僉事一，駐昌州。督理糧册兼管上川南道四川布政司參議。駐雅州。

以都指揮體統行事守備二。寧越一，黎雅鎮西一。

建昌邊圖補註

螺髻山，都司東南四十五里，極高聳，頂如螺髻。凉山，司東百三十里，羣峰嵯峨，四時多寒。鐵石山，鹽井衛西北七十里，産鐵剛利。密勒山，會川城東二百里，有銀礦。孤山，有二，一在越嶲城西，一在南二十里，高出衆山之上。金沙江，在會川南二百五十里，源出吐蕃，東流合瀘水至黎溪，即馬湖，其閒最多嵐瘴。

建昌圖

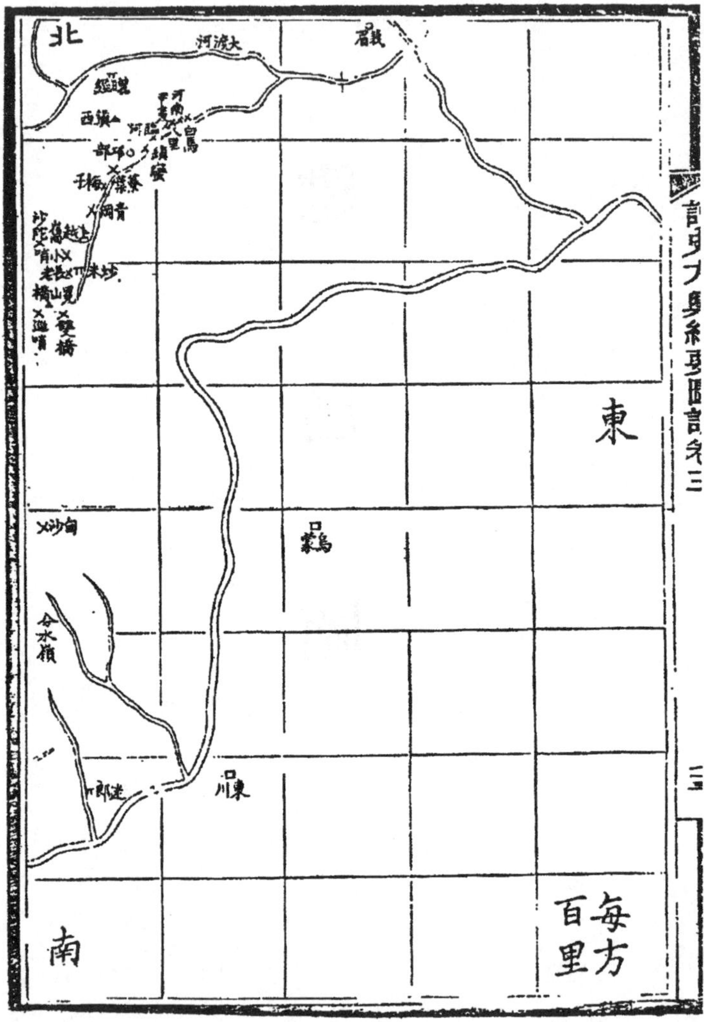
北
東
南
每方百里
大渡河
烏蒙
東川
分水嶺

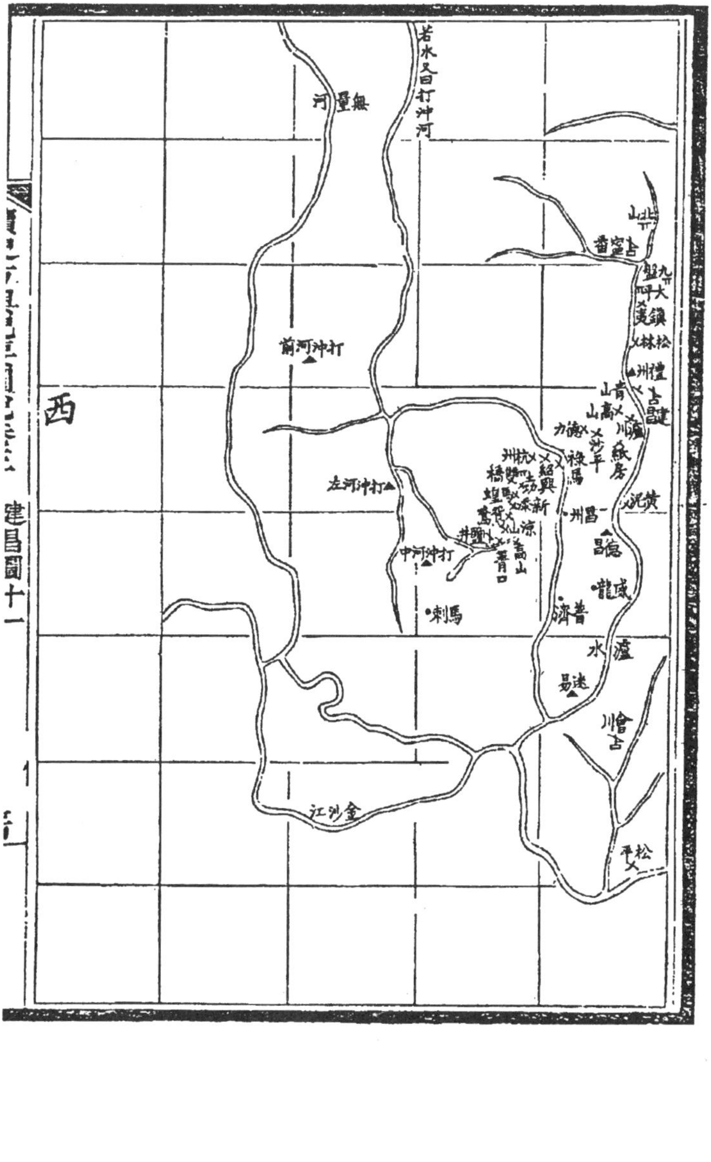
建昌圖十一
西
無量河
若水又曰打冲河
打冲河前
打冲河左
打冲河中
金沙江
馬剌

	行都司，兵備僉事，寧越守備。
衛六	建昌，建昌前，寧番，
所	禮州中，禮州後，打沖河中前，德昌，冕山橋，
關	太平。冕山，沙陀，三橋，九盤，北山。
堡	紙房，瀘州，高山，沙平，德力，黃泥。青山，松林，平蠻，鎮夷。鐵廠，巡哨，李子，雙橋，白石。
長官	昌州，威龍，普濟，
屯糧	九千三百四十二石。一千四百十三石。六千八百七十四石。二萬一百四十石。三萬八百七十四石。二千十五石。
倉糧	八百六十六石六斗。四千二百石。一千八百五十石。

越巂，			會州，		鹽井。	
	鎮西，			迷易，		
炒米，曬經，青岡。			甸沙，松平，迷郎。		雙橋。	
篠葉，木瓜，平壩，苦菜，平夷，鎮夷，八里，河南，白馬，鎮蠻，梅子，臨河，小哨，長老，溜水。			虎頭。		菁口，高山，涼山，鴛鴦，新添，馬蟥，土功，杭州，紹興，祿馬，鎮南，定遠，鎮西，新化，明遠，清平，康寧。	
		邛部，				馬剌。
二千四百九十六石。	六百十八石。		七千三百九十八石。			
五千四百四十石。	三千二百石。		二千六百十一石三斗。		五百七十八石。	

麻陽圖第十二附

鎮溪叛苗二十寨：董朵，董其，亞糯，噉冷，噉勒，亞西，十八箭，紅厓，小梢，小米，流沙，板櫈，茅岡，下水，彪山，小鉛場，盤朵，龍亭，悶洞，束那。

筸子坪叛苗二十七寨：洞頭，中略，留絞，亞保，谷耶，大略，琴圖，盤營，回寨，大塘，爆木，巖口，盤那，孟㢈，大唐，池巳，烏牌，冷水，排那，寥鐵，烏巢，老萊，喦洞，小五圖，惡黨，古藏，板栗。

貴州叛苗二十七寨：黑潭，乾溪，罵勞，吕喝，罵衝，地所，塘寨，蜈蚣，地運，平頭，地根，老條，龍潭，苟腦，山岔，栗凹，治古，麥地，抱木，老見，旦逞，普杓，田坪，烏牌，平茶，麻峒，木坪。

麻陽圖

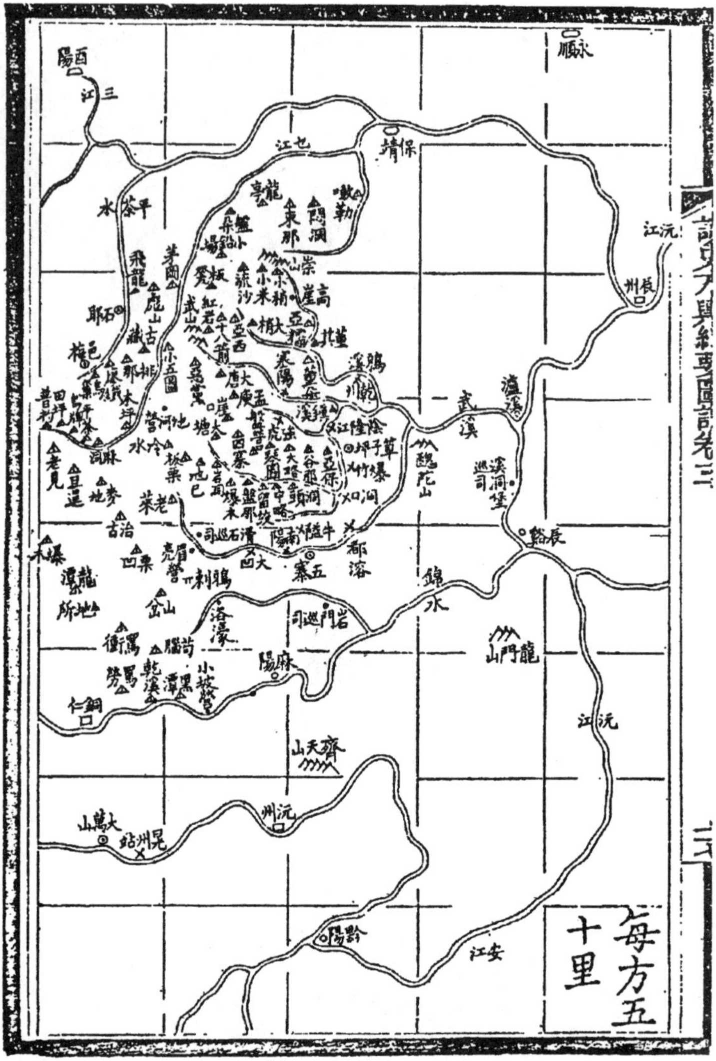
酉陽
三江
永順
保靖
平茶水
沅江
辰州
武溪
瀘溪
辰谿
錦水
五寨
麻陽
龍門山
沅江
銅仁
齊天山
沅州
大萬山
晃州
黔陽
安江
每方五十里

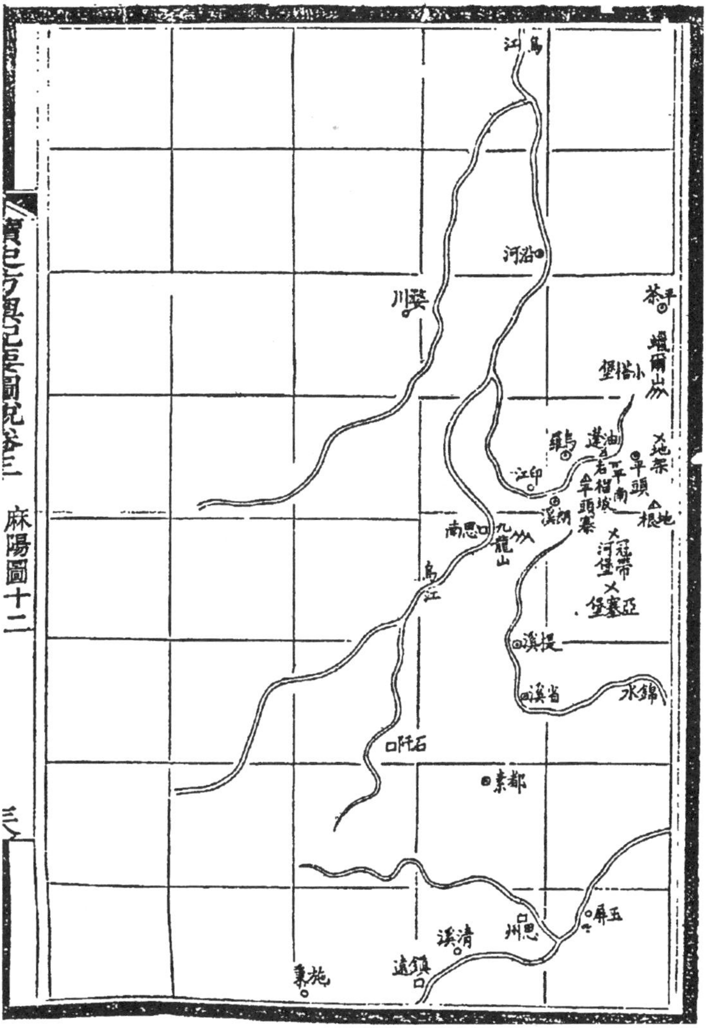
讀史方輿紀要圖說卷三
麻陽圖十二
三
烏江
沿河
婺川
平茶
蠟爾山
印江
平頭
地根
九龍山
思南
烏江
提溪
省溪
錦水
石阡
都素
思州
清溪
鎮遠
施秉

虔鎮圖第十三附

虔鎮轄布政司四，府八，州二，縣六十五，衛七，屬所二十二。共官六百十四員名，軍二萬八千七百一十三名，砦隘共二百十六處。

巡撫南、贛、汀、漳提督軍務都御史。駐贛州。

江西湖西道贛州兵備兼管嶺北道、廣東嶺南、嶺東道、福建武平道、漳南道、湖廣上湖道郴、桂等處嶺北駐贛州、漳南駐上杭，嶺東駐長樂，郴桂駐郴州，餘駐各省。守備以都指揮行事。南贛一，南韶一，郴桂一，惠潮一，汀漳一。

按羅氏曰：「贛東南境內，閩之汀、漳，廣之雄、韶、潮、惠間，隔數十嶺，巖峭巉絕，綿歷盤紆，奚啻千里。其人皆依負險阻，兇獷頑悍，所稱大帽、岑岡、高沙、下歷、浰頭、橫水、左溪等巢穴，脣齒輔車，脉絡貫通，兵之用本不易，加以財力絀乏，拘攣牽顧，益難矣。雖然此皆吾内地耳，震疊綏懷，人有説焉，時平議爲晚也。中間舛誤，未遑參校原本，容俟詳定云。」

虔鎮圖

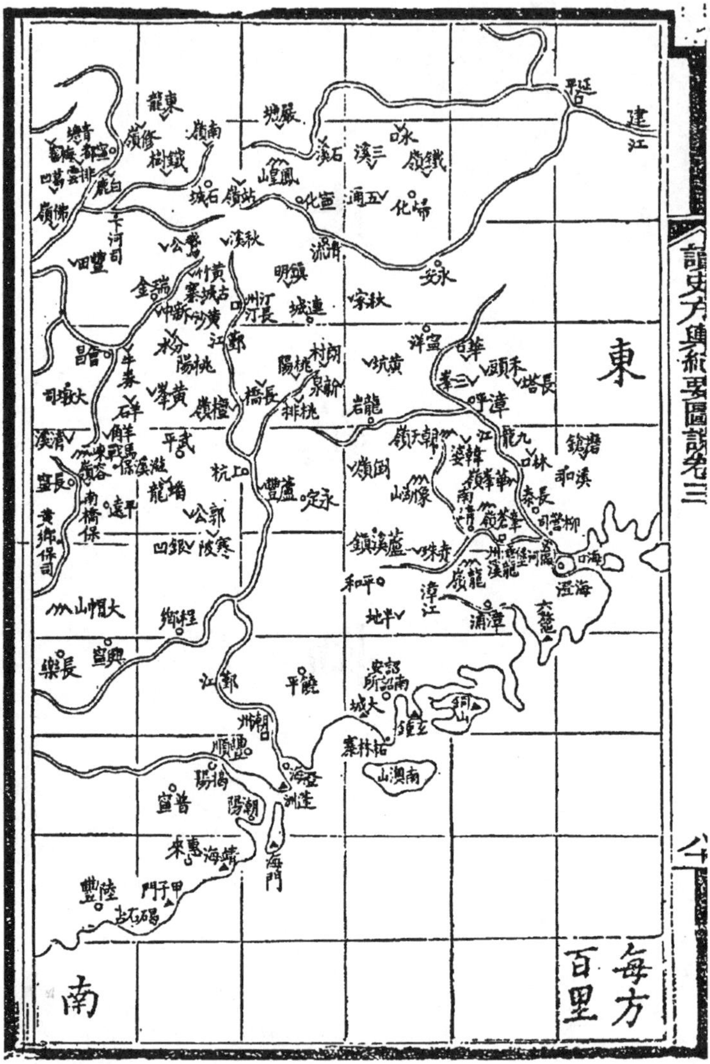
讀史方輿紀要圖說卷三
東
南
每方百里

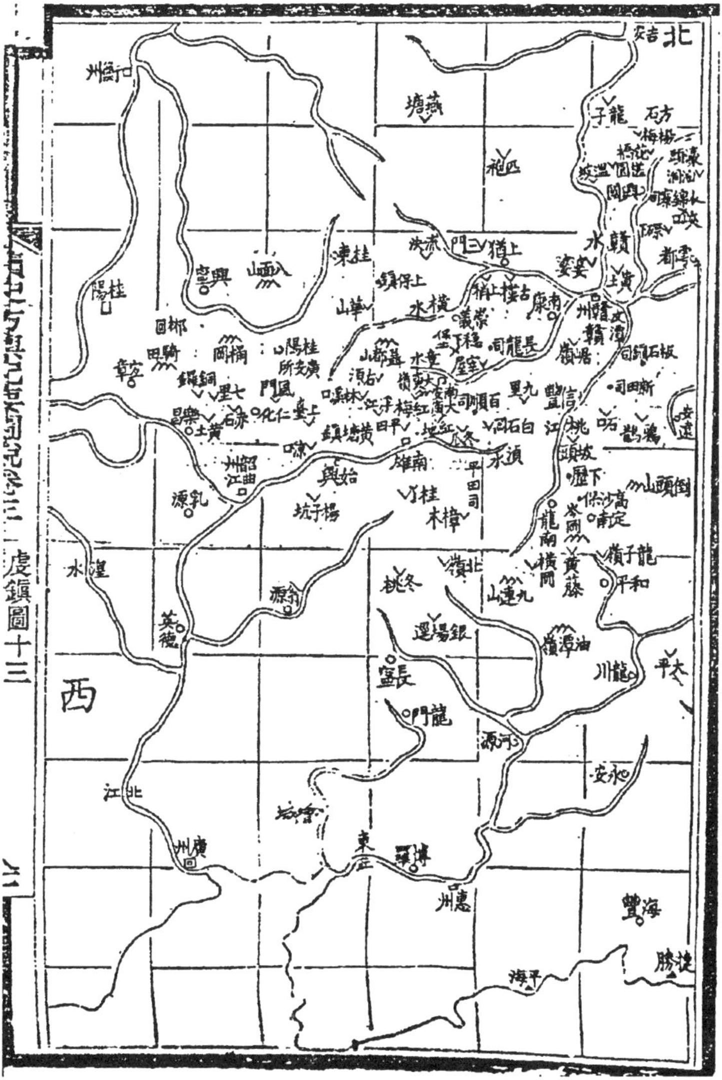

虔鎮圖十三

衛	所	官	軍		隘
贛州，		七十三員。	二千九百二名。	贛州府屬。	贛縣，文潭，黃土，婆婆。
	信豐，	十八員。	一千八十七名。		興國，龍子，劉坑，梅窖，衣錦，油洞，南村，温坡，峽田，龍沙，垓頭，荷樹，企嶺，墟下，槎園，花橋，迴龍，壕頭，方石，楊梅。
	會昌，	十四員。	七百十七名。		寧都，東龍，田埠，青塘，白鹿，長勝，排雲，下河，修嶺。
	南安，	十三員。	七百名。		雩都，磜下，龍潭，馬嶺，峽口，左坑，牛嶺，豐田，佛嶺，葛凹。
潮州，		五十員。			會昌，牛券，羊角，湖界，清溪，分水，羊石。
	程鄉，	十九員。	一百七十五名。		信豐，石口，平岡，陂頭，竹篙，鴉鵲，九里。
	大城，	八員。	二百二十五名。		安遠，板石，大墩，黃鄉，雙橋，雁洋，南橋，腰古，滋溪，尋鄔。
	靖海，	八員。	三百三十名。		龍南，黃藤，南埠，樟木，横岡，油潭，龍子嶺，岑岡，高沙。
	蓬州，	八員。	三百十八名。		石城，壩口，羊畬，鐵樹，南嶺，站嶺，藍田，秋溪。
	海門，	五員。	二百五十四名。		瑞金，新中，黃沙，黃竹，桃陽，車斷，湖陂，鵝公，平地，桐木。
碣石，		二十七員。	一千二百五十一名。		

惠州，	海豐，	六員。	四百八十五名。
	捷勝，	八員。	五百五十名。
	平海，	五員。	八百十名。
	甲子，	十員，	三百六十名。
		四十八員。	四千四百八十名。
	河源，	三員。	六百六十九名。
	龍川，	十員。	一千一百十九名。
	長樂，	二員。	百四十一名。
	南雄，	七員。	三百八十六名。
汀州，		四十員。	一千八百九十名。
	武平，	十二員。	七百十名。

南安府屬。
大庾，右源，浮江，宰屋，雲山。
南康，岴嶺，古樓。
上猶，上稍，三門，賴塘，匹袍，盧王，大雷。
崇義，長流，上保，長龍，横水，流決，聶都，關田，穩下，小坑，華山。

汀州府屬。
長汀，古城，九磜，黄峰，龜龍，分水，長橋，桃陽，鎮明，佛祖。
寧化，石溪，鳳皇，巖塘。
上杭，蘆豐，南坪，斧岡，軍營，郭公，長嶺，塞陂，銀凹，鮮水溪，桃排，板寮，羊蹄。
連城，秋家，廖天，横山，朗村，新泉，烏石，石固。
武平，蟠龍，鄭家，湖界，磘頭，檀嶺。
歸化，鐵嶺，五通，下防，三溪，水口。

漳州
龍巖，水槽，黄坑，狗骨，三峰，倒嶺，蕭坑。

漳州，
鎮海。

上杭，十一員。六百八名。
四十二員。四百八十五名。
南詔，六員。四百十七名。
龍巖，十三員。四百三名。
五十六員。九百三名。
六鰲，十九員。九百九十三名。
銅山，十三員。五百三十三名。
玄鍾，五員。七百十九名。
韶州，十五員。四百十名。
郴州，十五員。六百三十六名。
桂陽，十九員。五百四十六名。
廣安，七員。二百五十名。

府屬。
南雄府屬。
韶州府屬。
惠州府

龍溪，柳營，福河，龍嶺，華封，苦竹，良村，宜招，海口。
長泰，鸕鷀，林口，磨鎗，白桐，溪口，上寧。
南靖，峰蒼，韓婆。
平和，象湖，朱公畬，蘆溪，曹充，赤珠，高磜，半地，三角。
漳平，三峰，華口，石門，南坑，卓安，白泉，禾頭，虎山，吴崎，流溪，高星，東坂，三陽，東邊，雲洞，朝天嶺，下馬坑，香樹，石錐，馬喞，火燒。
保昌，平田，白石，紅梅，聞韶，冬瓜，林溪，南畝，紅地，百順。
始興，花腰石，桂丫，河溪，凉口，上臺，楊子，沙田，黄塘。
仁化，風門，城石，赤石，七里。
翁源，銀場，冬桃，北嶺。
樂昌，銅羅，龍口，象牙，黄土。
長樂，銀坑，古樓，榕樹，平塘，解沙，芙蓉，象鼻，董源，大別，秋溪。
興寧，四都，太平。

宜章。

七員。

三百六十二名。

屬。郴州屬。

桂東。燕塘，九磴，八面，猴子。

黄河圖説十四

按黄河自南徙以來，其爲禍患何代無之。然他時河、淮猶分二瀆，自元人排河、淮，遂併爲一，故治河即以治淮，非臆説也。今者河南之境滎陽、原武而下，迄淮、亳、濠、泗諸墟，居民之離蕩，田産之漂溺，何可涯量？豈真無策以處此哉？夫河所以不利其東行者，以漕渠賴之。然議漕既定，而議河舉矣，是沁水可引也。於下流迤東之處疏支，創圩田，作水，亦可使之不悍且固也。特患講求者無人耳！不然三策具在，上策雖未可行，就其中策亦何不可行之有？

附記

嘉靖七年盛應期請開新河，功未成而罷。四十五年詔開之，自南陽以東南至留城，凡百四十一里，糧運由境山過舊河進新河，至南陽出口，河水通無關阻云。又史云自南陽東南至夏村，又東至留城。

黄河入海故道

明初黄河決原武縣黑陽山，東經府城北五里，又東南至項城境入淮，而自虞城至濟河之故道也，永樂初復流入，故自是河分爲二。正統中又決而東北，經府城西南至項城縣入淮，而爲城北之新河。

黄河圖

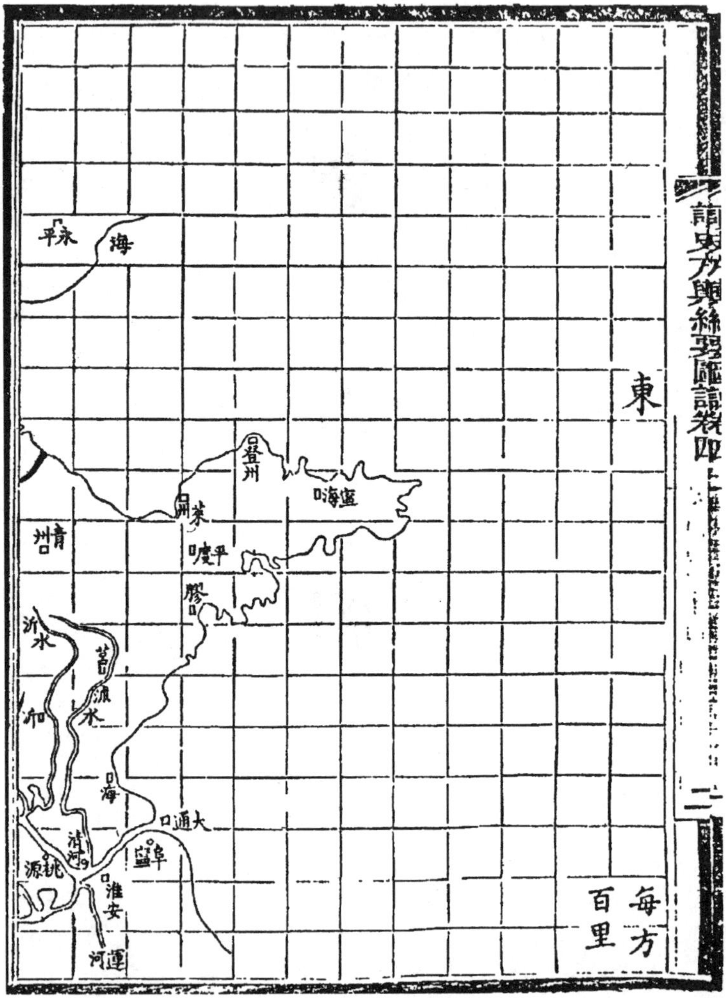
永平
海
東
登州
萊州
寧海
青州
平度
膠
沂水
莒
濰水
沭
海
大通口
清河
阜寧
桃源
淮安
運河
每方百里

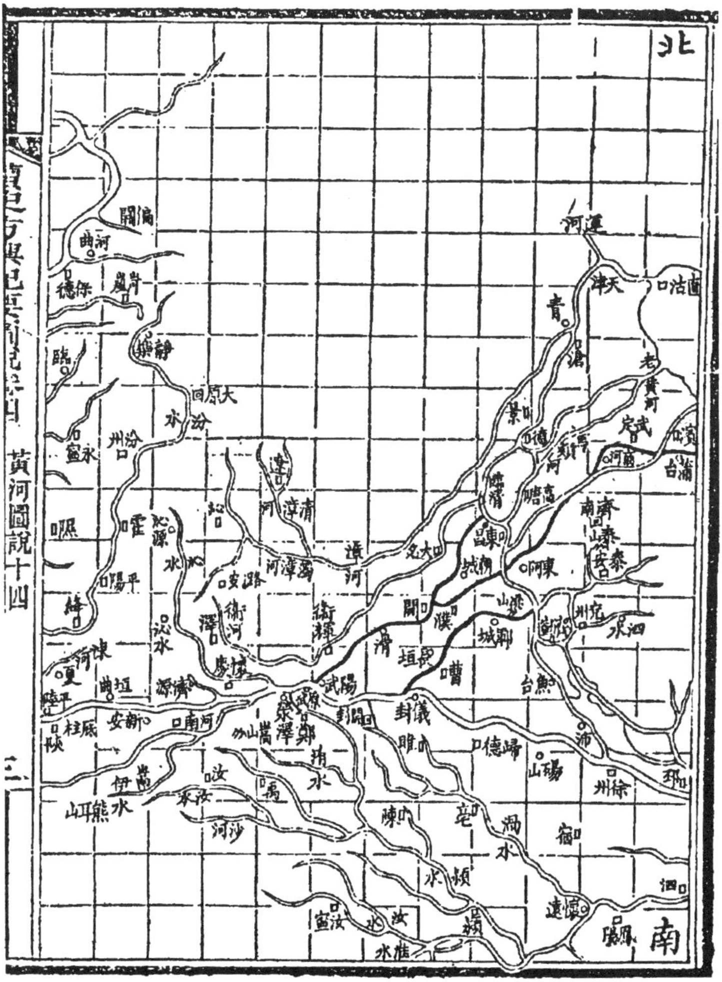
黃河圖說十四
北
南
運河
天津
直沽
青
滄
老黃河
武定
景
德
濱
蒲台
高唐
濟南
泰安
東阿
東昌
大名
開
濮
長垣
曹
鄆城
兗州
泗水
魚台
沛
徐州
歸德
碭山
宿
泗
懷遠
鳳陽
儀封
睢
陳
亳
渦水
潁水
汝寧
汝水
淮水
沙河
熊耳山
伊
河南
新安
陝
底柱
平陸
夏
涑河
垣曲
濟源
懷慶
沁水
澤
衛河
潞安
漳河
清漳
沁源
霍
平陽
絳
汾水
汾州
永寧
太原
靜樂
臨
保德
偏關
河曲
滑
陽武
封丘
鄭
滎澤

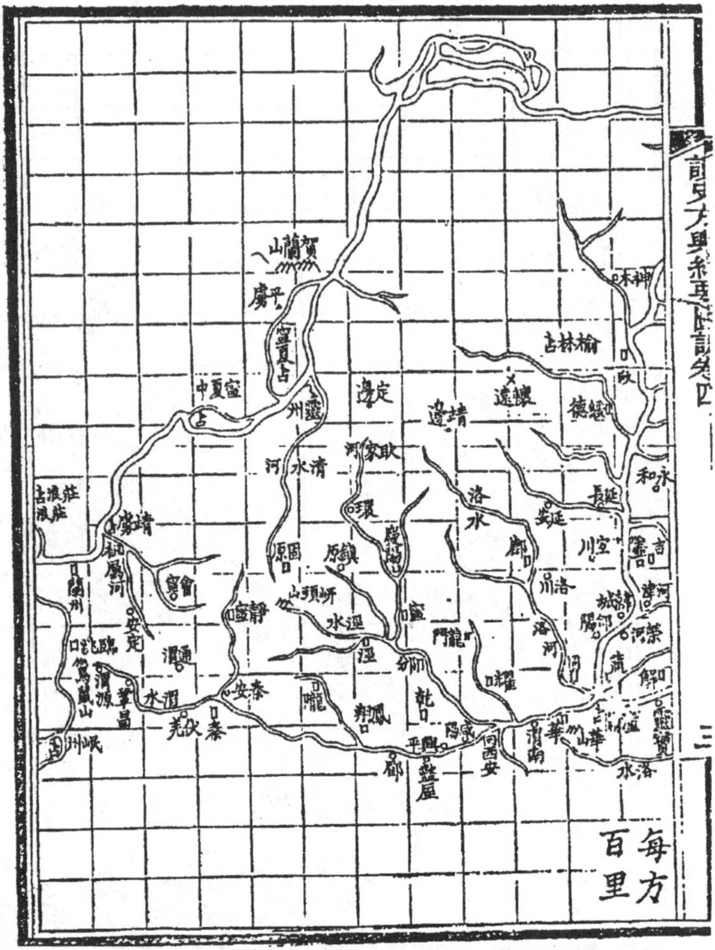
賀蘭山
平虜
寧夏
靈州
定邊
靖邊
懷遠
榆林
神木
綏德
延長
延安
洛水
鄜州
宜川
洛川
洛河
韓城
郃陽
清水河
耿家河
環
慶陽
固原
鎮原
崆峒山
涇水
寧州
靜寧
龍門
耀州
會寧
蘭州
臨洮
安定
通渭
渭源
鳥鼠山
鞏昌
渭水
秦安
秦州
伏羌
隴州
鳳翔
乾州
咸陽
興平
西安
渭南
華州
華山
鄠
盩厔
岷州
每方百里

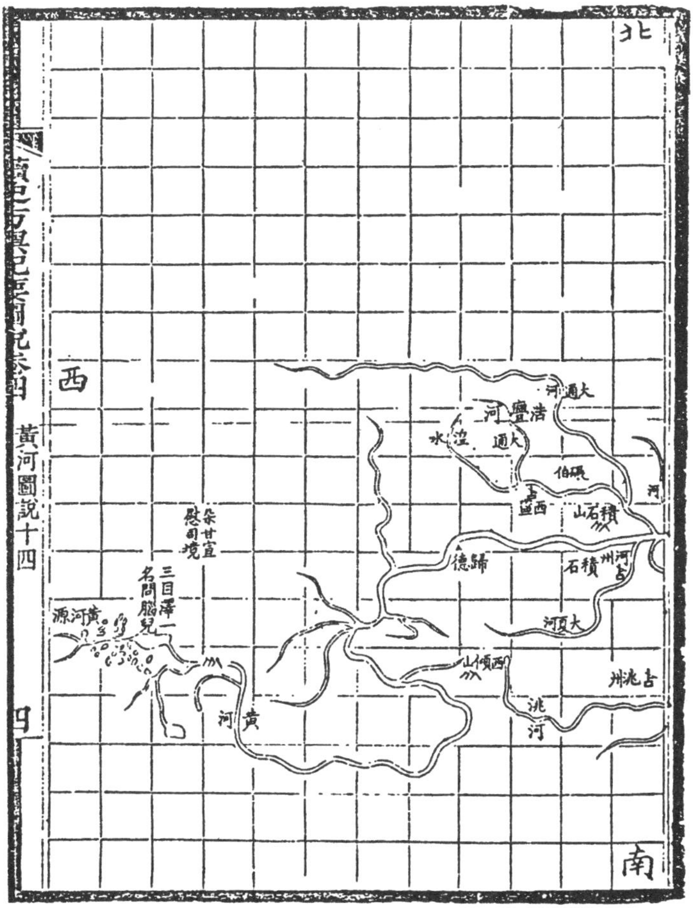
黃河圖說十四
北
西
南
大通河
浩亹河
湟水
大通
碾伯
西寧
積石山
河州
積石
歸德
大夏河
西傾山
古洮州
洮河
黃河
黃河源
三目澤一名悶腦兒
朵甘宣慰司境
河

明河遷徙圖
每方五十里
北
東
南
騰
沂
邳
徐
蕭
宿
海
泗
沂河
運河
淮河
盱眙
臨淮
懷遠
壽

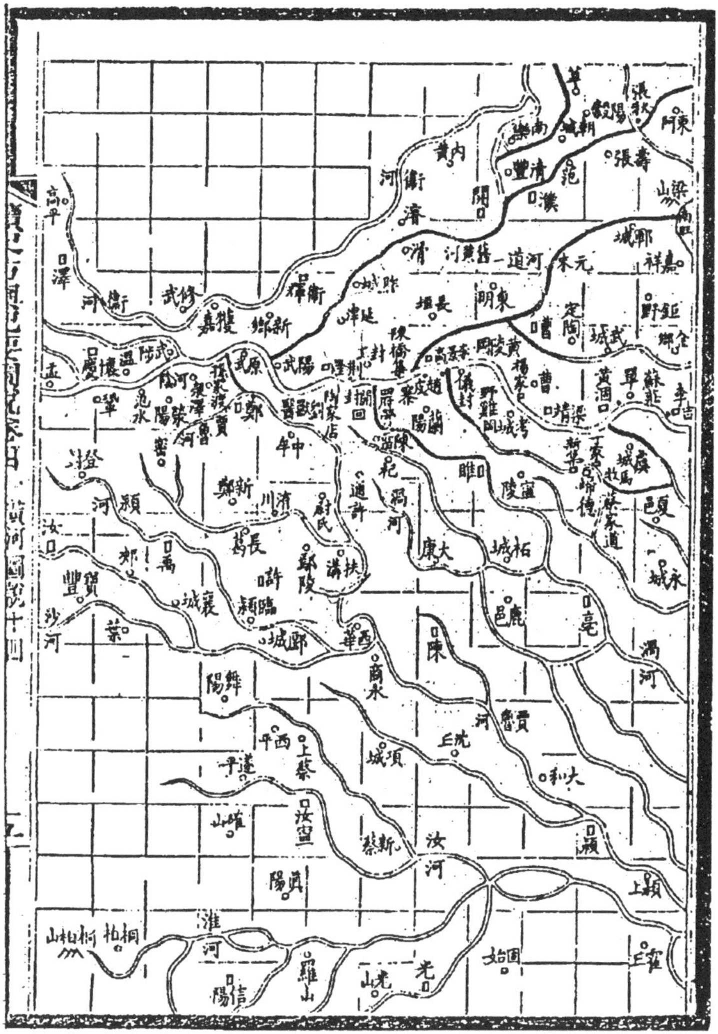
黃河圖說十一
高平
澤
衛河
修武
獲嘉
新鄉
衛輝
內黃
開
滑
濬
清豐
濮
東阿
壽張
鄆城
嘉祥
鉅野
長垣
東明
定陶
曹
孟
懷慶
溫
武陟
原武
陽武
開封
陳橋
延津
胙城
蘭陽
儀封
考城
中牟
新鄭
洧川
尉氏
通許
杞
睢
寧陵
柘城
夏邑
永城
長葛
許
鄢陵
扶溝
臨潁
襄城
郾城
西華
陳
商水
鹿邑
亳
渦河
舞陽
西平
上蔡
遂平
項城
太和
新蔡
汝寧
確山
汝河
潁上
真陽
淮河
桐柏
信陽
羅山
光山
固始
郟
禹
寶豐
葉
沙河
登封
潁河
汜水
鞏
鄭
密
賈魯河

黄河源説

羅氏曰：「漢使張騫持節西域訪河源，以爲河水發葱嶺，趨于闐，匯鹽澤，伏流千里，至積石再出。唐薛元鼎使吐蕃訪河源，得之悶磨黎山。世之言河源率皆本此，而莫知其非也。至元命都實爲招討使，佩金符往求，四越月而得其說，如圖所載，還具以聞，出授其說於翰林學士潘昂霄撰爲記。而臨川朱思本於八里吉思家得帝師所藏梵字圖書釋之，於潘昂霄所撰互有小異，俱載元史。黄河本東流，歷西番至蘭州北，四千五百餘里始入中國，又東北流過虜境凡千二百餘里始入中國，始轉河東，又南至蒲州凡一千八百里有餘，通計屈曲九千餘里，而張騫所訪乃在其西萬里外，蓋爲吐番遮隔不得假道故也。朱思本輿圖所記山水道里必不差，故特存之。或言天下之水皆源於崑崙，觀此圖足與辨哉。未能復詣而訪，傳聞所失，又奚啻此也。」

古今治河要略

賈讓治河三策：「隄防之作，近起戰國。齊與趙、魏以河爲境，齊地卑下，作隄去河二十五里，雖非其正，水尚有所遊盪，時至而去，則填淤肥美，民耕田之，或久無患，稍築室宅，排水澤而居之，湛溺固其宜也。今堤防狹者去水數百步，遠者數里，皆前世所排也。今行上策，徙冀州之民當水衝者，放河使北入海，此功一立，河定民安，千載無害，謂之上策。乃若多穿漕渠，旱則開東方下水門溉冀州，水則開西方高門分河流，爲民興利除害，支數百年，謂之中策。若繕完故堤，增卑培薄，勞費無已，數逢其害，最下策也。」

歐陽修曰：「河水泥沙無不淤之理。淤嘗先下流淤高，水行壅，乃淤於上流低處，此勢之常也。然避高就下，水之本性，故河已棄之道，其勢難復，是決河非不能力塞，故道非不能力復，所復不久，終必決於上流也，由故道淤而水不能行也。知者之於事有所不能，必則權其利害之輕重，擇其害之少者而爲之而已。」

元至正河防記：「治水一也，有疏、有濬、有塞，三者異焉。釃河之流，因而導之，謂之疏。去河之淤，因而深之，謂之濬。抑河之暴，因而扼之，謂之塞。疏濬之别有四：曰生地有直有紆，因直而鑿之；曰故道有卑有高，高者平之以趨卑，高卑相就，則高不壅，卑不瀦，而慮夫壅生潰瀦生湮也；曰河身者水雖流通，而身有廣狹，狹者難於水溢，以計闢之，廣難爲岸，岸若善崩，故廣者以計禦之；曰減水河者，水放曠則以制其逸，水隳突則以制其怒。治隄一也，有創築、修築、補築之名，有剌水隄，有截河隄，有護岸堤，有縷水隄，有石船堤。治埽一也，有岸埽、水埽，有龍尾、攔頭等埽。其爲埽臺及牽制，薶掛之法，有用土、用石、用鐵、用木、用草、用葦、用絙之方。塞河一也，有缺口，有豁口，有龍口。缺口者成川。豁口者舊常爲水所豁，水退則口下於堤，水漲則溢出於口。龍口者，水之所會，自新河入故道之深也。

宋濂曰：「夫以數千里湍悍難治之河，而欲使一淮以疏其怒勢，萬萬無此理也。分其半水使之北流以殺其勢，河之患可平矣。譬如百人爲隊，則全力莫敢與争，若分爲十則頓損，又分爲十則全缺矣，要孰踰於此哉？」或者曰茲論固然，然又當因勢，否則宋人爲河之患可鑒矣。

劉天和曰：「河之患，至則衝决，退則淤填，而廢壞閘座，衝廣河身，阻隔原泉，害豈小哉？前此張秋之决，廟口之淤，漸河之役，今茲數百里之淤河，可鑒也已。議者有引狼兵以除内寇之喻，真名言也。先時宋司空禮、陳平江暄之經理，亦惟道汶建閘，不復引河。且於北岸築堤捲埽，歲費億計，防河北徙如寇盜。然百餘年來，縱遇旱涸，亦不過盤剥寄頓，及抵京稍遲耳，未始有壅塞不通之患也。惟汶泉之流，遇旱則微，匯水諸湖，以淤而狹，引河之議亦慮此，然國計所繫當圖萬全，無已，吾寧引沁之爲愈耳。蓋勞費正藝而限以斗門，澇則縱之俾南入河，旱則約之俾東入運，易於節制之爲萬全也。若徐二洪而下必資河水之入而後深廣，惟當時疏濬，慎防禦，相高下逆順之宜，酌緩急輕重之勢，因所向而利導之耳。」

海運圖説十五

按海運始於元，而朱清、張瑄者故海上亡命也，久爲盜魁，出没險阻，若風與鬼，掠劫商人，甚苦之。至元二十一年伯顔建議海運，乃招二人授以金符千户，押運糧三萬五千石，仍立海道萬户府三，以清、瑄與羅璧爲萬户，轄千户所，領虎符金牌素銀牌。船大者不過千石，小者三百石，自劉家港出揚子江，盤轉黄連沙觜，月餘始至淮口，過膠州勞山，一路至延真，望北行轉成山，西行到九皋島、劉公島、沙門島，放萊州大洋，收界河西，月餘抵直沽，實爲繁重。至元二十六年增糧八十萬石，二月開洋，四月直沽交卸，五月還復運糧，至八月回，一歲兩運。是時船小，人恐懼。至元二十七年朱萬户請與李福四押運，自揚子江開洋，落潮東行，離長灘，至白水、緑水、黑水大洋北延真島，轉成山西行，入沙門，開萊州大洋，進界河，不過一月或半月至直沽，漕運利便，因加朱爲浙江省參政，張爲浙江鹽運司都運，如斯者三十餘年。大德七年招兩浙上户自造船，與脚價十一兩五錢，分撥春夏二運。延祐以來，各造海船，大者八九千石，小者二千餘石，歲運三百六十萬石，京師稱便，迤南番貢亦通。蓋自上海至直沽内楊村馬頭，凡萬三千五百五十里，不出月餘可以達，省費不貲。若長樂港出福州經崇明以北，又自古未有之利也。洪武三十年猶倣其制，歲運七十萬石以給遼東。至永樂閒會通河成，始不復講。議者恒有不復意外之虞，以爲人生一日食不下咽，則死亡立至。會通河南北之咽也，訪求古道，擇才而任之，且重其權，抑亦可爲先事之防。即使有如清與瑄者，亦且消其驍勇而誘以自效。又博采王獻開膠萊河之説，因其垂成之功，督以畫一之法，使表裏兼資，參酌利害，以甦漕卒之困，而求無疆之利，憂世之君子，豈無是心哉？夫此皆成説也，若議之於將來，其爲利便，固有不待智者而後知者。予欲有所俟焉，而不敢輕爲之説也。

海運圖占驗

占天

朝看東南黑，勢急午前雨，暮看西北黑，半夜看風雨。

早起天頂無雲，風雨霎時辰，雲起南山暗，風雨轉時辰，西北黑雲生，秋風掉背來，風息始静然，紅雲日没起。

占雲

日出漸明，風静鬱蒸熱，風雨時辰見，日没黑雲接，雷雨必有聲，曉雲東不慮，亂雲天頂絞，晴天不可許。

暮看西邊無穹，雲雷必振烈，日出卯遇雲，風雨不可説，勢若魚鱗，夜雨就過西，風雨來不少。

明日晴明，東風雲過西，無雨必天陰，雲布滿山低，來朝風雨陣。

遊絲天外飛，雨下不移時，雲隨風雨疾，連宵雨亂飛，雲鈎午後排，大颶連天惡，雲過都暗了。

久晴便可期，東南卯没雲，風雨霎時息，雲從龍門起，風色屬人猜，惡雲半開閉，紅雲日出生。

清朝起海雲，雨下巳時辰，迎雨對風行，颶風連急雨，夏雲鈎出内，大颶隨風至，勸君莫外行。

占風

秋冬東南起，不必問天公，夏風連夜傾，初四還可懼，二月風雨多，傍船人難進，七月上旬來，有雨不相逢，秋冬西北風，

不晝便晴明，望日二十三，出門還可記，端午汛頭風，争秋莫開船。

春夏西北風，天光晴可喜，雨過東風至，颶風君可畏，初八及十三，二九君還記，八月上旬時。

夏來雨不從，長夏勢輕風，晚來越天巨，七八必有風，十九二十一，西北風大狂，隨潮不可移。

汛頭風不長，舟船最可行，風雨潮相攻，汛頭有風至，三月十八雨，回南必亂地。

汛後風雨毒，深秋風勢動，颶將難避，春雪不二旬，四月十八至六月十三。

春夏東南風，風勢浪未静，初三有颶君須記，風雨帶潮來，彭祖連天忌。

占日

烏雲即日，狂風即起，午前日暈，風色不狂，明日烘天，日光晴彩，明日狂風，雨即傾滴，申後日珥，午後日暈，飛沙走石，

朝日燭地，日光早出，夜雨滂沱，早白暮赤，晴風必揚，久晴可待。

晴朗無妨，一珥單日，風勢須防，日没暗紅，細雨必止，晴明必久。

雲下日光，明日有雨，午後日暈，飛沙走石，朝日燭地，日光早出，夜即大雨。

早間日珥，雨珥雙起，暈開門起，無雨必風，暮光燭天，返照光黄。

占電

虹下雷雨，不明天變，晚霧即散，三日霧濛，電光西南來，無慮夏風雹下來。

晴明可期，斷虹早掛，晴天可求，必起狂風，明明炎炎，遲則危風，秋風對電起。

斷虹晚見，有風不怕，霧收不起，白虹下降，電光西北亂明。

占虹

細雨不止，惡霧必散，雨下連宿，無風雨晴。

細雨必止，惡霧不散，雨下連宿，電光西北。

占霧

辰闕電飛，大颶可期，閃爍星光，星下狂風。

占海

螻蛄放洋，大颶難當，滿海荒浪，雨急風狂，大海無慮，至近無妨，金銀徧海，風雨立待，海泛沙塵，大颶難禁，若近山岸，

仔細尋思，烏鰌弄波，風雨必起，二日不來，三日難抵，水上鵝毛，風大難抛，東風可守，回來暫傲。

白蝦弄波風便和。

占潮

月上潮長，月没潮漲，大汛潮光。小汛月上，水漲東北，東旋擾，西南水回，便是水落。北海之潮，終日滔滔。高麗潮來，一旦遭。萊州北洋水南北長落，北來自長，南退方見。揚子江内糧船之患，最怕船密，大風緊，急守旦守，船走難攬，紐定必凶，直至沙岸，走花路釘，鬼神驚散，要矴地，大洪泥硬，灘山一般，鐵釘可障海泥濘，順抛木矴。黑水洋深，接繳數尋，成山開處名羅鼓地，麻斷棕毛篾繳，可抛成山萬安泉。〔一〕

海運圖

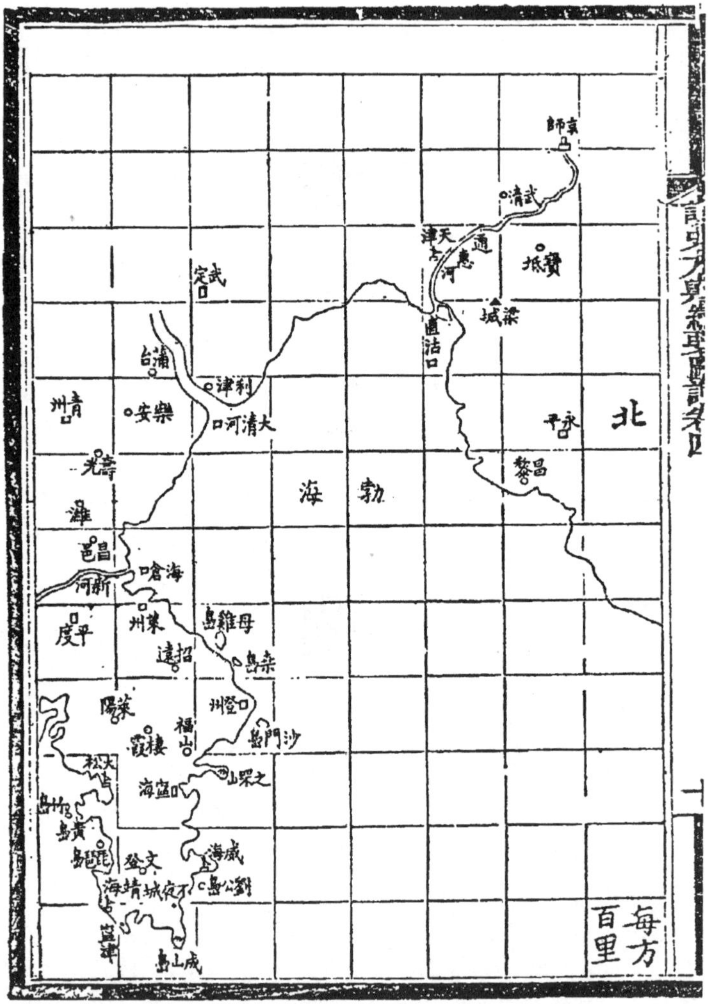
京師
武清
天津
通惠河
寶坻
梁城
直沽口
武定
蒲台
利津
青州
樂安
大清河口
北
永平
昌黎
勃海
壽光
濰
昌邑
海倉口
新河
平度
萊州
母雞島
招遠
桑島
萊陽
登州
福山
棲霞
沙門島
之罘山
寧海
文登
威海
劉公島
靖海
成山島
每方百里

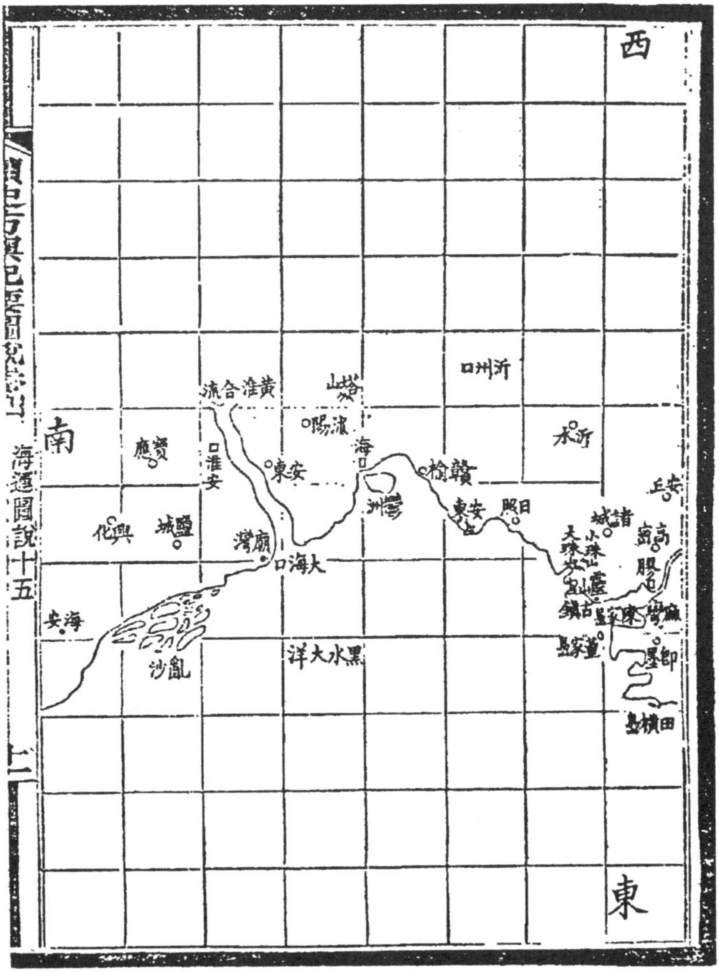
海運圖說十五
西
南
東
黃淮合流
沭陽
沂州口
沂水
淮安口
安東
海口
贛榆
寶應
安東衛
日照
諸城
安丘
鹽城
興化
廟灣
大海口
高密
大珠
小珠山
膠州
靈山
古鎮
陳家島
麻灣
董家島
即墨
海安
亂沙
黑水大洋
田橫島

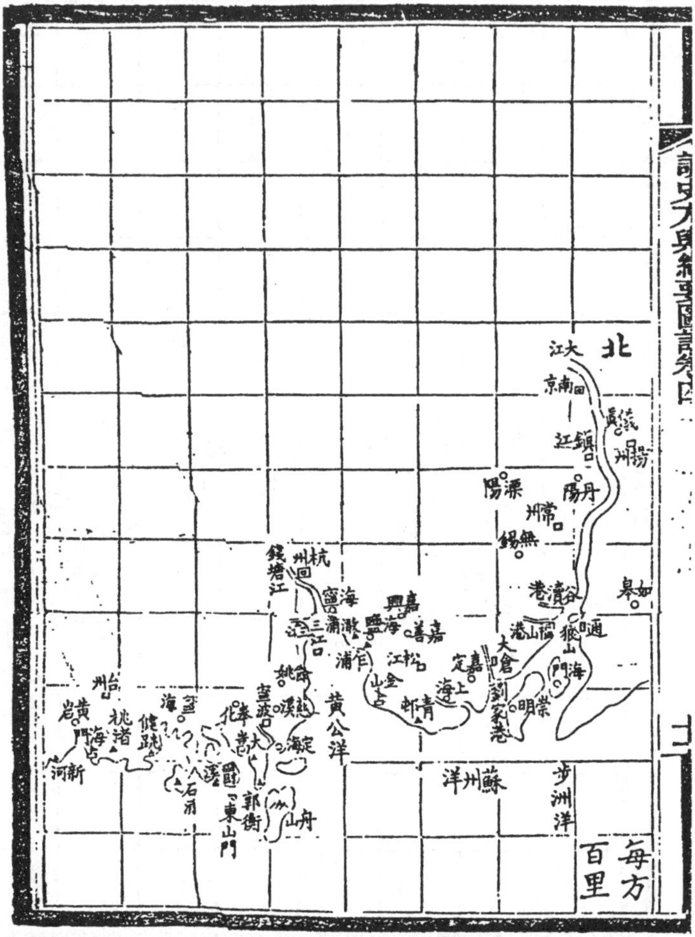
北
大江
南京
儀真
揚州
鎮江
丹陽
溧陽
常州
無錫
如皋
狼山
海門
崇明
劉家港
太倉
嘉定
上海
松江
金山
嘉善
嘉興
海鹽
澉浦
乍浦
海寧
杭州
錢塘江
三江口
黃公洋
蘇州洋
步洲洋
定海
舟山
寧波
慈溪
餘姚
奉化
石浦
台州
黃岩
桃渚
健跳
新河
每方百里

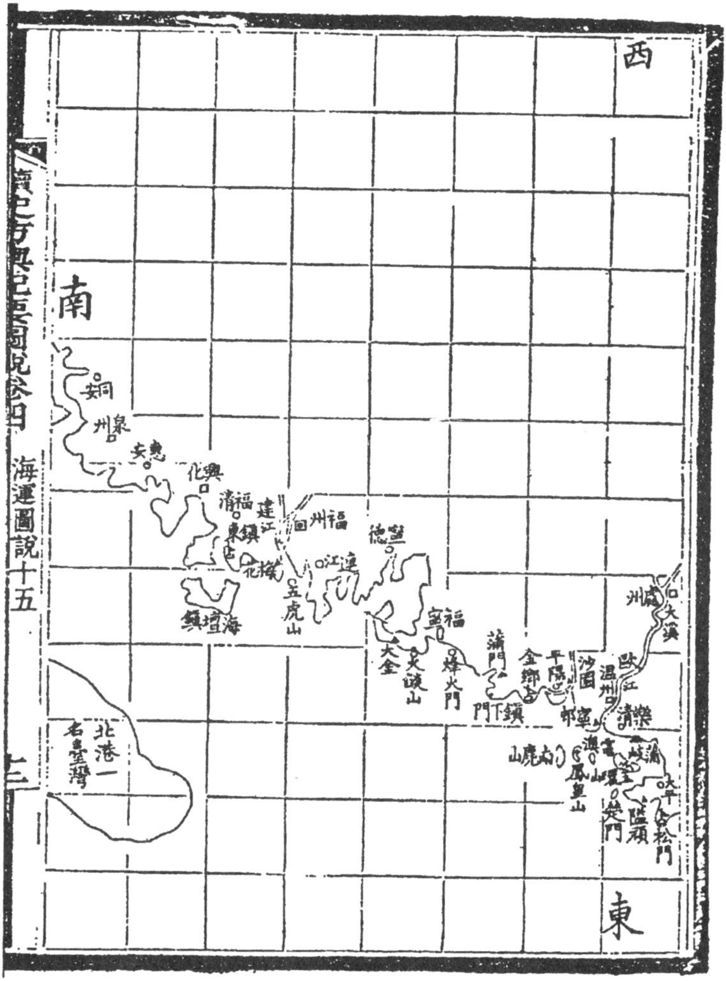
海運圖說十五
西
南
東
泉州
惠安
興化
福清
福州
連江
五虎山
海壇鎮
福寧
大金
烽火門
蒲門
金鄉
平陽
鎮下門
沙園
溫州
甌江
樂清
南麂山
鳳凰山
松門
北港
臺灣

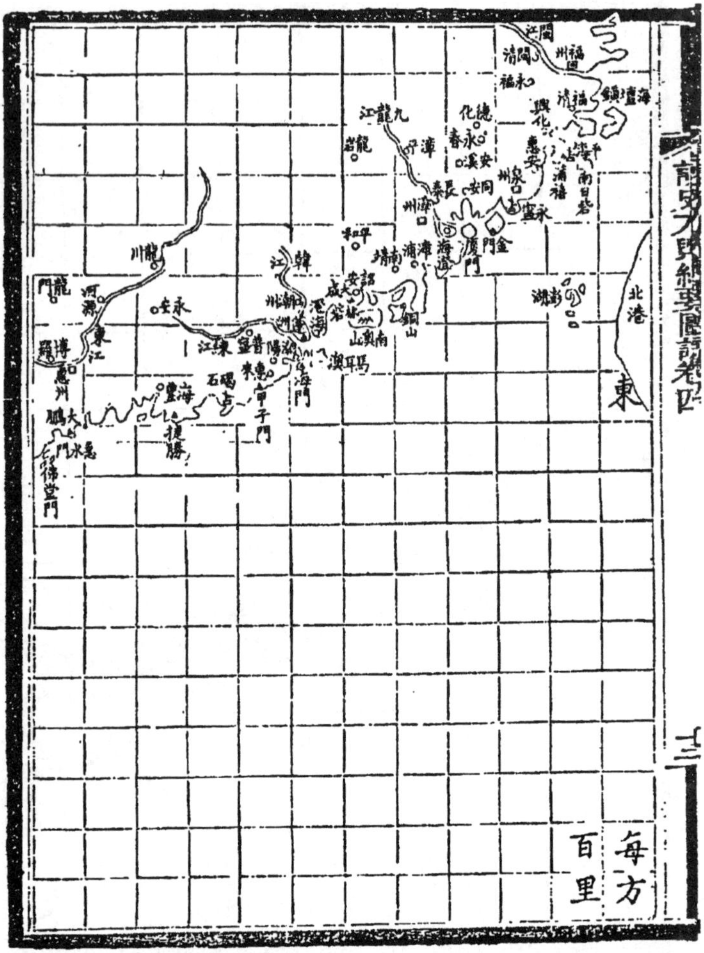
讀史方輿紀要圖說卷四
十三
閩江
福州
閩清
永福
海壇
福清
興化
德化
永春
安溪
九龍江
龍岩
漳平
泉州
同安
長泰
惠安
莆田
南日
漳州
永寧
金門
廈門
海澄
漳浦
南靖
韓江
潮州
澄海
詔安
銅山
南澳山
彭湖
北港
東
龍川
河源
龍門
東江
博羅
惠州
永安
揭陽
普寧
惠來
海豐
碣石
甲子門
捷勝
大鵬
急水門
佛堂門
每方百里

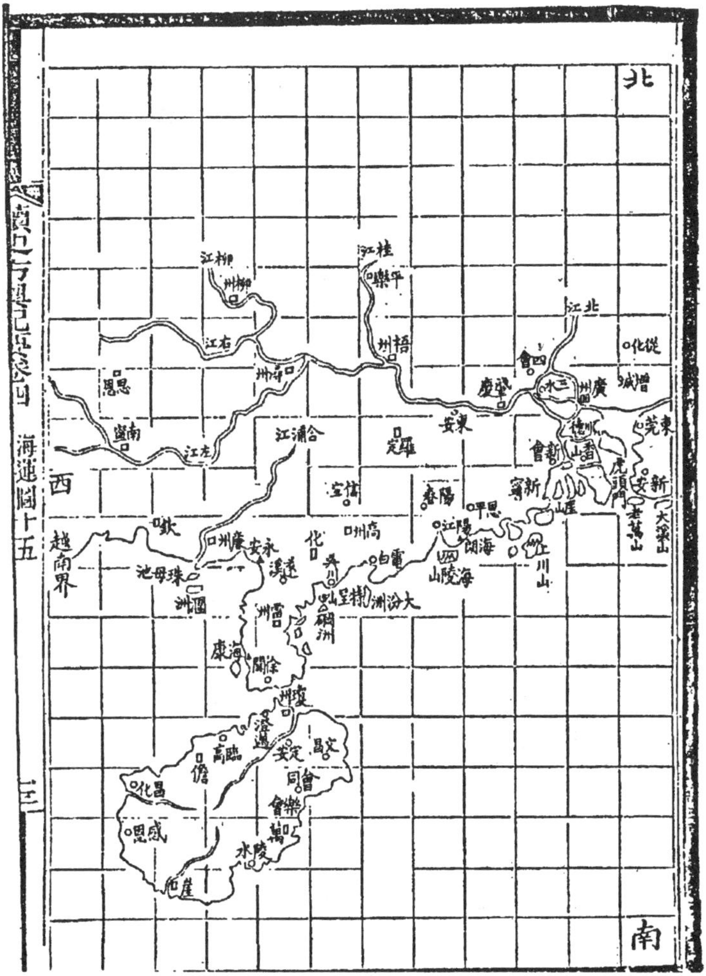
海運圖十五
三
北
南
西
柳江
柳州
右江
桂江
平樂
梧州
潯州
思恩
南寧
左江
合浦江
北江
從化
四會
三水
廣州
增城
肇慶
東安
羅定
東莞
順德
新會
香山
虎頭門
新安
新寧
信宜
陽春
恩平
陽江
海朗
上川山
老萬山
大溪山
厓山
欽
越南界
廉州
永安
化
高州
電白
吳川
海陵山
遂溪
珠母池
潿洲
大汾洲
雷州
硇洲
海康
徐聞
瓊州
澄邁
文昌
定安
臨高
儋
昌化
會同
樂會
萬
感恩
陵水
崖

海運攷詳見川瀆。

新河論附載

自淮河入河，北岸隔一里爲支家河，可開通。經新溝至安東縣有澳河、響水、三义，俱臨淮，可通。東則有東漣河、朱家河、白家溝、七里河流入淮，又東有鹽場河、平望河、界首河、白限河、牛洞河、車軸河流入海，俱宜築塞。中有過鹽河在淮、海之交，可置閘以殺水勢。西則有沭陽水瀦而爲大湖、傅湖，又有楊家溝、西漣河、崔家溝、古閘河，皆爲入漣河水道。自支家河至漣河海口計三百八十里。出海由海州贛榆至山東界，歷安東衛、石臼所、夏河所、靈山衛、膠州、瞭頭營至麻灣海口，計二百八十里。隔馬家濠五里可以開通，經把浪廟、新河口、店口、杜陳村、小閘、戴高、劉家大閘、王朱杜家村至平度州，又經窩鋪停口、大成昌渠、小閘、新河集、秦家莊、海倉口至大海口，計二百七十五里，大海口至直沽四百里，通計一千四百三十五里。而平度州東南本有南、北新河，水源出高密縣，至膠州分二流，北河西北流至掖縣海倉口入海，南河東南流至膠州麻灣口入海。元時曾濬此，謂以避迤東海道數千里之險者，近代所當講矣。夫誠欲都燕，則海運安可不復，海運復則新河安可不開。海運由安東尋靈山，歷陳家島，傍岸而來，則觸浮、勞之嶮，放舟大海岸，夾延真自蓬頭經成山、沙門，則苦萬里之波濤。若新河由海倉至麻灣，相距纔三百餘里，非如涉海數千里之阻也。下款三沙之洋，上接三山之渤，水勢自然，非若引汶絶濟，强决細流以蓄注也。萊守楊賓云：「新河自膠州歷昌邑、濰縣，東北出界河，止八十里，內六十里海潮日至，其二十里淤塞，往時開㰅，規制見成，至小直沽易易也。此河若成，天下利之，柰何吝此二十里之費，棄元人垂成之績哉！丘學士云「海舟不畏深而畏淺，不畏風而畏礁」，其言又豈無據乎?」

北海泊所

乾皮嶺、楊林子、長灘、澆薄、苦房溝、通江溝、沙灘溝、打鐵溝、擺渡口、南寨溝、朝花島、快沽口、紅草窠、黄林水、蓟子河、青蓮觜、那步、南北河、柳河、白河、紅草溝、薤韭駝、官溝、梁房口。

漕運圖説十六

按漕運敝至今日，不可言，不忍言矣。然稽其地，亦未云善也。夫古今稱轉運者莫如劉晏，晏所運夫皆官僱，而僱傭錢皆鹽利也。元人都燕，猶用深口灤之運，元初糧道自江入淮，由黄河至封丘縣，中二旱站，陸運至濬縣淇門，百八十里入御河。其後專恃海運。今設食糧之軍，多兑以爲費，民出正糧一石，加兑至五六斗，是以一石五六斗爲一石也。然此官加舊例耳，若軍在衛所，既支月糧，及出運又支行糧，一夫歲運不過三十石，通其所加兑及所支給者而計之，則浮於所運之數矣。蓋費一石而後得一石也，而舟船費且不與焉，然此猶軍之敝耳。又國家既以漕爲重務，則不得不增設重臣，添置員役，乃當事者即借監視之名，巧爲掊克之計。民竭其財以奉軍，軍竭其財，而盤剥之費，捐溺之苦，正額之不充，軍人鬻産及孥以償之。蓋自運道以來，軍民交痛，有由然矣。夫官僱不可復也，以鹽利爲運費亦可也。海運不可全恃也，近海之方，講求其利而行之，費省而功倍，何不可也。誠欲除害而遷利，舍危而就安，國有成算存焉矣。

總督漕運都御史一，駐淮安，景泰二年設。理刑刑部主事一，駐淮安，天順二年設。監倉户部主事四，淮安一，徐州一，臨清一，德清一。管河工部郎中二，安平鎮一，分理濟寧以北；高郵州一，分理濟寧以南。管河工部主事二，駐沽頭閘一，駐濟寧一。管泉工部主事一，駐寧陽。清河提舉一，衛河提舉一。臨清。

儹運糧儲兼鎮守地方總兵二，協同漕運參將一，俱駐淮安。

運糧把總官一，指揮一百零二，千、百户七百七十七，鎮撫六，旂軍十二萬一千七百十一，船一萬二千一百四十八。運糧四百萬八千九百八十八石九斗九升二合。

漕運圖

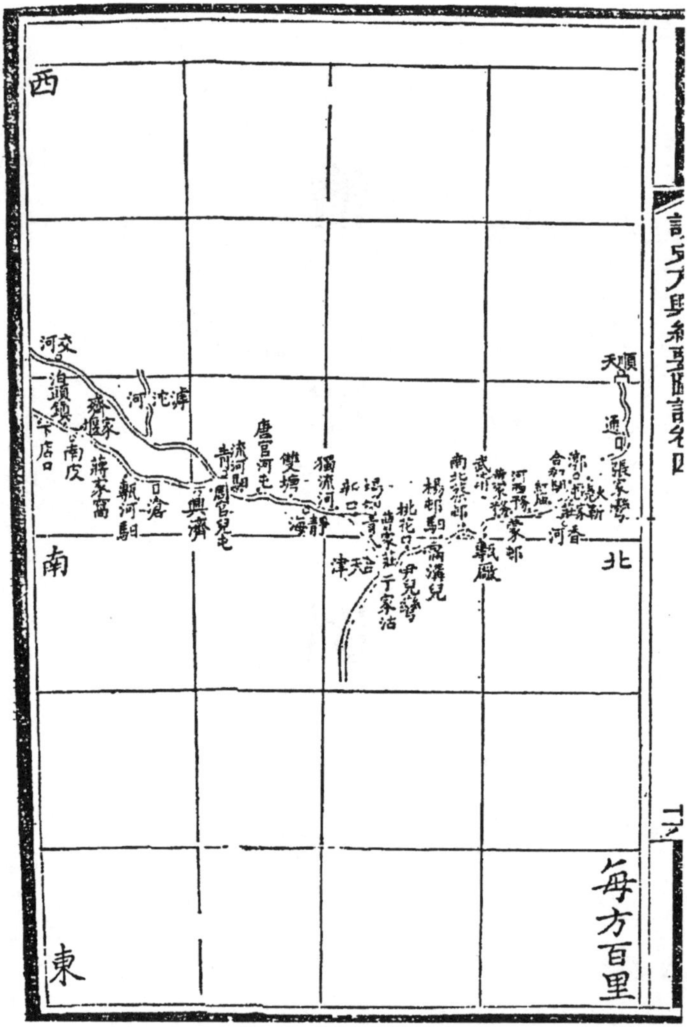
西
南
北
東
每方百里
天津
興濟
靜海
南皮
滄

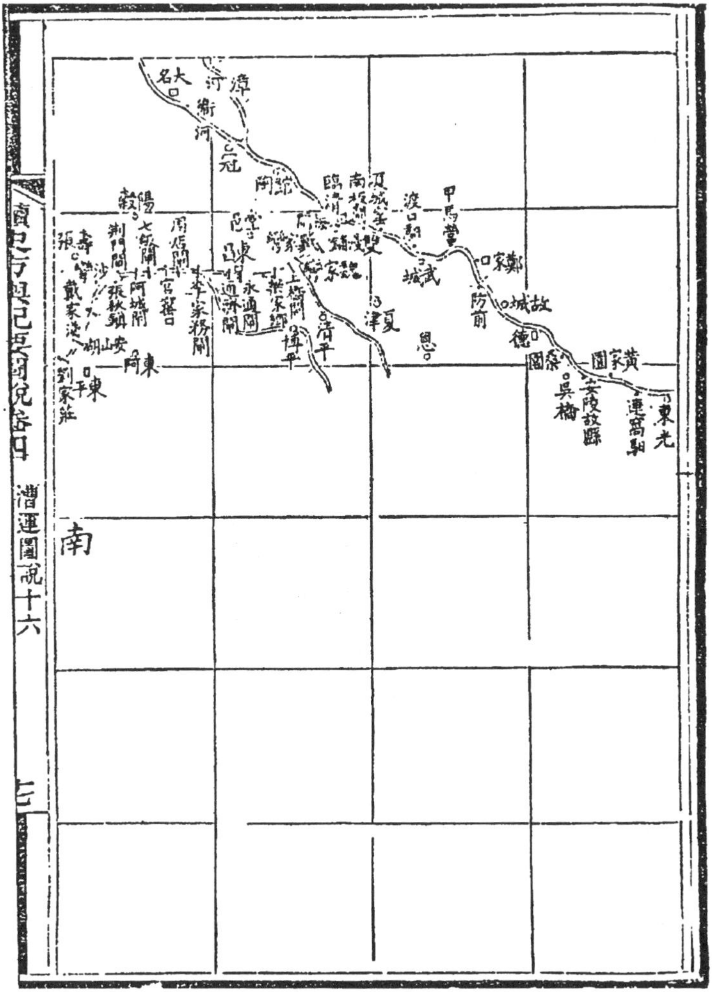
讀史方輿紀要
漕運圖說十六
三
南
大名
漳河
衛河
冠
館陶
臨清
甲馬營
鄭家口
武城
故城
桑園
黃家園
吳橋
安陵故縣
東光
夏津
恩
清平
博平
東昌
堂邑
七級閘
阿城閘
陽穀
張秋鎮
壽張
沙灣
戴家廟
安山湖
東阿
東平
劉家莊
永通閘
通濟閘
李家務閘

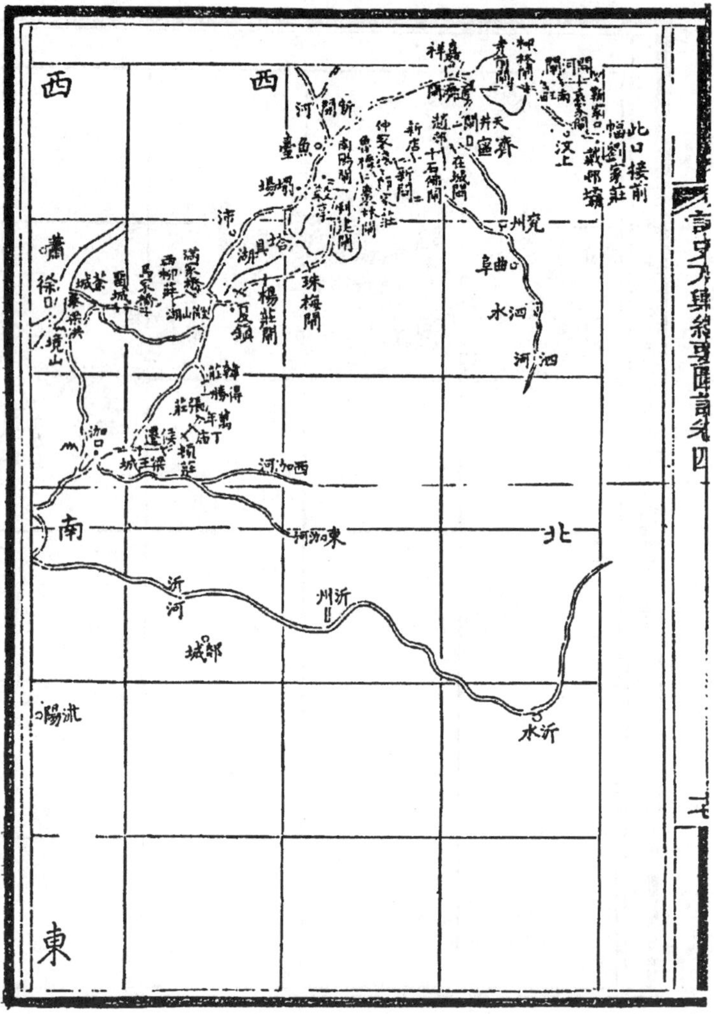
西
西
南
北
東

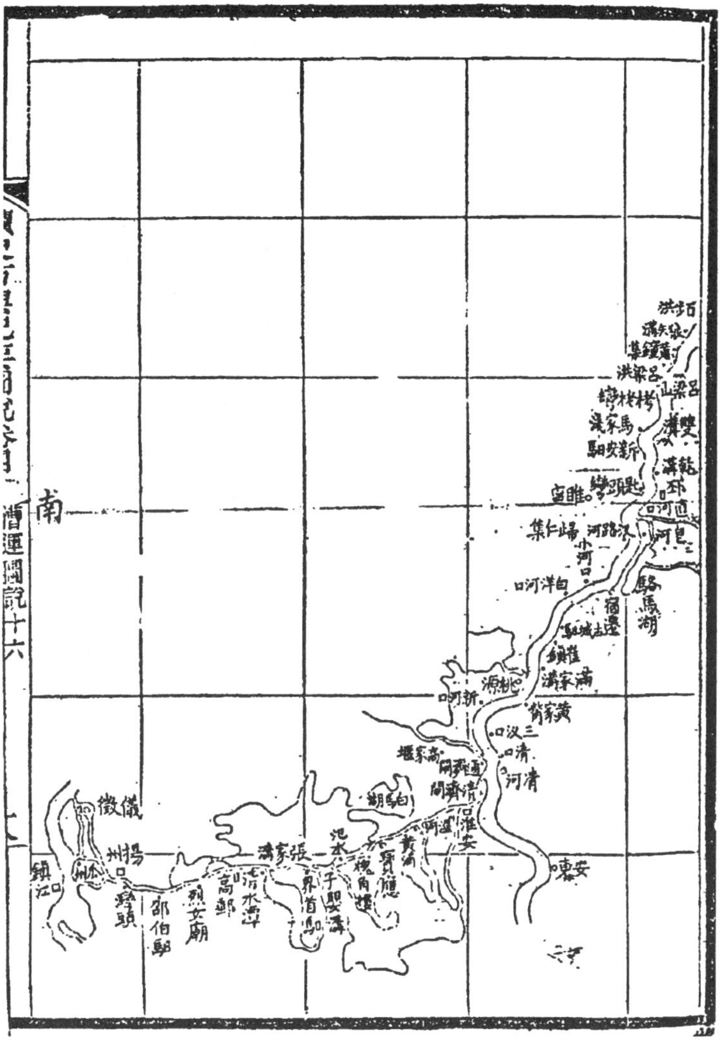
漕運圖說十六
南
駱馬湖
宿遷
白洋河口
桃源
三汊口
清口
清河
高家堰
淮安
安東
白馬湖
寶應
界首驛
清水潭
張家溝
高郵
烈女廟
邵伯驛
揚州
儀徵
瓜洲
鎮江口

南京總二，其一

其一

把總官二，衛三十四，指揮二十五，千、百户百四十二，清江廠造船一千七百五十九，運糧五十五萬一千八百八十一石六斗一升六合，旂軍一萬八千。

錦衣衛，一萬四百六十九石三斗八升。

驍騎右，一萬一千二十二石零二升。

留守左，五千八百九十四石七斗八升。

龍江右，四萬五千六百五十二石八斗七升。

旂手衛，六千八百一十五石八斗四升。

府軍衛，五千九百九十一石一斗六升。

府軍右，三千一百三十一石一斗。

鷹揚衛，一萬一千四百八十二石五斗四升。

廣洋衛，三萬六千一百九十七石六斗五升。

武德衛，一萬一千二十二石零升。

金吾衛，五千三十石一斗二升。

神策衛，四千一百四十四石七斗七升。

鎮南衛，一萬四千四百八石九斗。

江陰衛，二萬四千四百石。

横海衛，一萬四千三百一十五石四斗五升。

豹韜左，六萬二千三百八十六石四斗六升。

虎賁左，七千一百八十四石二斗六升。

留守中，四千九百一十二石三斗一升。

羽林右。一萬九百一十二石三斗一升。

留守右，一萬一千二百一石八斗六升。

龍虎衛，一萬五千二百五十一石。

府軍左，五千九百八十二石八斗九升。

金吾前，四千五百七十四石五斗九升八合。
虎賁右，一萬八千一百一十四石一斗七升。
龍虎左，四萬四千八十石二斗七升。

府軍後，四千五百四十三石八斗九升。
應天衛，七千石五升六合。
羽林衛，二千七百一石七斗七升。

瀋陽衛，三千四百二十五石四斗五升。
水軍右，二萬三千六百七十一石二斗四升。
興武衛，一萬一千八百八十一石二斗四升。

豹韜衛，一萬一千八百八十一石六斗七升。
水軍左，五萬一千九百四十七石六斗八升。
龍江左。三萬一千九百三十石八斗。

湖廣總，

把總一，衛所十三，指揮十一，千百户八十七，旂軍一萬七百零四，武昌廠造船一千十二，運糧三十萬六百九十五石三斗八升。

武昌衛，三萬六千四百二十一石三斗一升。
沔陽衛，三萬三千三百二十一石二斗一升。

武昌左，三萬四千三百三十四石八斗二升。
岳州衛，一萬九千二百八十九石四斗五升。

蘄州衛，四萬三千八百八十六石二斗五升。
荆州衛，三萬三千八百八十六石一斗五升。

黄州衛，三萬一千九百三十石八斗。
荆州左，三萬二千三百八十石七斗五升。

德安所，二萬二千三百四十二石三斗。

荆州右，三萬三千七百六十三石三斗四升。

襄陽衛，二萬二千五百九十六石六斗七升。

承天衛，二萬六百九十三石一斗四升。

顯陵衛。

江西總，

把總一，衛所十一，指揮四，千百户五十八，旂軍九千七百九十四，九江廠造船六十六，運糧三十萬六百□石□斗□升□合。

南昌前，二萬七千九百四十七石六斗。

袁州衛，七萬八千六十石二斗二升。

贛州衛，二萬六百九十三石。

吉安所，三萬四千二百九十四石一斗三升。

安福所，一萬七千七百五十八石九斗二升。

永新所，一萬六千九百七十八石二斗。

建州所，一萬七千二百八十五石二斗二升。

撫州所，二萬三千三百二石八斗。

廣信所，一萬六千九百四十七石五斗。

鉛山所，一萬九千五百二十六石四斗七升。

饒州所。一萬四千三百一石七升。

浙江總，

把總一，衛所十三，指揮八，千户四十，百户七十九，鎮撫四，旂軍二萬一千六百，蘇州造船二千三百三十九，運糧二千六萬七千五百九十八石六斗三升二合。

杭州前，六萬八千四百六十五石四斗六升。

杭州右，七萬四千六百五石八斗六升。

紹興衛，八萬五千四百四石五斗四升。

寧波衛，九萬五千三百二十九石七斗一升。

海寧所，一萬四千二十八石六斗八升。

台州衛，八萬八千七百五十九石四斗八升。

温州衛，八萬九千九百五十六石四斗。

處州衛，六萬二千三百三十九石一斗。

海寧衛，一萬五千四百七十三石八斗。

金華所，七萬三千八百三十九石一升。

衢州所，一萬五千九百六十五石四斗。

嚴州所，三萬八百五十五石五斗一升。

湖州所。一萬九千六百四十九石二斗八升。

中都總，

把總一，衛所十二，指揮九，鎮撫二，千百户八十三，旂軍八千七百十六，清江廠造船八百八十七，運糧二十六萬七千五百九十八石六斗三升三合。

鳳陽衛，二萬九千六百五十八石二斗三升。

鳳陽中，三萬八千七石九斗六升。

鳳陽右，三萬一千三百六石零四升。

留守左，三萬四千三百五十五石五斗。

留守中，二萬七千七百二十三石九斗。

懷遠衛，二萬八千六百四十石七斗五升。

長淮衛，四萬七千二百八十一石八斗。

宿州衛一千七百四十五石七斗。

武平衛，一萬四千二百四十五石七斗二升。潁州衛，六千一百四十石四斗。潁上衛，一千五百三十五石五斗。洪塘所。六千四十八石二斗九升。

江北總二，把總一，衛所十八，指揮十五，千百户百七十六，旂丁二萬六千七，清江廠造船二千六百八十七，運糧八十八萬九千七百七十四石一斗零二合。

其一

淮安衛，六萬八千三百十一石九斗五升。大河衛，十一萬三千七百九十石二斗九升。邳州衛，四萬八千六十四石二斗三升。徐州衛，七萬七千百四十六石二斗三升。

徐州左，四萬一千六百三十石九斗一升。壽州衛，四萬五千九百六十石八斗九升。泗州衛，九萬三千三百六十四石七斗八升。歸德衛。二萬三千五百七十九石一斗三升。

其一

揚州衛，四萬七千四百三石八斗八升。通州所，一萬七千三百七十七石二斗三升。泰州衛，一萬四千八百九十石四斗七升。鹽城所，一萬四千二百七十六石四斗三升。廬州衛，五萬二千四百五十六石五斗五升。

高郵衛，四萬四千八百五十五石六斗二升。興化所，一萬二千四百九十五石七斗一升。儀真衛，三萬三千七百二十二石二斗。滁州所，二萬二千七百五十石一斗八升。六安衛。二萬九千百六十六石九斗。

江南總二，

上江

把總一，衛所十，千百户九十九，旂軍一萬五千三百八十九，安慶廠造船千四百二十三，運糧四十七萬二千七百四十三石零七升。

建陽衛，四萬一千四百四十七石七斗。

宣州衛，一萬五千七百八十石八斗三升。

新安衛，三萬五千三百七石三斗。

安慶衛，五萬五千六百一石三斗二升。

廣洋衛，舊遮洋二萬五百六十石九斗。

九江衛，六萬三百六十一石一斗三升。

水軍左，舊遮洋二萬五百七十石九斗七升。

龍江左，舊遮洋一萬七千九百九十九石六斗。

龍江右，舊遮洋萬三千百四十二石三斗。

江陰衛。舊遮洋二萬七千九百九十九石六斗。

下江

把總一，衛所九，指揮七，千百户十九，旂丁一千七百六十四，清江廠造船七百七十七，運糧五萬四千三百二十九石六斗六升。

鎮江衛，七萬三千六百二十二石二斗九升。

蘇州衛，五萬九千七十石六斗四升。

太倉衛，四萬六千九百七十四石六斗。

鎮海衛，五萬六千六百七十五石八斗九升。

横海衛，舊遮洋萬四千五百七十七石六斗。

松江衛，一萬五千三百五十石。

嘉興所，一萬一千二百八十石八斗。

水軍右，舊遮洋萬七千百四十二石四斗。

應天衛。舊遮洋萬二百八十五石四斗。

山東總，

把總一，衛所七，千百户四十七，旂丁二千七百六十五，□□廠造船千□百□，運糧二十四萬八千四百二石零三升。

臨清衛，七萬九千五百七十八石五斗八升。

平山衛，三萬一千八百七十石二斗七升。

東昌衛，二萬三千百七十二石一斗一升。

濟寧衛，六萬八千九百五十六石六斗九升。

兗州衛，一萬八千四百二十一石三斗。

東平衛，八千五百三十五石一斗五升。

濮州衛。七千八百九石一斗。

遮洋總，

把總一，指揮十二，衛十六，千百户四十五，旂丁六千二百，清江廠造船五百二十五，運糧二十四萬石。

通州左，舊北直四千四十九石。

通州右，舊北直三千四十三石。

神武衛，舊北直三千四百五十九石。

定邊衛，舊北直三千六百十三石。

天津衛，舊北直四千四百五十八石。	德州左，舊北直萬四千五百零三石。	大河衛，四萬七千一百四十一石八斗二升。
天津左，舊北直三千七十二石。	徐州左，舊江北萬二千八百九十四石八斗。	高郵衛，三萬一千四百二十八石一斗。
天津右，舊北直三千零十三石。	泗州衛，舊江北一萬四千六百八十四石四斗。	揚州衛，三萬零八百五十六石四斗八升。
德州衛，舊北直一萬四千五百二十三石。	淮安衛，二萬七千四百二十七石九斗六升。	長安衛。二萬八百五十六石四斗六升。

歲運

洪武三十年，海運糧七十萬石於遼東。

永樂六年，海運糧六十五萬一千六百二十石於北京，衛河儹運糧四十五萬二千七百七十六石於北京。

十二年，接運海運糧四十一萬四千八百於通州。

宣德八年，儹運糧五百萬餘石。通倉收二分，京倉收一分。

十六年，	會通河儹運糧淮安等處常盈等倉四百六十四萬六千五百三十石於北京。
正統二年，	儹運糧四百二十三萬五千石。
景泰二年，	儹運糧二百九十三萬九千五百石，支十二萬六千二十石三斗，兑二百八十二萬三千四百八十石。
七年，	儹運糧四百二十三萬五千石。
天順四年，	儹運糧四百萬石。
成化八年，	儹運糧四百三十五萬石，支七十二萬一千八百石。
弘治二年，	儹運糧四百萬石，兑運糧三百三十萬石，支運糧七十萬石。
正德六年，	儹運糧四百萬石，兑運糧三百三十萬石，改兑六十三萬三千石，支運倉糧六千七十石。
嘉靖元年。	儹運糧五百萬石，兑運糧三百三十萬石，改兑糧六十三萬九千四百石，支運倉糧七萬六百石。

朝鮮圖十七

朝鮮本箕子所封，秦屬遼東外徼。漢初爲燕人衛滿據其地。武帝定朝鮮，爲真番、臨屯、樂浪、玄菟四郡，昭帝并爲樂浪、玄菟二郡。漢末爲公孫度所據，傳至公孫淵，魏滅之。晉永嘉末陷入高麗。高麗本扶餘別種，其王高璉居平壤城，即樂浪郡地。唐征高麗，拔平壤，置平樂都護府。其國東連鴨渌江，東南千餘里。五代唐時王建代高氏，闢地益廣，并古新羅、百濟而爲一，遷都松岳，以平壤爲西京。其後子孫朝貢宋、遼、金，歷四百餘年，未始易姓。元至元中西京内屬，置東寧路總管府，畫慈悲嶺爲界。洪武初其主王容表賀即位，封爲高麗國王。後李旦代有其國，遣使請改國號，賜曰朝鮮。其國分爲八道，中曰京畿：東曰江源，本濊貊地：西曰黄海，本馬韓地：南曰全羅，本弁韓地：東南曰慶尚，乃辰韓地：西南曰忠清，皆古馬韓城：東北曰咸鏡，本高句麗地：西北曰安平，本朝鮮故地：分統郡府州縣。其忠清、慶尚、全羅三道，地廣物衆，州縣雄巨，最爲富庶，俗尚詩書，人才之出，比諸道倍多。平安、咸鏡二道，境接靺鞨，俗尚弓馬，兵卒精强。東西南鄰海，北鄰女真，西北抵鴨渌江，東西二千里，南北四千里。

朝鮮圖

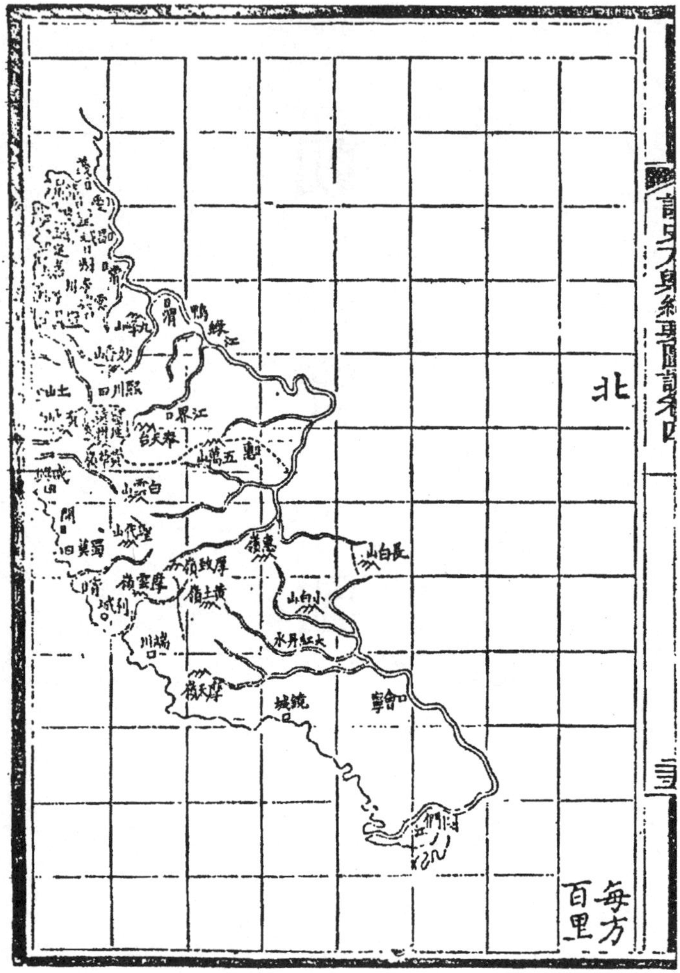
北
每方百里
長白山
小白山
鴨綠江
五萬山
厚致嶺
黃土嶺
摩雲嶺
摩天嶺
端川
鏡城
會寧

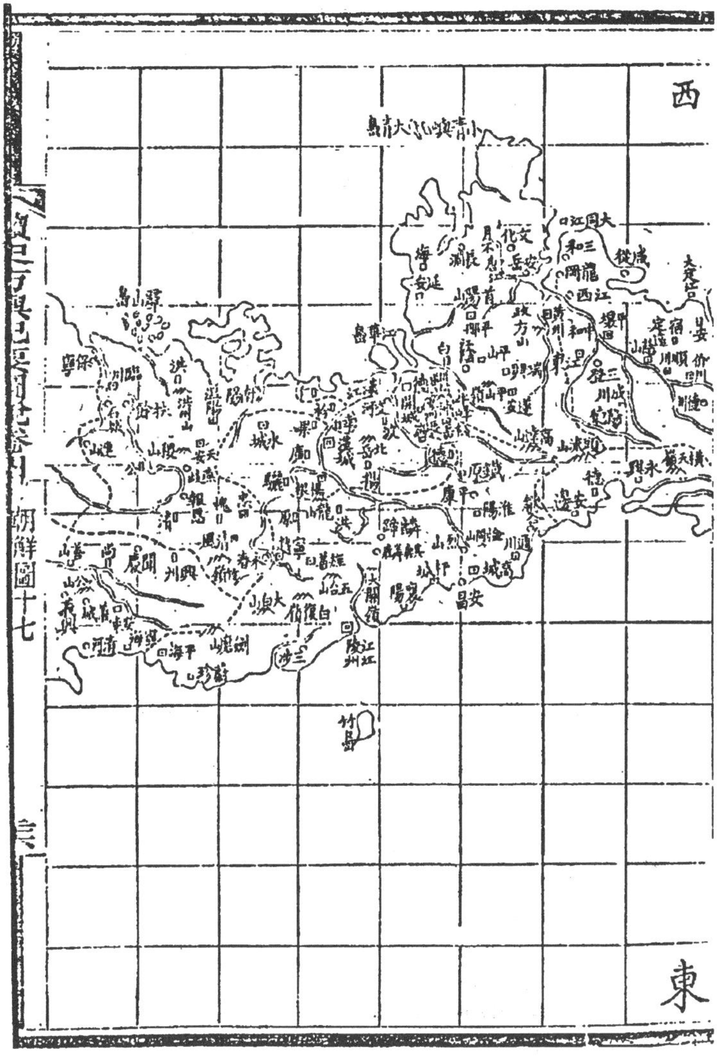
朝鮮圖十七
西
東

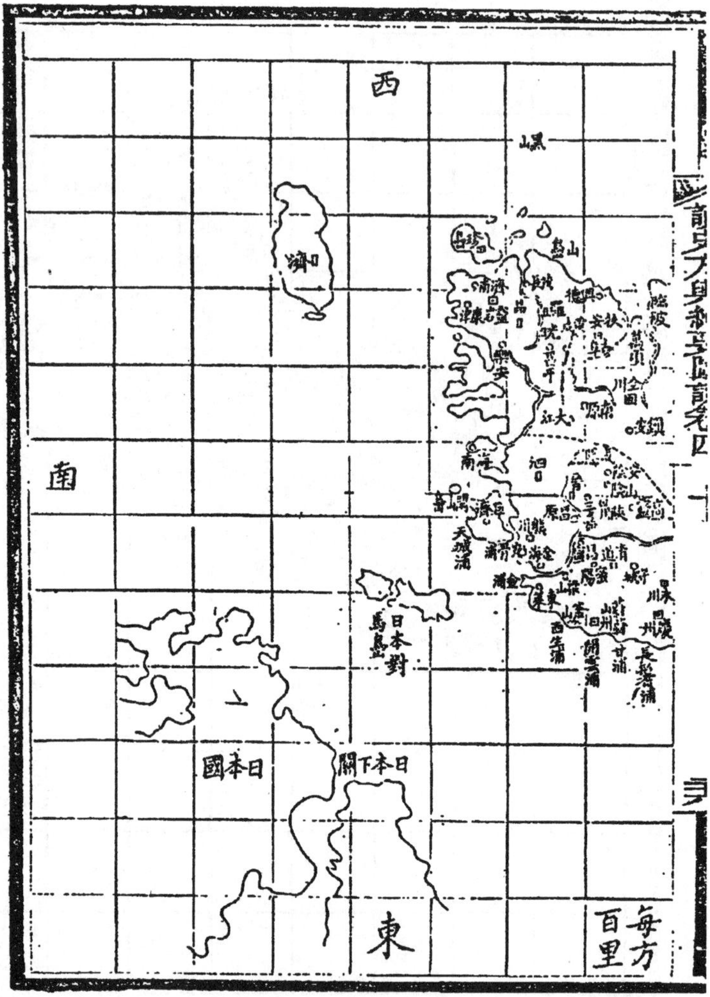
西
南
東
每方百里
日本國
日本下關
日本對馬島

道，	郡，	府，	州，	縣。
京畿，	楊根，豐德，水城。	漢城，開城，長湍。	揚州，廣州，潤州，驪州，果州，谷州，坡州。	交河，三登，土山。
江原，	忭城，平海，通川，寧越，松岳，旌善，高城。	江陵，淮陽，三陟，襄陽，鐵原。	原州，江州，槐州，冥州。	平康，安昌，烈山，麒麟，酒泉，丹城，蹄麟，蔚珍，瑞和，歙谷。
黃海，	遂安，延安，平郙。	平山，瑞興，承天。	黃州，白州，海州，愛州，仁州。	安岳，三和，龍岡，咸從，江西，牛峰，文化，長淵。
全羅，	靈巖，古阜，珍島。	全州，南原。	羅州，濟州，光州，昂州。	萬頃，茂長，鎮安，扶安，全渠，康津，興德，黃成，樂安，昌平，濟南，會寧，大江，臨波，古阜，南陽，富順，扶寧，麻仁，緒城，海南，神雲，移安。
慶尚，	蔚山，咸陽，熊川，陜川，永川，梁山，清道。	金海，善山，寧海，密陽，安東，昌原。	慶州，泗州，尚州，晉州，蔚州。	東萊，清河，義城，義興，聞慶，巨濟，昌寧，三嘉，

				安陰，山陰，高靈，守城。
忠清，	清風，温陽，天安，臨川。		忠州，清州，公州，矜州，靖州，幸州，興州，禮州，洪州。	永春，報恩，連山，扶餘，石城，燕岐，保寧。
咸鏡，	端川，蜀莫，寧遠。	咸興，鏡城，會寧，永興，安邊。	延州，德州，開州，惠州，蘇州，合州，燕州，隋州。	利城。
平安。	嘉山，价川，郭山，雲興，熙川，宣川，江東，慈山，龍川，順川，博川。	平壤，成川，定遠，昌城，合蘭，廣利，見仁，寧邊，江界。	安州，定州，平州，義州，鋼州，鐵州，靈州，朔州，撫州，宿州，渭州，買州，青州，昇州，常州，銀州。	土山，德川，陽德，江東，中和，泰川。

安南圖說十八

安南古南交地，秦屬象郡。漢置交趾、九真、日南三郡。交趾治羸陵，後漢徙治龍編。吳增置九德、武平、新昌郡，劉宋增置宋平郡，自梁及唐皆置都督府。五季時土豪曲成美始據其地，後楊氏、吳氏相繼爲長帥，宋初復爲丁氏所據。宋平嶺表，丁璉内附，封爲交趾國王，後黎桓、李公蘊、陳日煚轉相篡立，元季叛服不常，憲宗封爲安南國王。永樂初黎季犛篡陳氏而自立，四年討平之，建交趾布政司，領府十七，州五，屬府州四十二，縣一百五十七。宣德二年黎利復叛，遣兵討之。利懼，奉表乞立陳氏後，許之，罷郡縣，已而利復篡立。嘉靖六年，其參督莫登庸乘黎之亂，弑黎𢊍自立，僭國號曰大越，改元明德。子方瀛嗣，改元大正，且侵内地。十八年遣兵討之，因其請罪乞降，命方瀛爲安南都統使，嗣是擅專如故。今按：入交趾凡三道，詳載於後。

安南圖

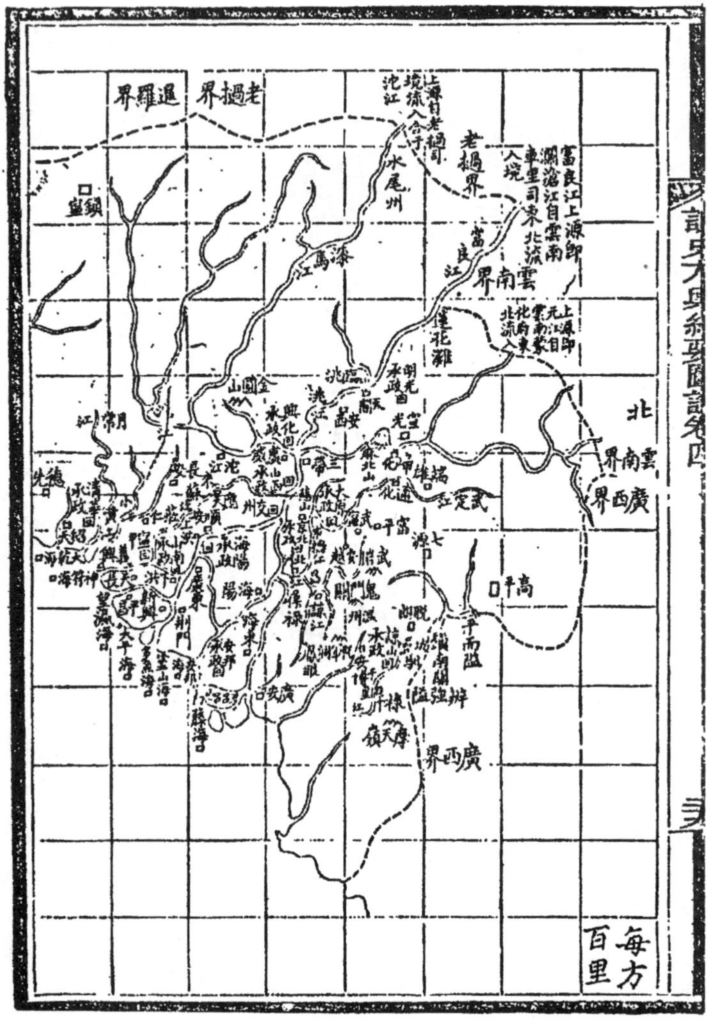
老撾界
暹羅界
上源自老撾司境流入合于沱江
老撾界
水尾州
富良江上源即瀾滄江自雲南車里司東北流入境
雲南界
富良江
上源即元江自雲南蒙化府東北流入
蓮花灘
金圍山
北
雲南界
廣西界
武定江
高平
平而隘
廣西界
每方百里

讀史方輿紀要 · 安南圖說十八　三

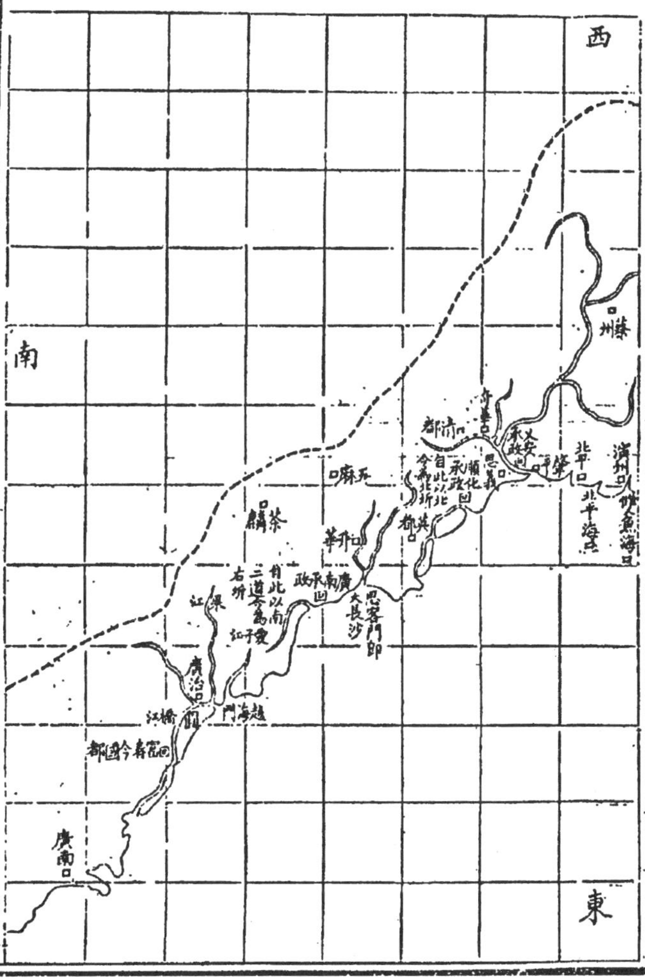

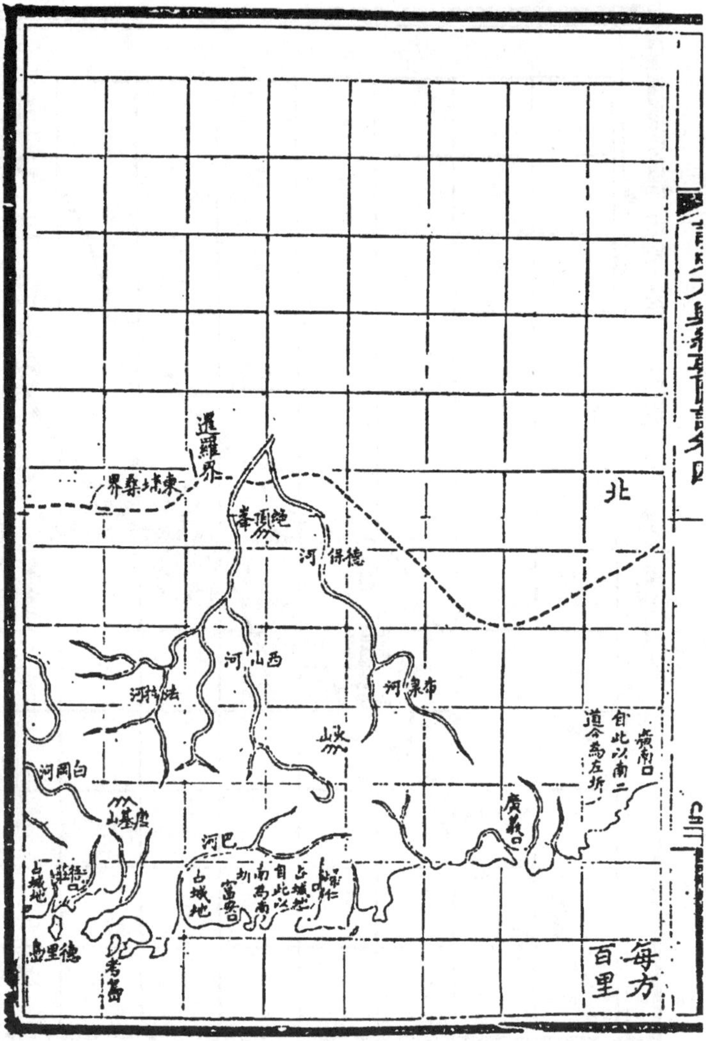
暹羅界
北
絕頂峯
德保河
西山河
布泉河
白岡河
皮基山
巴河
廣義口
德里島
每方百里

南

西

東

東埔寨

河仙鎮真臘地

永良區
良莠區
定祥國地

順安
順化地
真臘地

邊和鎮真臘地

東奈河

勃河

平順國城占城國地

真臘即包工國亦柬埔寨⋯⋯柬埔圖說十八

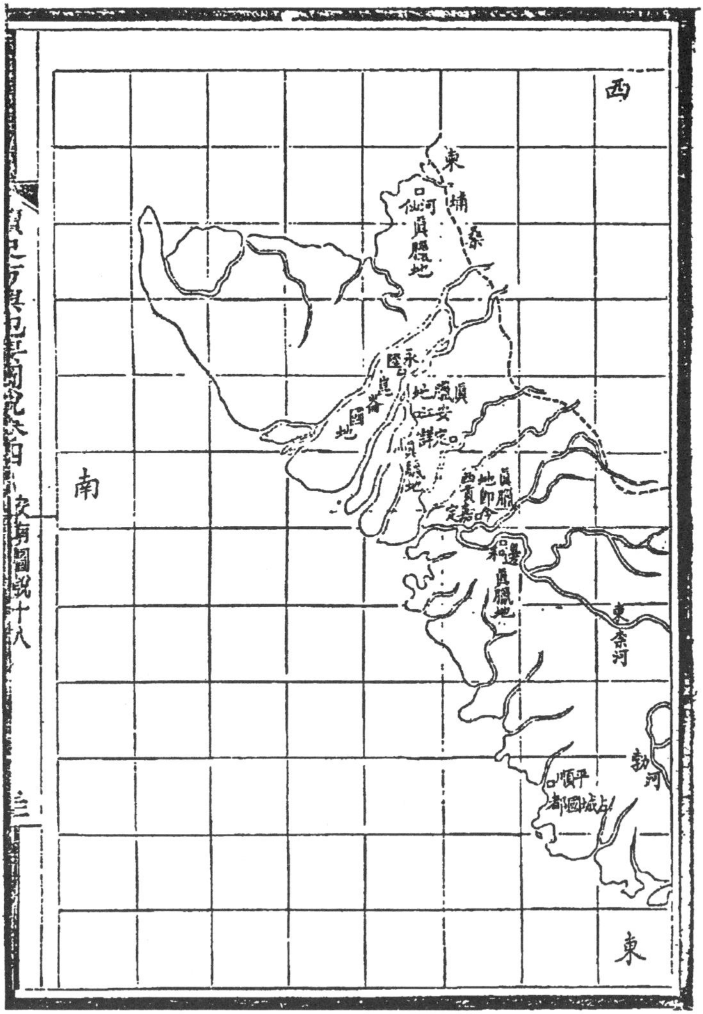

交阯等處承宣布政司，按察司，都指揮使司治交州。宣德前置。

府十七	州四十七	縣一百五十七，又衛十一，所三，市舶司一。
交州，領州五，縣十三。	慈廉，福安，威蠻，利仁，三帶。	東關，石室，英蒥，清潭，清威，應平，平陸，利仁，安朗，安樂，扶寧，立石，慈廉。
北江，州三，縣七。	嘉林，武寧，北江。	嘉林，超類，細江，善才，東岸，慈山，善誓。
諒江，州二，縣十。	諒江，上洪。	清遠，那岸，平河，鳳山，陸那，安寧，保禄，古隴，唐安，多錦。
諒山，州七，縣五。	上文，下文，七源，萬崖，廣源，上思，下思。	丘温，鎮夷，淵縣，丹巴，脱縣。
新安，州四，縣十三。	東湖，靖安，南策，下洪。	至靈，峽山，古費，安老，水棠，支封，新安，安和，同利，萬寧，雲屯，四岐，清沔。
建昌，州一，縣六。	快州。	建昌，布縣，真利，東結，芙蓉，永涸。

鎮蠻，縣四		廷河，太平，古蘭，多翼。
奉化，縣四。		美禄，西真，膠水，順爲。
建平，州一，縣六。	長安。	懿安，大懿，安本，望瀛，安寧，黎平。
三江，州三，縣五。	洮江，宣江，沱江。	麻溪，夏華，清波，西蘭，古農。
宣化，縣九。		曠縣，當道，文安，平原，底江，收物，太蠻，楊縣，乙縣。
太原，縣十一。		富良，司農，武禮，洞喜，永通，宣化，弄石，大慈，安定，感化，太原。
清化，州四，縣十一。	九真，愛州，清化，蔡州。	安定，永寧，古藤，梁江，東山，古雷，農貢，宋江，俄樂，磊江，安樂。
乂安，州四，縣十三。	驩州，南靖，茶籠，王麻。	衛儀，友羅，丕禄，士油，偈江，真福，古社，土黄，東岸，石塘，奇羅，盤石，河華。

新平，州二，縣三。	政平，南靈。	衙儀，福康，左平。
順化，州二，縣十一。	順州，化州。	利調，石蘭，巴閬，安仁，茶偈，利蓬，乍令，思蓉，蒲苔，蒲浪，士榮。
升華。州四，縣十一。	升州，華州，思州，義州。	黎江，都和，安備，萬安，具熙，禮悌，持羊，白烏，義純，鵝盃，溪錦。
廣威，縣二。		麻龍，美良。
宣化，縣三。		赤土，車來，瑰縣。
嘉興，縣三。		籠縣，蒙縣，四忙。
歸化，縣四。		安立，文盤，文振，水尾。
演州。縣三。		瓊林，茶清，美菑。美菑一作美菖。

安南僞制，即交州爲東都，僭設五府、五部、六寺、御史臺、通政司、五十六衛、四城兵馬等衙門。附郭府三，曰奉天、廣德、永昌。其西都今爲清化承政。古齋，莫登庸故鄉，無城郭，以鐵竻木作排栅三層爲外衛，登庸所自居也。外分道十三，設承政司、憲察司、

總兵使司。

十三承政司：

安邦承政司，即交州地。領府一，曰海東。

海陽承政司，即新安地。領府一，曰海陽。

山南承政司，即諒江、建昌、奉化、鎮蠻、建平地。領府十一，曰上洪、下洪、天長、廣東、應天、荆門、新興、長安、蒞仁、平昌、義興。

京北承政司，即北江、諒江地。領府四，曰北河、慈山、諒江、順安。

山西承政司，即交州、三江、嘉興、歸化地。領府六，曰歸化、三帶、端雄、安西、臨洮、沱江。

諒山承政司，即諒山地。領府一，曰諒山。

太原承政司，即太原地。領府三，曰太原、富平、通化。

明光承政司，即宣化地。領府一，曰宣化。

興化承政司，即廣威州地。領府三，曰興化、廣威、天關。

清化承政司，即清化地。領府四，曰紹天、鎮寧、蔡州、河中。

乂安承政司，即乂安、演州地。領府八，曰乂安、肇平、思乂、奇華、德先、演州、北平、清都。

順化承政司，即順化、升華地。領府三，曰順化、英都、昇華。

廣南承政司，即乂安地。領府三，曰廣南、茶鱗、五麻。

入交道三：一由廣西，一由廣東，一由雲南。由廣東則用水軍，伏波以來皆行之。廣西道宋行之，雲南道元及明朝始開。廣西道亦分爲三：從憑祥州入者由州南關隘一日至交之文淵州坡壘驛，復經脱朗州北，一日至諒山，又一日至温州之北，險徑半日至鬼門關，又一日經温州之南新麗村，經二十江，一日至保禄縣，半日渡昌江，又一日至安越縣南市橋江下流北岸。一道由思明府入，過摩天嶺，一日至思陵州，過辨强隘，一日至禄平州，州西有路，一日半至諒山府，若從東南行，過車里江，永樂中黎季犛堰之以拒王師，後偵知堰處，乃决之以濟師，一日半至安博州，又一日過秏軍峒，山路險惡，又一日至鳳眼縣，又分二道：一日至保禄縣，亦渡昌江；一道入諒江府，一日至安越縣南市橋江北岸，各與前道會。其自龍州入者，一日至平而隘，又一日至七源州，二日至文蘭州平茹社，又分爲二道：一道由文蘭州，一日經古隴縣北，山徑出鬼門關，平地四十里，渡昌江上流，經古隴之南，沿江南岸而下，一日至世安縣，平地至安勇縣，又一日至安越縣中市橋江北岸；一道從平茹社西，一日半經武崖州，山徑二日至司農縣，平地又一日半亦進至安越縣北市橋江上流北岸。市橋江在安越境中，昌江之南，諸路總會之處，皆可濟師，一日至慈山府，又至東岸、嘉林等縣，渡富良江以入交州。雲南亦有二道：由蒙自縣經蓮花灘入交州之石隴關，下程蘭洞，循洮江右岸，四日至水尾洲，八日至文盤州，五日至鎮安縣，五日至夏華縣，又三日至清波縣，又三日至臨洮府；洮水即當富良上流，其北爲宣光江，南爲沱江，所謂三江也。臨洮二日至山圍縣，二日至興化府，即古多邦城，自興化一日至白鶴神廟三岐江，四日至白鶴縣，渡富良江。其一道自蒙自縣河陽隘循洮江左岸，十日至平源州，五日至福安縣，又一日至宣江府，二日至端雄府，又五日至白鶴三岐江，然皆山徑，欹側難行，其循洮江右岸入者，勢平夷，乃大道也。若廣東廉州自烏雷山發舟，北風順，一二日可抵交之海東府。若沿海岸以行，則烏雷山一日至永安州，自白龍尾二日至玉山門，又一日至萬寧州，萬寧一日至廟山，廟山一日至屯山巡司，又二日至海東府，海東府二日經熟社，有石堤，陳氏所築以禦元兵者，又一日至白藤海口，過天寮司南至安陽海口，又南至塗山海口，又南至多魚海口，各有支港以入交州。自白藤而入，則經水棠、東潮二縣至海陽府，復經至靈縣過黄徑、平灘等江。其自安陽海口而入，則經安陽縣至荆門府，亦至黄徑等江，由南策、上洪之北境以入。其自塗山而入，則取古齋，又取宜陽縣，經安老縣之北至平河縣，經南策、上洪之南境以入。其自多魚海口而入，則由安老、新明二縣至四岐，遡洪江，至快州，經鹹子關以入。多魚海口南爲太平海口，其路由太平、新興二府，亦經快州、鹹子關，由富良江以入。此海道之大略也。交州之東有海陽、荆門、南策、上洪、下洪、順安等境，去海頗遠，各有支港穿達，迤邐數百里，大舟不能入，故交人多平底淺舟以入海港云。

沙漠海夷圖上

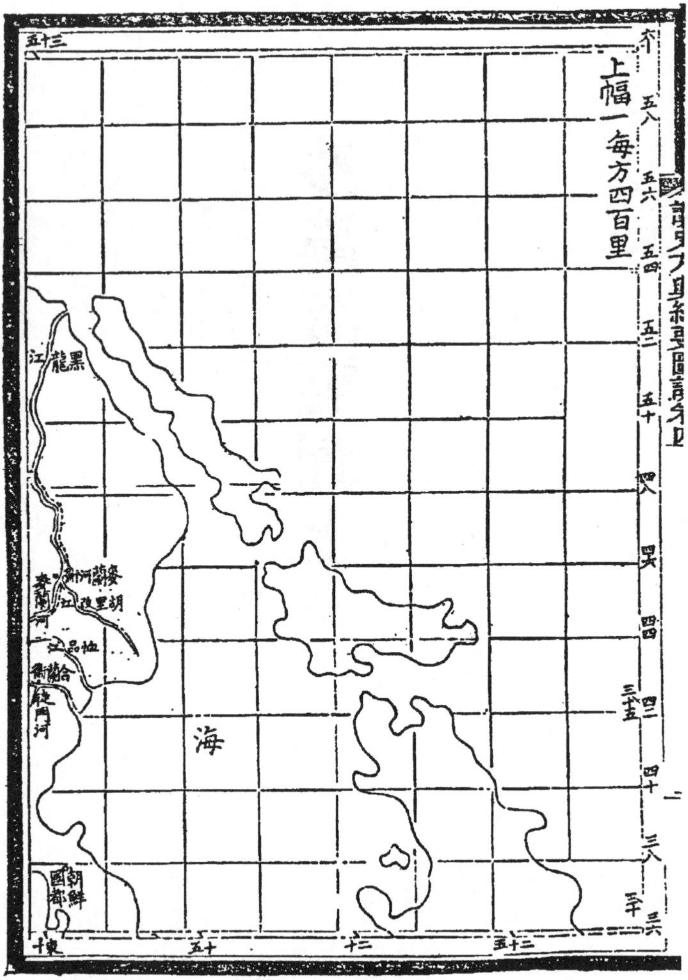
上幅一每方四百里
黑龍江
海
朝鮮國都

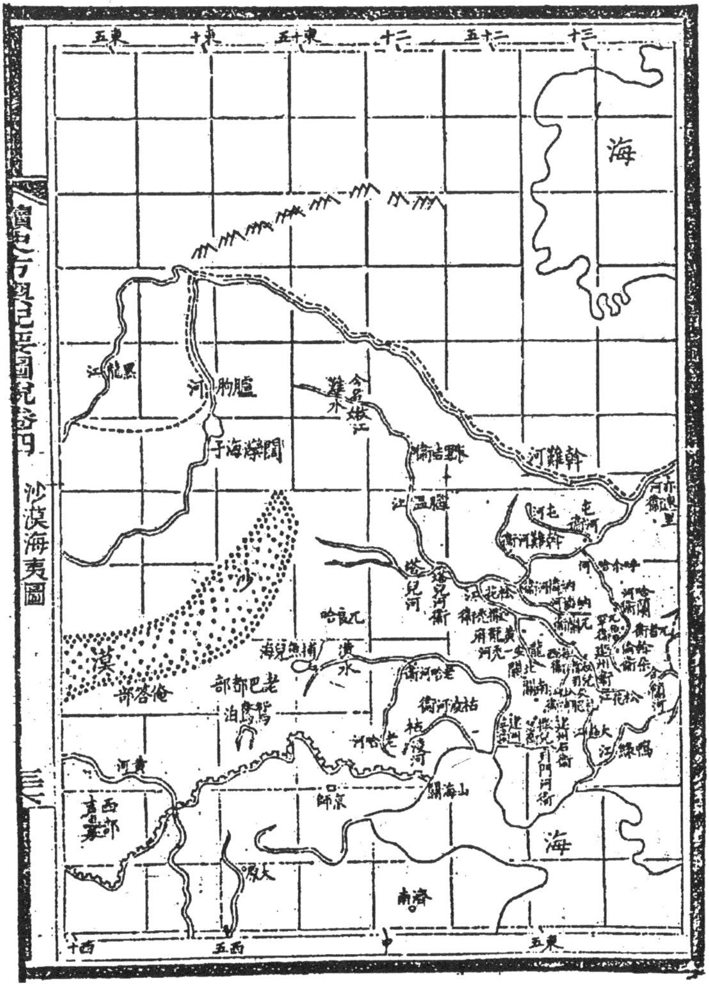
沙漠海夷圖
海
幹難河
黑龍江
臚朐河
闊灤海子
嫩江
沙
漠
倫答部
老巴部
鴛鴦泊
潢水
捕魚兒海
兀良哈
老哈河
松花江
鴨綠江
黃河
京師
山海關
濟南
海

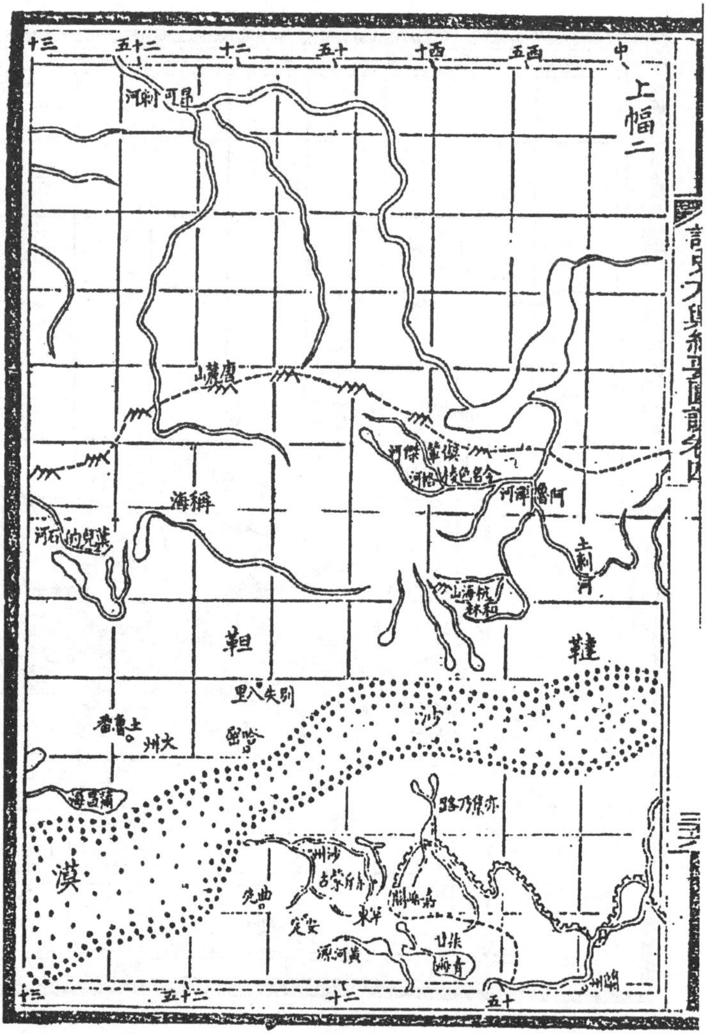
上幅二
讀史方輿紀要圖說卷四
瀚海
沙
漠
哈密
別失八里
土魯番
火州
亦集乃路
甘州
青海
黃河源

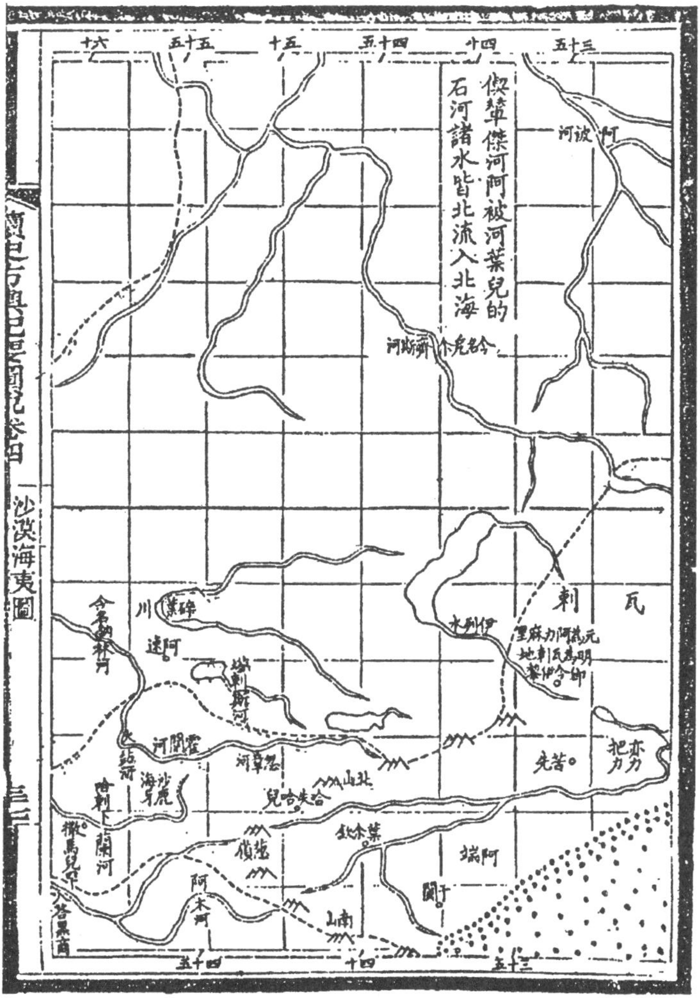
沙漠海夷圖
瓦剌
北山
南山
阿木河

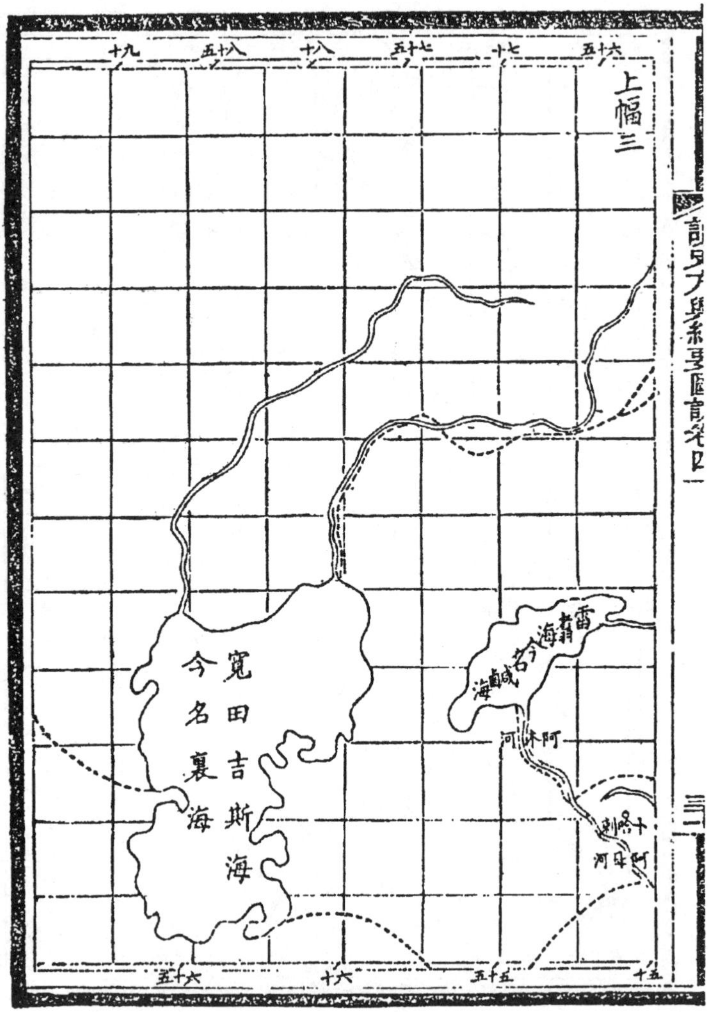
上幅三
十九
五十八
十八
五十七
十七
五十六
寬田吉斯海
今名裏海
雷翥海今名咸海
阿木河
阿母河
五十六
十六
五十五
十五

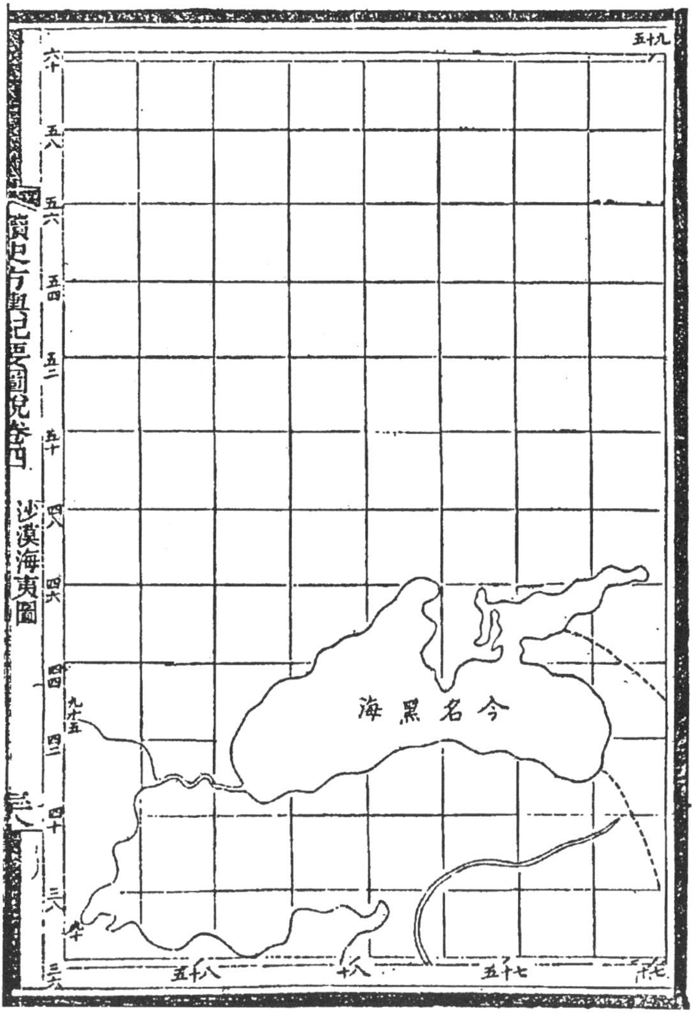
讀史方輿紀要圖說卷四
沙漠海夷圖
三八
今名黑海

沙漠海夷圖中

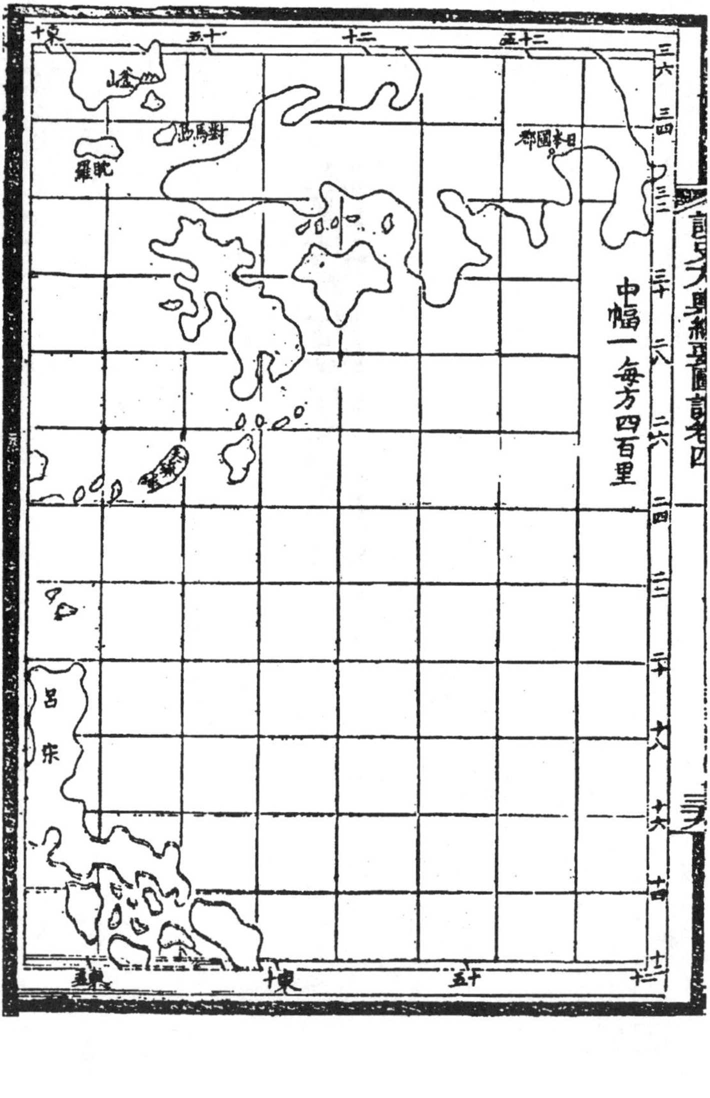
中幅一每方四百里
日本國都
對馬島
耽羅
讀史方輿紀要圖說卷四
呂宋

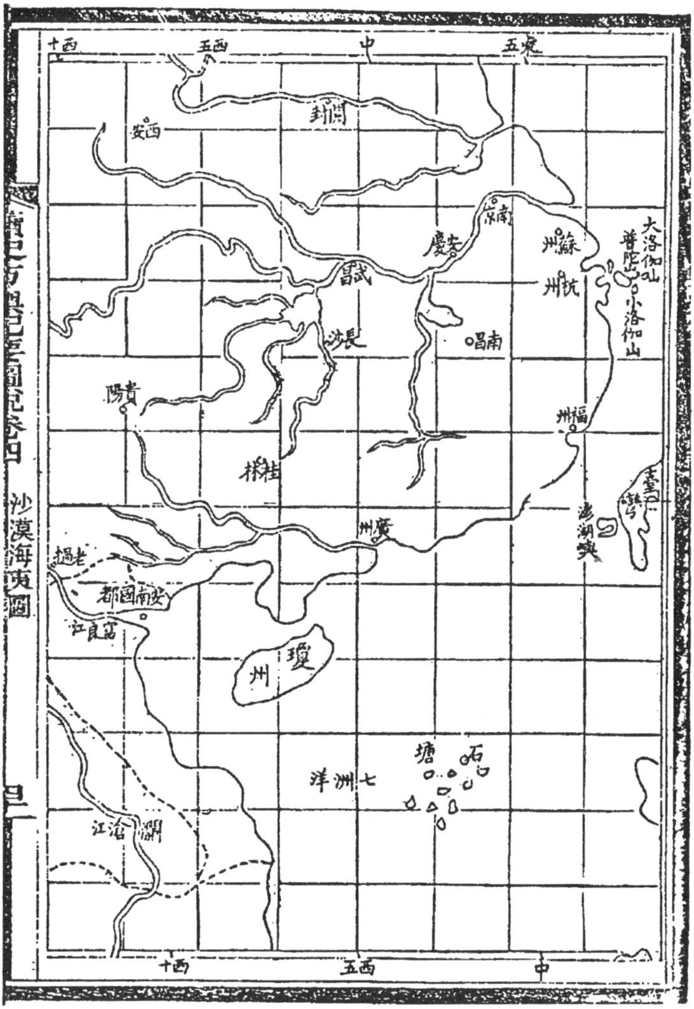
沙漠海夷圖
西十
西五
中
東五
開封
西安
南京
安慶
蘇州
杭州
武昌
長沙
南昌
貴陽
福州
桂林
廣州
老撾
安南國都
富良江
瓊州
七洲洋
石塘
瀾滄江
澎湖嶼
大洛伽山
普陀山
小洛伽山

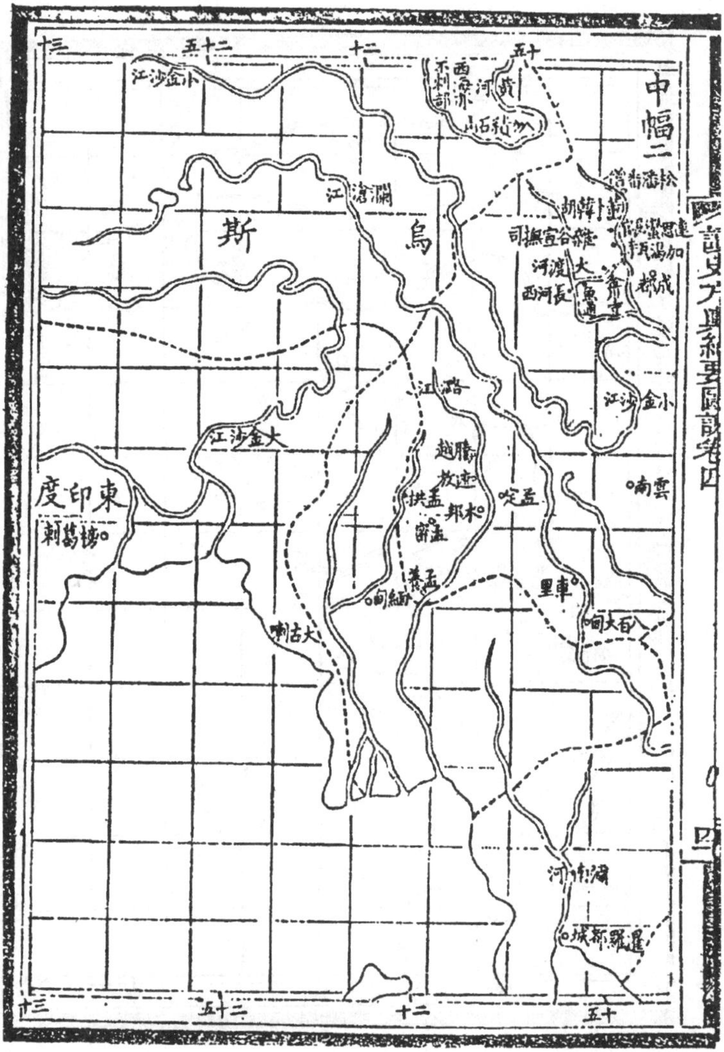
讀史方輿紀要圖說卷四
中幅二
小金沙江
瀾滄江
烏
斯
大金沙江
東印度
潞江
騰越
孟定
雲南
車里
八百大甸
大古喇
緬甸
孟養
孟密
木邦
暹羅都城
大渡河
長河西
成都

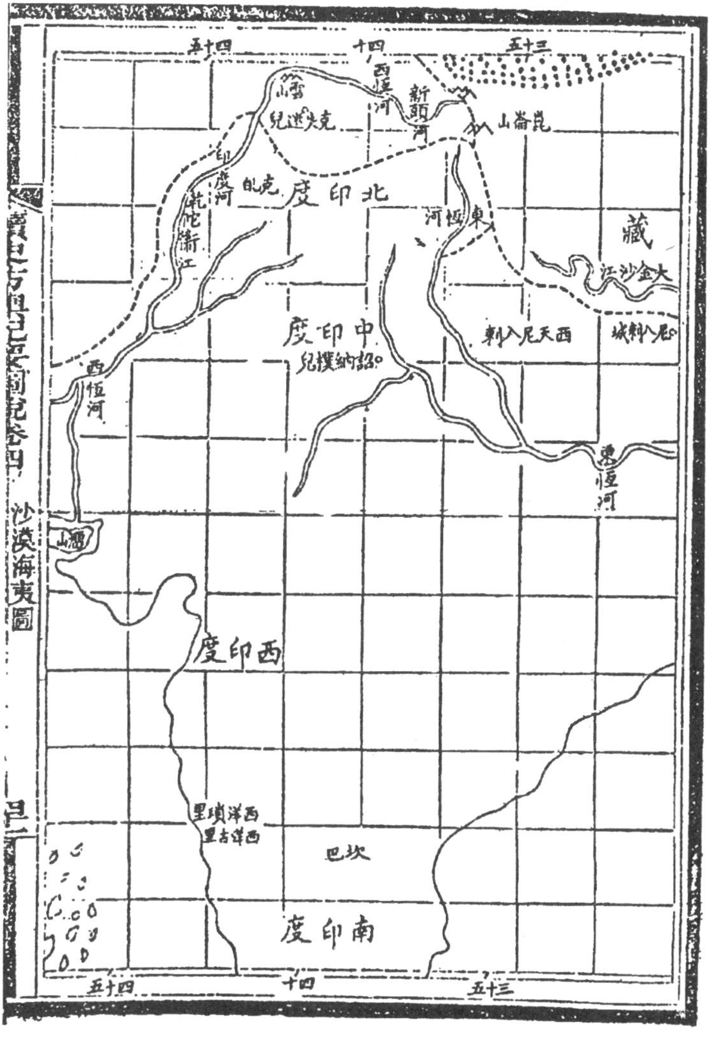
沙漠海夷圖
崑崙山
西恆河
新頭河
雪山
克什彌兒
印度河
乾陀衛江
北印度
東恆河
藏
大金沙江
中印度
西天尼八剌
尼八剌城
詔納樸兒
西恆河
東恆河
西印度
西洋瑣里
西洋古里
坎巴
南印度

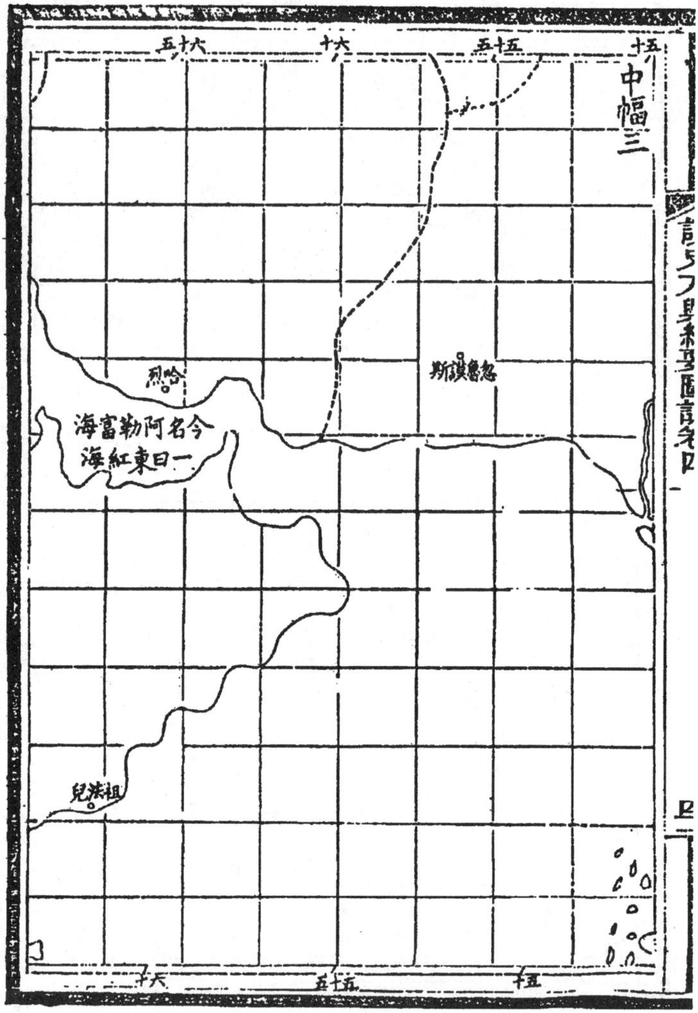
中幅三
今名阿勒富海
一曰東紅海
哈烈
忽魯謨斯
祖法兒

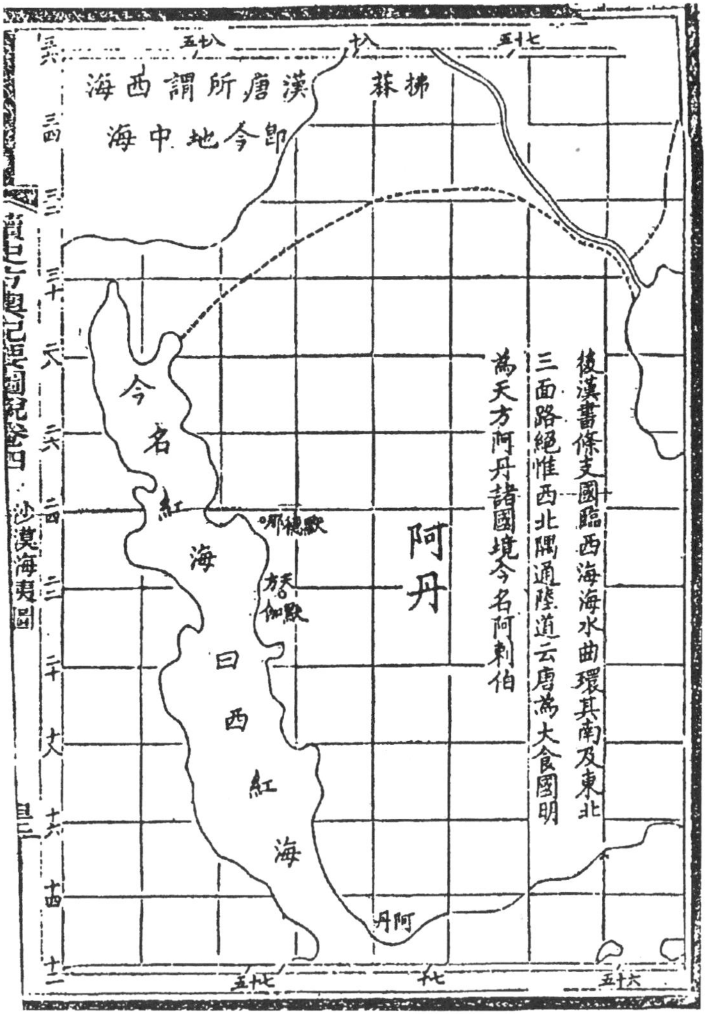
沙漠海夷圖
漢唐所謂西海
即今地中海
拂菻
今名紅海
曰西紅海
阿丹
後漢書條支國臨西海海水曲環其南及東北
三面路絕惟西北隅通陸道云唐為大食國明
為天方阿丹諸國境今名阿剌伯

沙漠海夷圖下

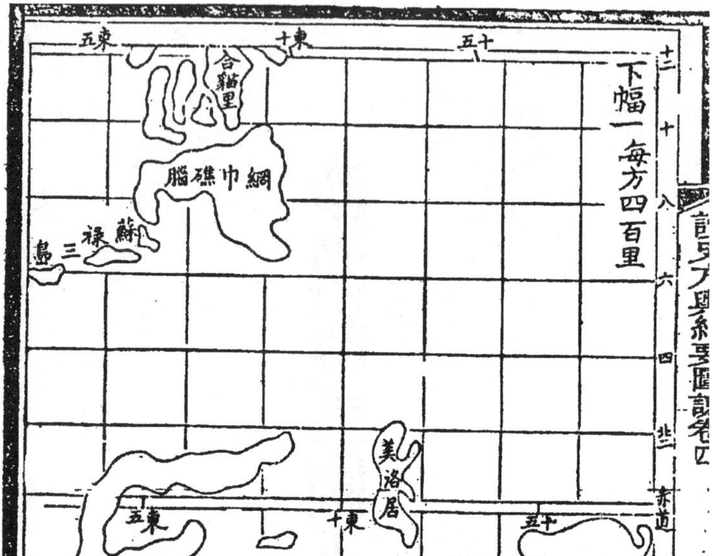
下幅一每方四百里
合貓里
網巾礁腦
蘇祿
三島
美洛居
赤道

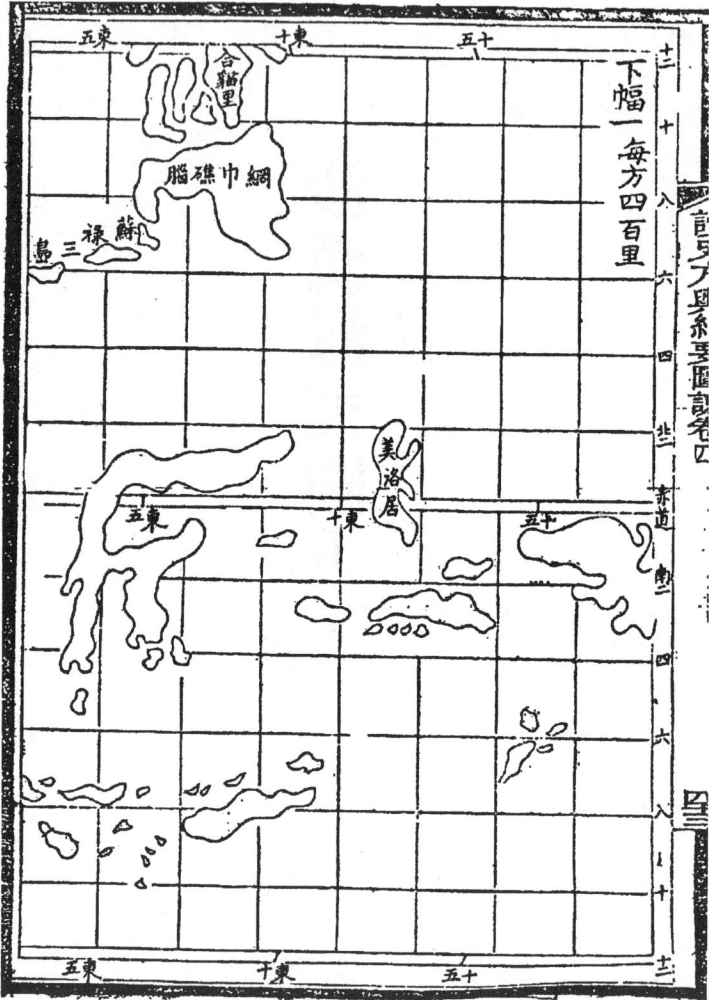

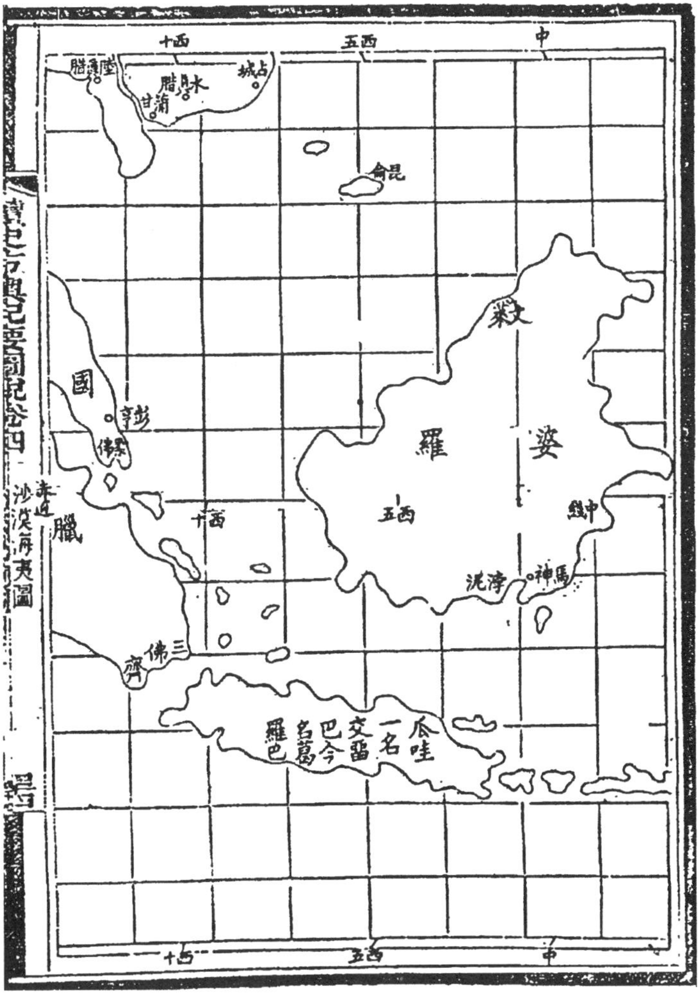
赤道沙漠海夷圖
西十
西五
中
陸真臘
水真臘
占城
崑崙
彭亨
國
臘
三佛齊
文萊
婆羅
西五
中
浡泥
馬神
爪哇一名交留巴今名葛羅巴

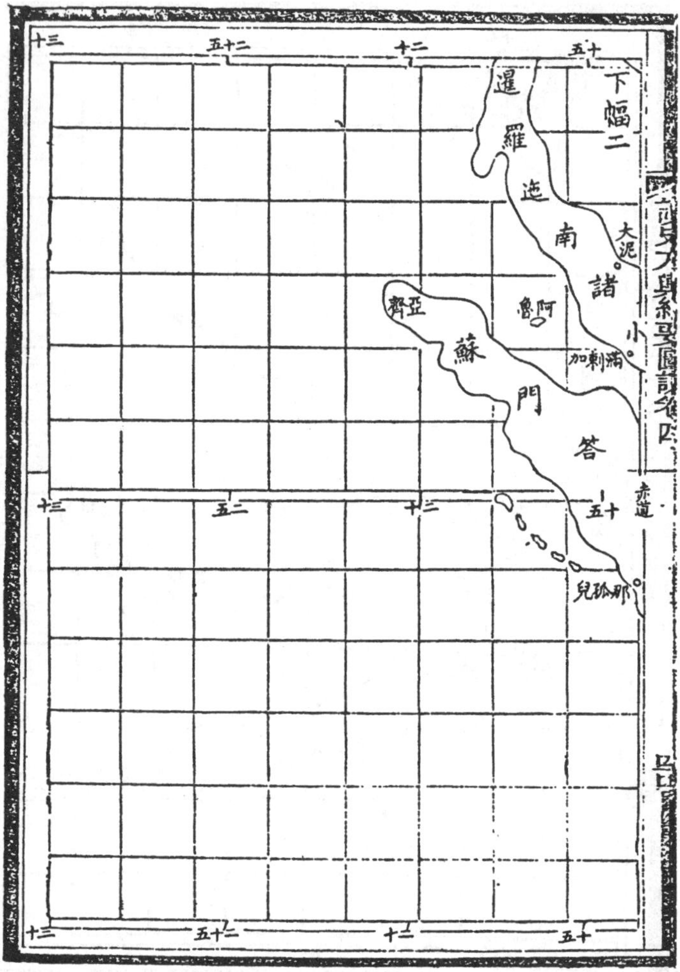
下幅二
暹羅迤南諸小
大泥
阿魯
亞齊
滿剌加
蘇門答
赤道
那孤兒

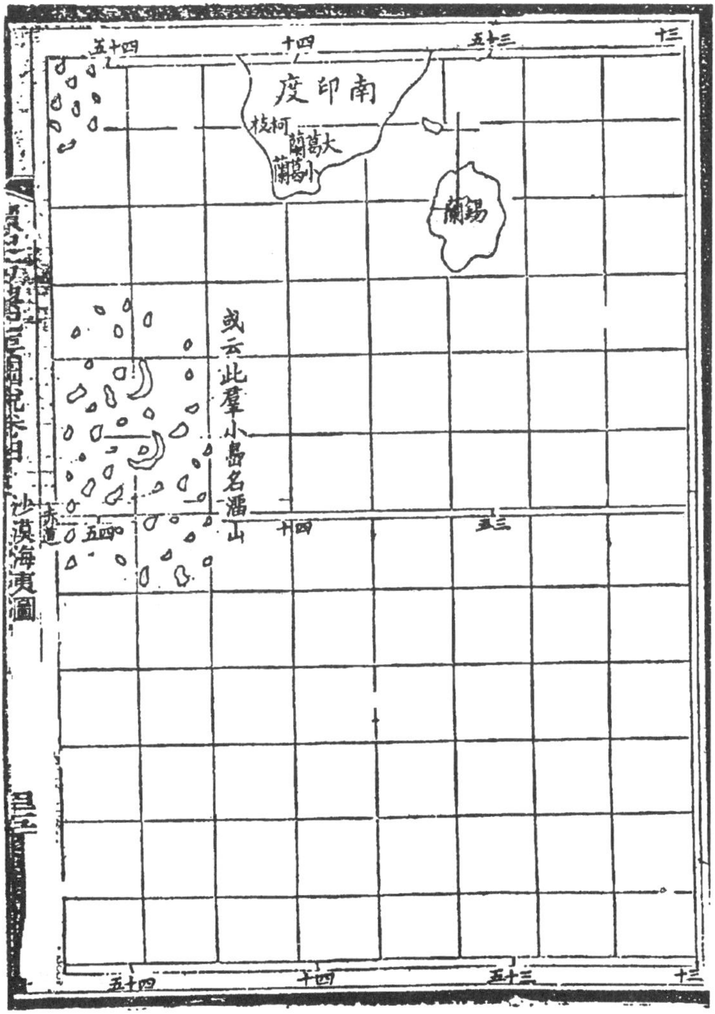
沙漠海東圖
南印度
柯枝
大葛蘭
小葛蘭
錫蘭
或云此羣小島名溜山
赤道

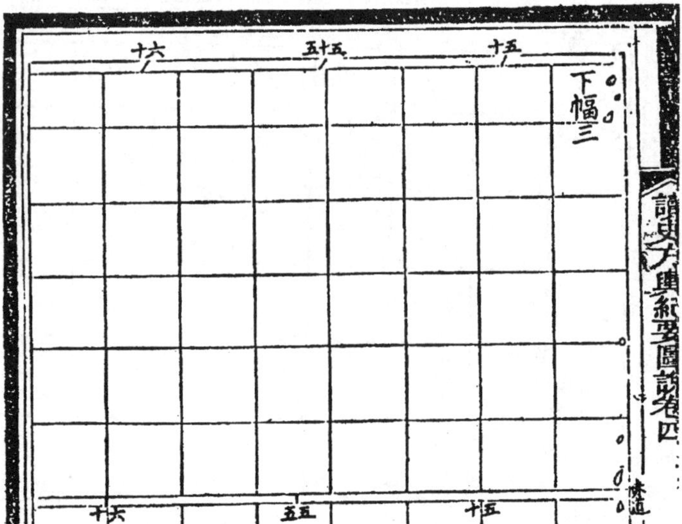
讀史方輿紀要圖說卷四
下幅三
十六
五十五
十五

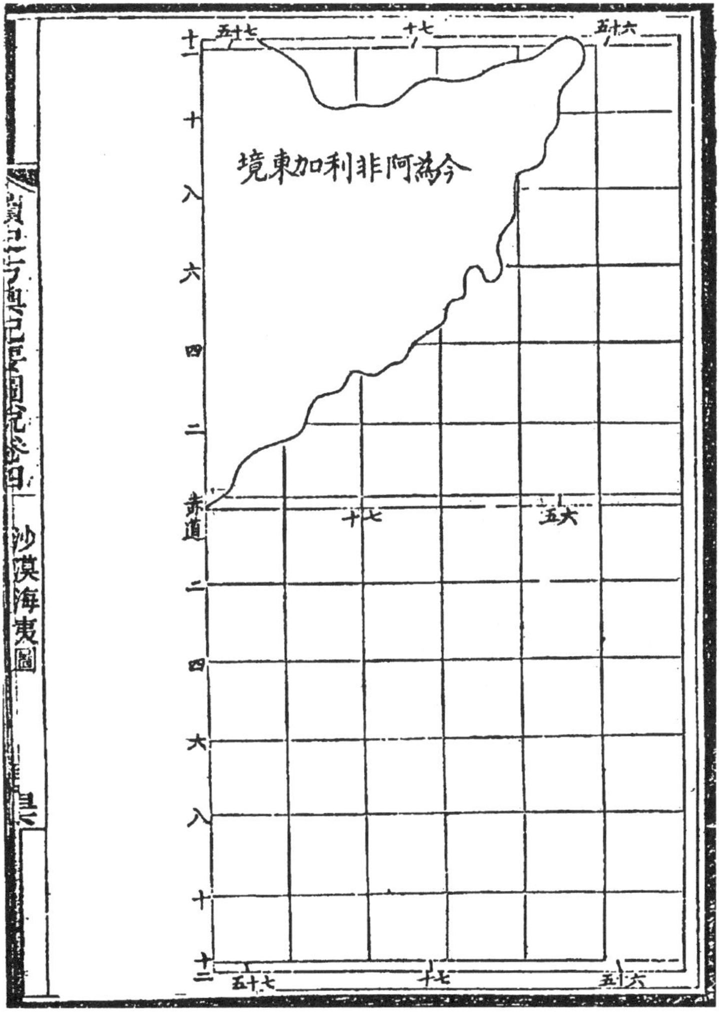
沙漠海東圖
今為阿非利加東境
赤道
十七
五十六
五十七

海夷圖十九

東海，海岸國一，朝鮮。海島國二，耽羅、日本。

朝鮮，見前。耽羅，朝鮮全羅道南原府西南海中濟州島即故耽羅也。日本。居東海中，島嶼環錯，地方數千里，國都曰山城，直揚州府正東海外，有五畿七道，以州統郡，附庸國凡百餘。西北有對馬島，與朝鮮東南境之釜山相望，揚帆半日可至。洪武、永樂閒屢入貢，其貢道西渡海至浙東定海縣東北之普陀洛伽山，水程四十更，由寧波以達于京師。海行難以道里計，一晝夜分爲十更，每更約六十里。

東南海，海島國三。

大琉球，在福建泉州東海中，明初其國分爲三：曰中山、山南、山北。洪武五年入貢，以後相繼不絕，由福建達京師，後山南、山北爲中山所併。呂宋，居東南海中，去福建漳州甚近，在臺灣正南，洪武五年、永樂八年入貢。合猫里。一名猫里務，東南海中小國也，在呂宋南，永樂三年遣使附爪哇入貢。近合猫里有網巾礁腦，其東南有美洛居，一名米六合，皆東南海島。

南海，海岸國七，安南至彭亨。海島國十四，婆羅至古麻剌。

安南，見前。占城，洪武二年入貢，詔遣中書省管勾甘桓等封爲占城國王，自是朝貢不絕。其地東距海，西抵暹羅，南接真臘，北連安南，東北至廣東崖州，可七日而達。**真臘**，在占城南，亦名占臘，所領聚落六十餘，地方七千里，有屬國十數，洪武四年入貢，自後不絶。其地東際海，西接蒲甘。**蒲甘**，真臘屬國，或云即緬甸西南之蒲甘城。**暹羅**，本扶南國地，後分爲暹、羅斛二國，元時暹爲羅斛所并，遂稱暹羅斛國。明洪武十年其世子來朝，詔賜之印文曰暹羅國，王之印自是始稱暹羅。其地東界安南，東南界占城、真臘，西北接雲南老撾、八百大甸，西距緬甸，南濱海，有土斗入南海中，廣不及朝鮮，而延長則過之。其東南盡處爲彭亨國，彭亨之西爲柔佛國，柔佛之西北爲滿剌加國，滿剌加之東北爲大泥國，或誤以爲浡泥，此數國毗連于暹羅南境而服屬焉。**滿剌加**，明初服屬暹羅，永樂三年入貢，詔封爲滿剌加國王，嘉靖初爲佛郎機所滅。其地在暹羅南，自占城南行，順風八日至龍牙門，又西行二日即至。或曰即古頓遜國。杜氏通典「頓遜國在海崎山上，迴入海中千餘里，漲海無涯岸，舶未曾得逕過，東通交州，西接天竺，北去扶南三千里」云。扶南，今暹羅。**彭亨**，洪武十一年來貢。其國氣候常温，在暹羅極南境，東抱海，西北距滿剌加，西南接柔佛，柔佛西南與蘇門荅臘島隔海港相望。○**婆羅**，一名文萊，東洋盡處，南洋所自起也。閩、粵海中以是島爲最大，疆域殆倍於日本。同島分爲數國，西北曰文萊，一名文郎，極南曰馬神，近馬神曰浡泥。由福建泉州廈門放舟東南行至吕宋七十二更，由吕宋西南行至文萊四十二更。而馬神則自廈門西南趨粵南七洲洋，再西南行繞島之西南隅轉東行始至。馬神距廈門水程三百四十更，同在一島而南北水程相距懸遠。婆羅於永樂二年有東西二王竝遣使朝貢。**浡泥**，與婆羅同島，去占城四十日程，所管十四州。洪武三年遣使自泉州航海，閲半年始至其國，隨遣使入貢。其國北有大山，永樂中敕封爲常寧鎮國之山，附祭福建山川之次。

蘇禄，在婆羅大島之東，所屬有三小島。永樂十五年其國三王浮海朝貢，竝封爲國王。爪哇，一名莆家龍，又曰下港，曰順塔，或謂即闍婆，又名交留巴。洪武十年其國王及東西二王竝遣使朝貢，距厦門水程二百八十更，自占城往順風西南行，二十晝夜可至，亦南海中大島也。元時征爪哇，以至元二十九年十二月發泉州，明年正月即抵其國云。日羅夏治、碟里，與日羅夏治皆近爪哇小國，竝於永樂三年入貢。蘇門荅臘，暹羅南海中有大島斜峙於滿剌加、柔佛之西，自宋以前爲婆利國。史言婆利東西南北數千里，爲海南大國，蓋即是島也。島之東南垂爲三佛齊國，島之西北境即蘇門荅臘，疆域稍大，自滿剌加西北行順風九晝夜可至。永樂元年入貢，詔封爲國王。迨萬曆間國兩易姓，改國名曰亞齊。自蘇門荅臘而西南，接壤有那孤兒、南渤利諸小國。或云南渤利爲蘇門荅臘附近小嶼。三佛齊，與蘇門荅臘同島，東距爪哇，隔一海港，相去不過數十里。明初爪哇强，常威服三佛齊而役屬之。洪武九年入貢，詔遣使封爲國王。爪哇怒其與己埒，邀殺朝使，後竟爲爪哇所滅，改其地名曰舊港。那孤兒，西北接蘇門荅臘，東南近三佛齊，西面海，地狹止千餘家，永樂中嘗入貢。須文達那，洪武十六年來貢。或云即蘇門荅臘。覽邦，在西南海中，近三佛齊，洪武九年入貢。淡巴，亦西南海中小國，洪武十年入貢。百花，居西南海中，洪武十一年入貢。阿魯，一名亞魯，又曰亞路，西南海中小島也。東南距滿剌加水程三十更，西北距蘇門荅臘二十五更，永樂中三入貢。或云阿魯亦與蘇門荅剌同島而在其東南。古麻剌。在滿剌加之南。或云東南海中小國也。永樂十八年其王來朝，還至福建，卒。

西南海。榜葛剌以下至坎巴皆印度境內濱海之國，夏剌比以下至白、黑二葛達未詳所在，祖法兒以下至魯密爲印度以西濱海之國，錫蘭山以下則印度海中島國也。

榜葛剌，即東印度也，西北距中印度，南濱海，自蘇門荅臘順風二十晝夜可至。永樂迄正統初屢入貢，後不復至。其國四時氣候常如夏，有東恒河大川經其國城東北而南入海。柯枝，南印度小國，自小葛蘭西北行，順風一日夜可至。永樂九年入貢。其國與錫蘭山對峙，中通古里，東界大山，三面距海。小葛蘭，其國與柯枝接境，東大山，西大海，南印度小國，自錫蘭山西北行，六晝夜可達。永樂五年附古里入貢，俗淳，土薄，仰給榜葛剌。又有大葛蘭者，波濤湍悍，舟不可泊，商人罕至。西洋古里，西印度大國，爲諸蕃要會。自柯枝舟行三日可至，自錫蘭山十日可至，西濱大海，南距柯枝，東七百里接坎巴，北距狼奴兒國。西洋瑣里，洪武二年命使臣劉叔勉以即位詔諭其國，三年平定沙漠，復遣使臣頒詔，其王遣使表獻方物。永樂元年、二十一年偕古里、阿丹等十五國來貢。瑣里，近西洋瑣里而差小，洪武五年入貢。加異勒，印度小國，永樂九年入貢，宣德八年偕阿丹等十國來貢。急蘭丹，永樂九年入貢。甘巴里，亦印度小國，永樂十二年入貢。其鄰境有阿撥把丹、小阿蘭二國，皆東印度之部落。坎巴，在古里之東。夏剌比，奇剌泥，窟察泥，捨剌齊，彭加奴，奴，一作那。八可意，烏沙剌踢，阿哇，打回，自坎巴以下十國永樂中嘗遣使朝貢。其國之風土物產無可稽。白葛達，宣德元年入貢，其國土地瘠薄，市易用鐵錢，崇釋教。黑葛達，亦以宣德時來貢，俱未詳所在。忽魯謨斯西洋大國也。自古里西北行，二十五日可至。永樂十年命鄭和詔賜，其國遣使入貢，十二年至京師，所貢有獅子、麒麟、駝雞。其國在西印度之西，王及臣下皆回回人。氣候有霜無雪，多露少雨。南濱海，東距印度河。不剌哇，自錫蘭山別羅里放舟二十一晝夜可至。永樂十四年至二十一年凡四入貢。其國傍海而居，地廣斥鹵。祖法兒，自古里放舟西北行，順風十晝夜可至。永樂十九年偕阿丹、剌撒諸國入貢。其國東南大海，西北重山，天時常若八九月。王及臣民悉奉回回教，多建禮拜寺。所貢有駝雞，頸長類鶴，足高三四尺，毛色若駝，行亦如之。漢書：「安息國有大馬爵。」又言以大鳥卵獻于漢。後漢書：「安息國獻條支大鳥，時謂之安息雀。」祖法兒，蓋漢之安息地矣。阿丹，自古里西行，順風二十二晝夜可至。永樂十四年入貢，十九年中官周姓者往市，得貓睛、珊瑚、大珠、麒麟、獅子、駝雞、白鳩以歸。其國與天方、默德那接壤，氣候常和，土地膏腴，饒粟麥。王及國人悉奉回回教。天方、默德那見沙漠圖。麻林，去中國絕遠。永樂十三年貢麒麟，十四年又貢方物。魯密，一作魯迷，去中國絕遠。嘉靖三年貢獅子、西牛，五年冬復以二物來貢。二十二年偕天方諸國入貢，還至甘州，會迤北賊入寇，總兵官楊信令貢使九十餘人往禦，死者九人，詔棺斂歸其喪。二十七年、三十三年竝入貢。○錫蘭山，在南印度南海中，與柯枝國對峙，自蘇門荅臘順風西行，十晝夜可達。詳見廣西附攷。溜山，在西印度南海中。山下有三石門竝可通舟，又有八港，各以溜名。或言外更有三千溜，舟或失風入其處，即有沈溺之患。自錫蘭山別羅里南行，七晝夜可至。自蘇門荅臘過小帽山西南行，十晝夜可至。永樂十年鄭和往賜，其國自後三貢，竝與忽魯謨斯諸國偕。南巫里，在西南海中。永樂九年偕急蘭丹、加異勒諸國入貢。古里班卒。島夷也，未詳所在。永樂中入貢。

防倭要略

海夷雖多，其國大而爲吾患者，莫如日本。日本諸州以百數，其近於西南者薩摩爲最，屢次入寇，多此州及肥後、長門二州人，二州亦近西南。其次則大隅、筑前、筑後以及豐前、豐後、和泉諸州人，率商於薩摩而附行者也。且山城倭主所居曰山城州，國以爲名。號令久不行於諸州，而山口、豐後、出雲等州專兵自恣。自後惟豐後獨强，併有諸島，摽掠出没，皆貧惡之民，欻忽而起，非有常尊定主也。國家懲倭之亂，緣海備禦幾千萬里，其大爲衛，置軍六千一百四十一名。小爲所，軍千二百人。又次巡檢司，弓兵百人。凡港次處所，皆設兵船五等，一數人船，一百斛船，一篙八櫓哨船，一頭快把梢船，一槳飛船。又有水砦、石營棚等項，官司相維，遠近相連，幾於密矣。夫倭船之來，恒在清明後，前乎此則風候不常，故倭不利於海行，屆期則東北風而不變也。過五月風自南來，倭不利於行矣。重陽後風亦有東北者，過十月後風自西北來，亦非倭所利矣。故防倭者以三四五月爲大汛，九十月爲小汛焉。説者謂决勝於敵至時，不若防之未登岸之際也。蓋倭入寇必向風所之，東北風大則由薩摩或五島在薩摩西，有五山相錯。至大、小琉球以視風色之變遷，北多則犯廣東，東多則犯福建，而柘林、長樂等要害不可不守也。若正東風猛，則必由五島歷天堂、官渡水而視風色變遷，東北風多則至烏沙門分艅，或過韭山海閘門分而犯温州，或由舟山南犯定海、象山、奉化、昌國、台州等處，而金塘、石浦、海門等要害不可不守也。正東風多則至壁下、陳錢分艅，或由洋山之南而犯臨觀、錢塘，或由洋山之北犯青南、太倉，或過南沙而入大江，而乍浦、龕山、赭山、狼山、福山等要害不可不守也。若在大洋而風欻東南，則犯淮、揚、登、萊。若在五島開洋，南風方猛，則趨遼陽、天津，而亂沙、鹽城、廟灣等要害不可不守也。夫沿海一路俱要害，而長樂、海門、狼、福諸重地苟不設備，皆其批亢擣虛之處也。昔人以擊賊於海中爲上策，禦賊於海港爲中策，雖然，水戰豈易易哉？凡風潮之大小，順逆收放之淺深，利害所當究心者也。

輿圖云：沿海之中，上等要害可避四面颶風者凡二十三處：馬跡、兩頭洞、長塗、高丁港、沈家門、舟山前港、岑港、烈港、黄岐港、梅港、定海港、湖頭渡、石浦港、猪頭港、海門港、松門港、蒼山嶴、玉環山梁嶴、楚門港、黄花水寨、江口水砦、大嶴、女兒嶴。可避三面颶風者凡十八處：馬木港、長白港、蒲門、觀門、竹齋港、石牛港、烏沙門、桃花門、海閘門、九山、爵溪嶴、牛欄磯、旦門、大陳山、大牀頭、鳳凰山、南麂山、霓嶴，其餘皆不可泊。

沙漠諸夷圖二十

西番，即唐吐蕃遺種。東北界陝西，東界四川、雲南。元時嘗郡縣其地，明時改設烏思藏、朵甘等處，司官統之，仍因故俗封番僧爲六王，令襲封以爲常，每歲朝貢皆許自達，其入由四川，凡三道。官司等見後。

西番三十三種：

都行都指揮使司三	烏思藏，三年一貢，不過百五十人，從雅州入。番僧六王附：贊善王，闡化王，闡教王，輔教王，大乘法王，大寶法王。朵甘衛，每年一貢，凡百人，從雅州入。隴苔衛。
宣慰使司三	朵甘，董卜韓胡，每年一貢，從雅州入。長河西魚通寧遠。
招討司六	朵甘思，朵甘籠苔，朵甘倉溏，朵甘川，磨兒勘，朵甘丹。
萬户府四	沙兒可，乃竹，羅思端，列思麻。
千户所十七	朵甘思，剌宗，孛里加，長河西，多八參孫，加八，兆日，納竹，倫苔，果由，沙里可哈思的，孛里加思東，撒里土兒干，參卜郎，剌錯牙，泄里壩，闊測魯孫。

烏斯藏，居四川西徼外，自天全六番司西七百里接烏斯藏之東界，西去馬湖府千五百餘里，去雲南麗江府千餘里。朵甘衛，居陝西西南徼外，東北直河州衛，西據黄河源，南與烏斯藏鄰。董卜韓胡，在四川威州保縣之西，其南與天全六番司接壤，東抵雜谷。長河西魚通寧遠，在四川西徼外，西接烏斯藏，東界天全六番司，東北鄰金川寺。初，魚通及寧遠、長河西各自爲部，洪武三十年始合爲一，以其酋爲宣慰司，修貢不絶。加渴瓦寺番僧，在四川茂州汶川縣西北，貢道由灌、郫入。雜谷安撫司，在四川威州保縣西二百里，西接孟董。孟董即董卜韓胡也。達思蠻長官，在雜谷西五十里。保縣金川寺番僧，在雜谷安撫司西南，與達思蠻長官附近。明時封金川寺番僧爲演化禪師，世有其地。大渡河上游經其境内，又西南流逕長河西魚通寧遠宣慰司境，繞黎州西南界，折而東注，至嘉定州城南入於岷江。松潘番僧，明初于松潘立番僧二人爲國師，曰商巴，曰綽領，二人爲禪師，曰黎巴，曰完卜。商巴事道，黎巴事佛，分建寺觀於諸寨落，俾因俗爲治，化導番族。每年一貢，由威州入。西天尼八剌。東北界烏斯藏，西南近東印度。俗崇佛教，洪武二十年貢金塔、佛經，終太祖世，數歲一貢。永樂十二年來貢，封爲尼八剌國王。貢道由烏斯藏入四川。

西域羈縻諸衛，

赤斤蒙古，西去嘉峪關二百四十里。元爲瓜州地，屬沙州路。永樂時故韃靼丞相苦朮子塔力尼來歸，置衛官，之後爲土魯番侵奪。罕東，在赤斤蒙古南。洪武三十年入貢，詔置罕東衛授之。成化中土魯番據哈密，議者言罕東有間道，不旬日可達哈密，宜從此進兵，不果。後爲土魯番所殘破，徙肅州塞内，罕東遂墟。曲先，在安定衛西。洪武四年入貢，命置曲先衛。成化中爲土魯番所侵，率部内徙，其衛遂亡。安定，在罕東衛西，沙州衛南，本名撒里畏兀兒，廣袤千里。元封宗室卜烟帖木兒爲寧王，鎮其地。洪武七年遣使入貢，詔分爲阿端、阿真、苦先、帖里四部，明年改立安定、阿端二衛。正德時爲蒙古亦不剌所殘破，部衆散亡。阿端，在撒里畏兀兒之地。洪武八年置衛，迄正統朝數入貢，後不知所終。其時西域别有名阿端者，貢道從哈密入，與此爲兩地云。沙州，在肅州衛西八百有六里，東至故瓜州二百八十里。元爲沙州路，永樂三年置沙州衛，授其首領。正統十一年部衆内亂，徙居甘州。哈密。古伊吾盧地，在肅州西北一千五百餘里，南抵沙州，西距火州，當諸衛最西，回、韃雜居，爲諸胡往來要路。永樂二年設哈密衛，封爲忠順王，貢自西域來者必哈密譯其文乃發，後亦爲土魯番所殘破。

西域朝貢諸部，

火州，一名哈剌火者，在哈密西七百里，土魯番東六十里，西連亦力把力，南距于闐，北接瓦剌。漢車師前王庭地，歷代交河、高昌等郡縣，明曰火州，永樂以後入貢不絶，迄土魯番强而火州之後無聞。亦力把力，在哈密西一千六百七十里，西距撒馬兒罕，南距于闐，北連瓦剌。本名别失八里，元時諸王子封此，明初來貢，後其國西遷，改今名。于闐，在哈密西南四千八百里，西南距葱嶺二百餘里。永樂六年遣使來貢。八答黑商，一曰八剌墨，居葱嶺西。其西北接撒馬兒罕，東南近北印度克失迷兒。元曰巴達哈傷，明永樂時數入貢。撒馬兒罕，在哈密西七千二百里，東距葱嶺，西南抵哈烈。漢大月氏地，土廣而饒，元駙馬帖木兒王此，明初入貢。哈烈，在撒馬兒罕西南三千里。元駙馬帖木兒既君撒馬兒罕，又遣其子沙哈魯據哈烈，明永樂以後入貢不絶。哈三，哈撒兒，沙的蠻，哈失哈兒，元曰合失合兒，其西、北境俱接葱嶺。明永樂、宣德時嘗遣使入貢。哈的蘭，掃蘭，乜克力，近哈密。明弘治五年哈密忠順王陝巴襲封歸國，與鄰境乜克力結婚云。把丹沙，明成化十九年與撒馬兒罕、失剌思諸國共貢獅子。把力黑，俺力麻，脱忽麻，忽，一作思。密力失，密，一作察。斡失，卜哈剌，一作布哈拉，東接八達黑商，北距撒馬兒罕，匝阿母河兩岸皆其境土。元置阿母河行省於此。怕剌，失剌思，近撒馬兒罕。永樂、成化時嘗入貢。你沙兀兒，克失迷兒，在北印度境，東接烏斯藏之西徼。唐爲箇失密國，又曰迦溼彌羅，宋曰迦溼彌勒，元曰乞石迷耳。宋端祐六年，蒙古遣其宗王旭烈兀征西域，平乞石迷等千餘國。明曰克失迷兒。帖必力思，果撒思，火壇，火占，一曰忽氈，又曰忽章，有忽章河經其境，故名。元史：「郭寶玉收別失八里、別失蘭等城，次忽章河。」元經世大典地里圖：「忽氈在葱嶺西，撒麻耳干東北，所云忽章河亦葱嶺西流之水。」又沙鹿海牙臨火站河，火站即忽章、火占之譯音。沙鹿海牙在撒馬兒東五百里，臨火站河，則其地亦在葱嶺西。撒麻耳干一名尋思干，即撒馬兒罕。苦先，在火州西南。元中統三年耶律希亮從征至渾八升，世祖召希亮還，由苦先城至哈剌火者，出伊州，涉大漠，返上都云。哈剌火者，即火州也。伊州，今哈密是。沙鹿海牙，在撒馬兒罕東五百里。其酋所居城西北臨火站河。火站，一曰忽章。牙昔，牙兒干，戎，兀倫，阿速，西南近撒馬兒罕，幅員甚廣。城倚山面川，川南流入海。元史：「蒙古窩闊台五年，命諸王拔都征欽察、阿速、斡羅思等國，破滅之。」明永樂十七年阿速遣使入貢。阿端，即元史斡端，一名忽炭，或云即于闐也。邪思城，坤城，西域回回種，宣德五年遣使入貢。舍墨，一作捨黑。擺音，克癿，唐釋辯機大唐西域記有磔伽國，克乩即磔伽之譯音。自唐以來傳國最久，在北印度克失迷兒之西南。天方，古筠衝地，一名天堂，即古條支國地。後漢書：「條支國臨西海，海水曲環其南及東、北三面，惟西北隅通陸道」云。今天方境南濱印度海，海港繞抱其國之東西境，惟西北一面陸路接壤拂菻。明初鄭和由海道使西洋，至天方而止。自永樂迄萬曆入貢不絕，其貢使由陸道哈密入。日落，永樂、弘治間嘗入貢。○哈烈以下三十八國皆經哈密來貢，貢無恒期，迄哈密破亡，則徑叩嘉峪關，然不數至矣。拂菻，在天方北。洪武時遣使朝貢。默德那，地近天方，回回祖國也。其教以事天爲本，書體旁行，有楷篆草三法，西洋諸國用之。又有陰陽星曆醫藥及音樂之書，宣德中偕天方使臣來貢。詔納樸兒。詔，一作沼，即中印度佛國也。明永樂中遣中官侯顯詔諭其王，以去中國絕遠，朝貢未至。

北部。

韃靼，初，元亡，順帝北走，傳子愛猷識理達臘，臘傳子脱古思帖木兒，爲下所弒。洪武二十三年遣將討其罪，敗之撒撒而山。永樂間有本雅失里、馬哈木、阿魯台貢獻惟謹，因封三人爲賢義、順寧、和寧王。後本雅失里爲阿魯台所弒，馬哈木復攻殺之。衆立脱脱不花爲王，居迤北，馬哈木與子脱歡、孫也先居瓦剌。後也先與不花交争，不花敗走，爲下所殺，凡再易主而中絶。也先後曰小王子，長子曰阿兒倫台吉，次子曰阿著不孩，又次曰滿官嗔不孩。阿倫爲太師亦卜剌殺之，遺二子，曰卜赤，曰乜明。王子死，阿著立。二子，長吉囊，次俺荅。阿著死，衆立卜赤，號亦克罕，猶言可汗也。有衆七萬，分五營。其東部酋曰滿令王，曰猛可不郎，曰可都番留，有衆六萬，在沙漠東，與朶顔爲鄰。其南部酋曰把荅罕奈失剌台吉，有衆五萬。其西部酋曰應詔不，曰阿爾秃厮，曰滚官嗔。應詔不十營。秃厮七營，舊屬亦卜剌，以弑主故，道遁西海，爲甘肅患，乃屬吉囊爲西部，曰悖合斯，曰哈叭哈思納，曰打郎，有衆七萬。滚嗔部合六營，曰多羅上悶，曰畏吾兒，曰兀木甚，曰叭要兀魯，曰土吉剌，舊屬火篩，今俺荅阿卜孩領之，皆在河套。其北有兀良罕一營，乃小王子別部，與諸部嘗相攻殺。諸部之衆不下三十餘萬，吉囊、俺荅之子最獷桀，山、陝之間無不被其殘害，而宣、大尤甚。兀良哈。本元之降衆，明洪武二十三年詔以兀良哈之地置三衛居之。其地在潢水之北。永樂初三衛以從征功盡官其長，後屢犯塞，正統末遂與乜先合致土木之變。三衛曰强横，盡没遼河東西、三岔河故地，自廣寧前屯歷喜峰口邊宣府者皆屬之朶顔衛，自錦義歷潢河至白雲山皆屬之泰寧衛，自黄泥窪以東至開元皆屬之福餘衛，東西亘三千里，凡興、營諸州衛及寧藩故封大寧衛地皆爲所竊據，外與北虜結婚，爲肘腋之患，薊、遼日以多事。

校勘記

〔一〕明張燮東西洋考卷九舟師考所載占驗與本書分類及語句順序多有出入，文字亦間有不同，兹録以備考：

朝看東南黑，勢急午前雨。暮看西北黑，半夜看風雨。（右占天）

天外飛游絲，久晴便可期。清朝起海雲，風雨霎時辰。風静鬱蒸熱，雷雲必振烈。東風雲過西，雨下不移時。東南卯没雲，雨下巳時辰。雲起南山徧，風雨辰時見。日出卯遇雲，無雨必天陰。雲隨風雨疾，風雨片時息。迎雲對風行，風雨轉時辰。日没黑雲接，風雨不可説。雲布滿山低，連宵雨亂飛。雲從龍門起，颶風連急雨。西北黑雲生，雷雨必聲訇。雲勢若魚鱗，來朝風不輕。雲鈎午後排，風色屬人猜。夏雲鈎内出，秋風鈎背來。亂雲天半遶，風雨來多少。風送雨傾盆，雲過都暗了。紅雲日出生，勸君莫出行。紅雲日没起，晴明未堪許。（右占雲）

風雨潮相攻，颶風難將避。初三須有颶，初四還可懼。望日二十三，颶風君可畏。七八必有風，訊頭有風至。春雪百二旬，有風君須記。二月風雨多，出門還可記。初八及十三，十九二十四。三月十八雨，四月十八至。風雨帶來潮，傍船人難避。端午訊頭風，二九君還記。西北風大狂，回南必亂地。六月十一二，彭祖連天忌。七月上旬來，争秋莫船開。八月半旬時，隨潮不可移。（右占風）

烏雲接日，雨即傾滴。雲下日光，晴朗無妨。早間日珥，狂風即起。申後日珥，明日有雨。一珥單日，兩珥雙起。午前日暈，風起此方。午後日暈，風勢須防。暈開門處，風色不狂。早白暮赤，飛沙走石。日没暗紅，無雨必風。朝日烘天，晴風必揚。朝日燭地，細雨必至。返照黄光，明日風狂，午後雲過，夜雨霧沱。（右占日）

虹下雨雷，晴明可期。斷虹晚見，不明天變。斷風早掛，有風不怕。曉霧即收，晴天可求。霧收不起，細雨不止。三日霧蒙，必起狂風。

（右占霧）

電光西南，明日炎炎。電光西北，雨下連宿。辰闕電飛，大颶可期。遠來無慮，遲則有危。電光亂明，無風雨晴。閃爍星光，星下風狂。

（右占電）

螻蛄放洋，大颶難當。兩日不至，三日無妨。海乏沙塵，大颶難禁。若近沙岸，仔細思尋。烏鰌弄波，風雨必起。二日不來，三日難抵。東風可守，回來暫傲。白蝦弄波，風起便和。

（右占海）

月上潮長，月没潮漲。大訊潮光，小訊月上。水漲東北，南東旋復。西南水回，便是水落。擊定且守，船走難纜。鈕定必凶，直至沙岸。走花落矴，神鬼驚散。要知矴地，大洪泥硬。

（右占潮）

附録

讀史方輿紀要删改考辨

施和金

讀史方輿紀要是一部歷史地理名著，該書修成於明末清初，作者顧祖禹所生活的年代，正是朝代更迭、政局動蕩之際。他寫此書，原是秉厥考之遺志，痛明朝之滅亡，希望通過總結歷史的經驗與教訓，以使後人免遭外敵入侵之悲傷和痛苦，因此書稿的重點是放在歷史軍事地理方面，即所謂「其書言山川險易、古今用兵戰守攻取之宜、興亡成敗得失之跡所可見，而景物游覽之勝不録」（魏禧序）。爲此，該書字裹行間，既充滿了對明朝統治者因不諳山川險要而導致亡國之恨憐，又不時流露出對清兵入主中原過程中燒殺搶掠之憤慨，全書感情色彩十分濃厚。由於此書卷帙浩繁，内容多至三百萬言，因此創作時間前後長達二三十年。最初起稿時，清朝統治者正在忙於從軍事上平定全國，對思想文化的控制一時還不太嚴密，作者在行文時便可隨意揮灑，將反清復明的思想感情傾注在書稿之中。但隨着清朝統治的不斷鞏固和穩定，對漢人的思想控制也逐漸嚴密起來。康熙二年（一六六三），當時的輔政大臣便借「明史案」興起大獄，處死莊廷鉞等七十餘人（刻明史之莊廷鑨此時已死），發放邊地充軍數百人。此舉旨在壓制漢人、特別是江南漢人的反滿情緒，嚴密控制文化人士的社會輿論，用意十分明顯。在清政府這種高壓政策下，考慮到自己花多年心血所著書稿的傳世，也考慮到家人的性命和安全，顧祖禹對書稿作了一定的删改。如容易引起清廷猜忌的虜、胡、夷等字均改作鹵、狐、彝；凡言及「國朝」、「皇朝」等處則改爲「前朝」和「明朝」；而各府州至京師距離皆存原數，至南京距離則改爲至應天府（或改爲至江寧府）若干里；有些省份，本來列有明朝所封藩王世系（成書較早的幾個省有，後面的没有），此時也被一一删除。這類删改，在現存的顧祖禹原稿中皆有明顯的痕迹可尋，或加以墨丁，或施以勾畫，爲作者顧祖禹所改應屬無疑。但也有一些内容，在顧祖禹的原稿中赫然在列，而後來的抄本及刻本中却無踪跡可尋，這顯然並非作者本人所删，而是後來的抄書人及刻書人所爲。據朱象賢聞見偶録記載，顧祖禹書稿寫成後，因家境貧寒，無力刊刻，所以一時並無流行。但因該書體大思精，早已名聲在外，有多人要求借抄一部，以先覩爲快。朱象賢説：當時「出二十金左右，倩能書者分手抄録，候以月許，可得一部。」這些抄書人忌於清廷禁令，又對書中内容有所删節，其中最明顯的是對該書三七、三八兩卷涉及滿清發祥地（今東北地區）有關内容的删改，幾乎是全文不録。其它各省，凡有涉及反滿思想和情緒的也有所芟除。後來嘉慶年間四川龍萬育以敷文閣的名義刻印了一百三十卷的讀史方輿紀要，是爲該書的第一部全刻本。這部全刻本，最初的底本當是康熙年間的某一抄本，抄書者忌於清廷禁令，没有抄録書中有反滿思想的内容，所以敷文閣本也没有這類文字。光緒年間，讀史方輿紀要曾有多次刻印，但所據底本皆爲敷文閣本，自然也没有這些内容。直至解放前後，商務印書館、中華書局出版讀史方輿紀要，所用底本皆一脉相承，因此世人一直不知道當年因清廷所忌，該書究竟被删改了哪些内容。幸虧杭州藏書家葉景葵先生於抗日戰争前在紹興購得了失踪多年的顧祖禹原稿本，即所謂職思堂本，近年上海圖書館顧廷龍館長又將此稿本影印發行，這才使世人可見當年被删之内容。但由於全書文字浩繁，一般讀者很難從三百萬字中立即檢出被删内容。前些年，中華書局約我點校讀史方輿紀要，今年又將清樣交我校對，乘此機會，我將原先所用底本——收藏於北京圖書館（今國家圖書館）的清康熙年間的宋犖緯蕭草堂抄本——與稿本作了核對，並參校了龍萬育的敷文閣本，將當年被抄書人所删内容一一檢出。今借文史發表，以饗廣大讀者。此文的刊出，一則可補以往各本讀史方輿紀要之不足，二則可以由此更加全面地窺見顧祖禹思想及精神面貌之全豹，其價值之高自不待言。

現按讀史方輿紀要原書順序將當年被删内容臚列如下。爲使讀者更好地理解所删内容及被删原因，必要時我將加簡要按語。

卷二三　南直五

1．揚州府序「都燕之後，轉輸特重，揚州爲之咽喉，故防維常切」下：「邇者北闕天崩，江沱偷息，有大臣議開府維揚者，或密投之以書（見甲乙痛哭集），其略曰：『閣下舍廊廟之安，膺疆埸之任，豈非以北風日競，東南一隅勢且岌岌哉？然而閣下遂欲駐師維揚，愚以爲非計也。昔人嘗言：維揚者，淮南之根本。繇今日言之，則京口、金陵又維揚之根本，而淮、泗、滁、鳳皆維揚之門户也。維揚或警，爲之根本者可恃乎？未可恃乎？今日之驕將悍兵、巨奸大滑、倖封爵列營屯者，閣下將委以門户之任，又可恃乎？未可恃乎？山陽豎子（謂劉澤清）聲色自娱，睢州老革（謂許定國）狡黠難信，其擁兵南面、咆哮江上者（謂高傑）又何爲乎？頗聞閣下欲怒其傲戾，收其勇力，竊虞狂躁性成，未宜任遠，悻直自用，難與圖機，觀以往，知將來，甚爲閣下危之也（時督師欲以恢復任傑，故云）。夫今日之舉，安危存亡間不容髮，爲閣下計，進則榮，退則辱，速則有濟，緩則無功。閣下何不鼓厲三軍，明示誅賞，長驅擊楫，徑駐彭城，延攬豪傑，撫柔歸附，將見大河以南，長淮以北，必且翕然効命，其亡臣叛將留滯彼中者，亦且引領革面，冀爲我用，天下事猶可爲也。或者曰：大臣舉動，當出萬全，乘危臨險，慮非長策。夫彭城襟河帶濟，聯絡中華，故都消息，呼吸可通。彼中聞我赫然北向，有直指薊門之勢，必且遲回疑阻，不敢遽萌投鞭之意。如欲前猶却還顧廣陵，三河豪傑必且解體，彼中從而誘納之，勢必轉爲所用，無異藉寇兵而賫盗糧矣。夫閉門待敵與開門揖盗，情異而失同。此不可不重爲之慮也。或者曰：吾以重兵駐揚州，不足以内固根本、外維門户乎？曰：不然。往者李庭芝在揚州不能救建康、京口之陷没，敵若以一軍駐天長，則揚州震動，而分遣勁卒渡横江，下采石，我必不能分軍入衛也。淮上所恃者，盱泗、山陽兩軍耳。恐敵向山陽，山陽必無堅壘；敵趨盱泗，盱泗必且宵奔。門户失亡，揚州且不能獨固，而又誰爲之援哉？嗟乎，閣下何忍苟安一城，坐視兖、豫之陸沉，養成江、淮之塗炭，而不悟其非也。况邇者分崩之情日見，離叛之兆已形，背城借一之舉，惟恃有閣下。閣下若不赫然震動，一洗百年來頽靡之轍，載胥及溺之憂，恐非痛哭流涕所能盡也。』當事者得其書，頗爲震動，卒不能用，至于覆亡。」

卷三八，山東八：

2. 遼東都指揮使司自在州清河堡下：「志云：清河堡東境有松山，軍士採木處也。輿程記：出清河路三十里即鴉鶻關，又三十里至響花嶺，五里爲撒石寨，十里無狼寨，十里舊鴉鶻關，十里一哈河，十五里烏雞關，二十里林子嶺，二十里錯羅必寨，又三十里即建州老寨矣。其舊鴉鶻路坦無林，四馬可進；烏雞關頭道扣柵有懸崖相抱，二道砌石横木，止容一人俯行，騎不能過；林子嶺樹雖稠密，亦四馬可行也。」（按：此段文字被删，原因是它説出了通向建州老寨的通道。而所謂建州，即明代設於女真人（即清朝滿族前身）地區之建州衛，永樂初置於今吉林省吉林市東南一帶，永樂八年遷至今吉林琿春一帶，正統以後又遷居今遼寧新賓縣境。此所云建州老寨，即位於今新賓縣西部。此地是滿清發祥地，其通道當不得隨意暴露，故爲抄書人所删。）

3．遼東都指揮使司自在州靉陽堡下：「輿程記：出靉陽路三十里至古北河，八十里至半嶺，七十里爲一赤董古寨子，五十里爲頭道大嶺，二十里二道大嶺，四十里凹兒哈寨，又七十里即建州老寨矣。其古北河夾峙深林，小河數十道，冬涸夏漲。頭道、二道嶺高巖陡絶，大樹紛錯，凡二百餘里，並無别徑可抄，險道也。」（按：此又説出了通往建州老寨的另外一條通道，被删原因同上。）

4．遼東都指揮使司自在州險山堡下：「東有石岔口、鎖果直等臺，賊衝也。」（按：「賊衝也」三字被删。此處之賊，容易被清廷猜疑爲是指滿族人，故删。）「又有沿江臺堡，亦嘉靖二十五年增置，當打探峪、瓦子峪等一帶賊衝。」（按：「當打探峪、瓦子峪一帶賊衝」一句被删，原因同上。）「又湯站堡，在險山堡西，其西南與鳳凰城接界。邊防考：賊從石岔口循短錯江入，掠沿江臺，離湯站僅八九十里，亦衝要處也。又鳳凰城西北六十里曰鎮夷堡，又南有鎮東堡，即成化十七年所置。」（按：因被説成是賊徑，故自「邊防考」以下全被删除。）

5．遼東都指揮使司自在州寬甸堡下：「又東北有松子嶺林剛谷，俱接建州塞堡。東又有晾馬臺，賊衝也。」（按：「俱接建州塞保」、「賊衝也」九字被删。）「邊妨考：寬甸新疆逼近建州，邊人謂之張其哈剌甸子，萬曆中李成梁棄其地，爲建州耕牧。輿程記：寬甸一帶皆在建州東面，若從鎮江路徑長奠、永奠三十里而至沙松排子，又三十里至分水嶺，三十里至八家子，二十里轉山頭，十里鴉兒河，二十里稗東葛嶺，十里稗東葛嶺寨子，三十里牛毛嶺，二十里牛毛寨，二十里董古寨，十里馬家寨，四十里深河子，三十里大家寨子，三十里凹兒哈寨子，四十里家哈寨，三十里爲建州老寨，此皆小徑深林也。從寬甸路則十五里至古洞，二十里至小佃子，三十里團團佃子，二十里八家子，趨轉山頭，其小佃、團佃、八家子皆伐木可通，而牛毛嶺、家哈寨林深巖峭，稗東葛嶺路夾大崖，皆難行之路矣。」（按：此又一條通建州老寨之路，故抄書者只保留了「邊防考寬甸新疆邊人謂之張其哈剌佃子」十七字，其餘全被删除。）

6．遼東都指揮使司自在州牛毛砦下：「萬曆四十六年大帥劉綎從寬甸堡出邊至牛毛砦，復深入至馬家砦，即此。」（按：此段文字是説萬曆四十六年劉綎出征遼東之事，清兵先敗後勝，抄書者恐清廷猜忌，遂將此段删除。劉綎事迹，可參見明史卷二四七劉綎傳）「又有董古、閻王等砦，皆近建州老寨。」（按：「皆近建州老寨」六字被删。）「成化三年大帥趙輔等討建州叛族，分軍歷宋産、八李等寨，追至摩天嶺，别將攻修火寨，襲敗賊於張亦叔松林，皆建州境内地也。又鴨兒匱，亦寛甸寨外地。萬曆八年建州族犯靉陽、永奠等堡，官兵追奔出塞二百餘里，至鴨兒匱，大破之。」（按：此段文字是説成化三年、萬曆八年明軍兩次大破建州兵之事，自然也是爲清廷所忌，故抄書者只保留了「又鴨兒匱亦寛甸塞外地」十字，將「出塞二百餘里」改爲「距二百里」，其餘文字則全被删除。）

7. 遼東都指揮使司瀋陽中衛薄刀山下：「在撫順關口，亦曰剥刀山，接建州界。成化三年大帥趙輔討建州族中軍，自撫順過薄刀山、鮎魚嶺，越五嶺、蘇子河至虎城是也。志云塞外有石門山，有分水嶺，俱入建州境内，與五嶺爲必争之險。趙輔討建州，遣左軍出渾河，趨石門，至分水嶺。萬曆四十七年大帥杜松出撫順關越五嶺，前抵渾河，敗没。媳婦山亦在撫順關外，建州右衛駐牧處也。嘉靖中邊將黑春擣建州王果巢，陷於此。」（按：以上文字多處涉及建州，均被删，只保留「在撫順關口，亦曰剥刀山」以及「志云塞外有石門山，有分水嶺」和「媳婦山亦在撫順關外」三十一字。）

8. 遼東都指揮使司瀋陽中衛撫順關下：「爲建州種人朝貢市馬處。《輿程記》：從撫順路二十里至關口剥刀山，五里至土木河，十五里至新寨，二十五里至汪江木寨，十五里至氈房山城，八里至窩兒胡寨，三十里至古路寨，十五里至栅哈寨，十七里至五嶺關，三里至馬兒墩寨，十里至穆七寨，又十里至拖東寨，三十里即建州老寨也。一路皆坦易大道，而五嶺特爲險峻。」（按：此又一條通建州老寨之路，自然也被抄書者全部删除。）

9.遼東都指揮使司瀋陽中衛靜遠堡下：「又平鹵堡在衛西北三十三里，堡北去邊十里，堡南有河一道，弘治十七年建永利閘一座於河東南以扼賊騎，使不得渡河犯衛城。」（按：只因文中有「賊騎」二字易被清廷猜忌，故全文五十一字皆被删去。）

10.遼東都指揮使司瀋陽中衛古勒寨下：「海西南關族駐牧於此。寨陡峻，三面壁立，濠塹甚險。萬曆十二年大帥李成梁攻拔之。又莽子寨，在毛憐北境，成梁遣别將秦得倚所攻拔處也。」（按：明初，女真族分爲建州、海西、野人三部，至萬曆時努爾哈赤合併各部，建立後金，至崇禎時又改後金爲清。此處言及海西部被明軍攻打，自然也易被清廷猜忌，抄書者遂將全文删除。）

11.遼東都指揮使司鐵嶺衛三岔兒堡下：「山路崎嶇，舊屬海西，今爲建州境内。萬曆中大帥馬林由三岔出塞，敗績於二道關。輿程記：『出鐵嶺路至三岔兒，又十里至仙石洞，十里至八灣，八十里由詐合寨大路抄至康家砦，八十里至大寨，又十里即建州老寨矣。此一路皆平川疏木，惟康家砦二十里有夾川平佃大樹，五十里中有夾溝谷，爲必防之處。」
（按：此又一通建州老寨之路，故亦被删。）

12. 遼東都指揮使司安東州分水嶺下：「天順三年大帥趙輔分遣左軍出渾河、柴河，越石門河、土木河至分水嶺討叛酋是也。」（按：「討叛酋」三字易被清廷猜忌，故被删。）

13. 遼東都指揮使司安東州靖安堡下：「萬曆四十七年大帥馬林等分道□□□（此三字已漫漶剥蝕，故以方框代替，下同此。）從靖安出邊南向建州，即此。」（按：因言及征討建州，故亦被删。）

卷三九，山東九：

14. 女真下：「女真，在遼東都司東北千七百餘里，自其國混同江至京師三千五百里，至南京四千六百里。其地東濱海，南鄰朝鮮，西接兀良哈，北至北海。古曰肅慎，後漢曰挹婁，元魏曰勿吉，隋曰靺鞨。其種分爲七部：一粟末部，與高麗接；二伯咄部，在粟末之北；三安車骨部，在伯咄東北；四拂涅部，在伯咄之東；五號室部，又在拂涅之東；六黑水部，在安車骨西北；七白山部，在粟末東南。白山、粟末皆近邊，惟黑水居極北，尤强盛。開皇十八年高麗王統帥靺鞨之衆萬餘寇遼西。唐貞觀二年黑水渠長阿固郎來朝，因置燕州授之。開元十四年黑水靺鞨遣使入見，以其國爲黑水州，尋又置勃利州及黑水府，以部長爲都督。貞元以後，勃海盛强，黑水役服焉。五代初，契丹滅勃海，黑水靺鞨因附於契丹，復有黑水故地。契丹遷其豪數千家於遼陽南合蘇館，是爲熟女真，亦曰南女真；其界外野處不入遼東籍者，爲生女真，亦曰北女真；又極邊遠者，號黄頭女真，而黄頭勇敢者則謂之回霸。後避契丹興宗諱，改真曰直。生女直日强，建國曰金，即滅遼，以所興地爲上京會寧府，領曷懶等路。金末城邑多毁於兵火，□□其土地曠遠，人民散居，設軍民萬户府五撫鎮北邊：一曰桃溫，一曰胡里改，一曰斡朶憐，一曰脱斡憐，一曰孛苦江，分領混同江南北水達達及女真之人，各仍舊俗，無市井城郭，逐水草爲居；復置合蘭府水達達等路以統攝之。永樂二年，部族漸來歸附，置建州等九衛，明年復置毛憐等六衛，四年置古賁河等三十九衛，五年置阿古河等三十一衛，六年又置納木河等三十衛，七年置卜魯兀等十七衛，並置奴兒干都司以統之。八年又增置木興河等十一衛，明年復置督罕河一衛，十年置建州江等十三衛，十一年置斡朶輪一衛，十二年置哈兒分等十二衛，十三年又置渚冬河等四衛，十四年置吉灘河等二衛，十五年置阿真、同真等四衛，凡衛一百八十。又置兀者禿溫等千户所二十，及地面城站等凡五十八處，以授其大小酋長，蓋悉境皆奉朝貢矣。正統中復置建州右等五衛，自是數有增置，萬曆中有衛三百八十四，所二十四，站七，地面七，寨一，曰黑龍江忽里平寨。其間種族互相吞噬，或存或否，惟建州最强。天順三年，建州酋董山叛降朝鮮，成化二年寇遼東。十四年建州夷復寇遼東，詔遣馬文升撫定之。十五年陳鉞等討建州，既而建州復寇遼東，久之始順命。說者謂建州之地獨居諸部族中，據要害，東接毛憐野人黑龍江諸夷，東北雜□□諸衞，西北鄰兀良哈，背枕長白山，面臨鴨渌江，有山四面陡絶，建州結老寨於此，左曰董古寨，右曰新河寨，前曰閻王、牛毛、甘孤、里□、古墳、板橋等六寨，逼近開元，而開元所恃爲屏蔽者惟在北關，其清河、撫順及三岔、撫安、柴河、靖安、白家衝、松子等堡，皆開元以南、遼瀋以北肘腋要害也。從老寨西襲則撫順關，北掠則靖安堡，南叩則鴉鶻關，東擾則晾馬佃。若渡渾河過五嶺關則至撫順，越□□□抵三岔堡則至靖安；若由甘孤、里□、古墳而板橋，而柳木，而卜余，則向晾馬佃及鴉鶻關一帶矣。蓋卜余爲建州第一關隘，由東南路向建州，卜余寨其必爭之險也。志云：建州阻萬山中，林木參天，蹊徑盤錯，有五嶺、喜昌、石門爲險隘。若縱橫四出，犄角前進，往往可以得志。若自遼陽向建州，則鎮江、寬甸、靉陽、清河皆窄徑可前。由瀋陽向建州，則撫順爲大路。由鐵嶺向建州，則三岔爲要途。由開元而進，則東川亦捷徑也。建州而外，居開元東北者謂之海西；居建州之東者謂之毛憐，亦曰野人，皆黑水苗裔；又近開元北邊松花江者謂之山夷，其種皆倚山作寨，或謂之熟女真種；北抵黑龍江者謂之江夷，或以爲生女真種。其灰扒、兀剌等族類皆江夷種也。諸族之中，以海西、毛憐、建州爲最大。後毛憐漸微，大約自瀋陽撫順關而北者，其地多屬於海西；自瀋陽清河堡而抵鴨渌江，其地皆屬於建州；其後海西亦折而入於建州矣。建州蓋勃海之苗裔云。」（按：女真即滿族之前身。對於早期的不發達歷史，對於曾稱臣於明王朝的經歷，清廷往往深爲忌諱，故抄書者不敢將此段文字據實抄録，連同下面女真境内的城州府路及山川險要一概删除，共删五千字左右。其實，這五千字的文稿，對於瞭解滿族的早期歷史，對於熟悉東北地區的軍事地理形勢，都是很有價值的篇章。當年爲抄書者所删，實在是給讀史方輿紀要造成了一大缺憾，許多讀者爲之扼腕。今將全文檢出，或可給廣大讀者帶來一些欣慰。）

15．女真廢會寧城下：「廢會寧城，一名海古城，西南接三萬衛界，即勃海上京龍泉府之地也。女真初起於此，阿骨打既滅遼，置會寧州，完顔晟升爲會寧府，建上京，兼置會寧縣爲府治，海陵亮廢上京，尋復舊，元廢。又曲江城在會寧府東北，金大定七年置鎮東縣，屬會寧府，尋改爲曲江。又有宜春城，亦大定七年置，屬會寧府，元初與府俱廢。」

16．女真肇州城下：「金志云：在會寧西五百里鴨子河、黑龍江之側，舊名出河店。宋政和四年女真取寧江州，遼人使其將蕭嗣先等發兵屯出河店，阿骨打禦之，至混同江，遼兵方壞淩道，阿骨打擊走之，遂率衆繼進，登岸大破遼兵於此。完顔晟因置肇州，謂肇基王迹者也。亦曰武興軍，治始興縣，金末廢。」

17．女真黄龍府城下：「在會寧西北□□□，勃海扶餘府。阿保機末，有黄龍見於此，因名。石晉開運三年，契丹以晉主重貴爲負義侯，置於黄龍府。五代史：自幽州行十餘日，過平州，出渝關，行沙磧中，七八日至錦州，又行五六日過海北州，又行十餘日渡遼水，至勃海鐵州，又行七八日過南海府，遂至黄龍府，府北至混同江一百三十里。宋開寶四年，契丹主賢以軍將燕頗叛，府廢，改曰龍州，俗仍謂之黄龍府。政和五年，阿骨打將攻遼黄龍府，進薄益州，又敗遼兵於達魯古城，逐北至阿婁岡，既而阿骨打次混同江，乘馬以濟，遂克黄龍府，後因改府爲濟州，兼置利涉軍。紹興中岳武穆嘗言直抵黄龍與諸軍痛飲，蓋以北狩擬於石晉之禍也。金天德四年又升爲濟州路，大定二十九年改曰隆州，貞祐初又升爲龍安府，治利涉縣。時蒙古兵起，遼人耶律留哥聚衆隆安至十餘萬，遣使附蒙古，金人討之，爲所敗，遂自立爲遼王，元初以其地併入開元路。○廢益州在黄龍府東北，遼置，統静遠縣。又黄龍縣，即故黄龍府治也。遼志：黄龍府統縣三，曰黄龍、遷民、永平；州五，曰益州、安遠州、威州、雍州、清州。金廢入龍州利涉縣。」

18．女真廢寧江州下：「在會寧西北，契丹置，亦曰混同軍，統混同縣。其東北又有寥晦城，宋政和四年女直初取寥晦城，會諸部兵於□□□，乃陷寧江州，進敗遼兵於混同江，即此。州尋廢。○廢賓州，在黄龍府東，本勃海城，契丹置州於鴨子、混同二水之間，尋曰懷化軍。女真敗遼軍於斡鄰濼東，取賓、祥、威三州，進薄益州是也，金州廢。又廢祥州在賓州西南，契丹置祥州瑞聖軍，統懷德縣，屬黄龍府，金廢。威州，今見鐵嶺衛。」

19．女真廢河州下：「在黄龍府北，遼置河州德化軍，有軍器坊，金廢。一統志：『□□□北五百里有穩禿河，源出坊州北□□□入松花江。』所謂坊州，疑即河州矣。○斡魯古城，在黄龍府境。女真叛遼，侵黄龍府，轉趨斡魯古城，敗遼兵。或曰即達魯古城也。又廢蒼海郡在會寧北境。漢元朔初東夷薉君南閭等降，爲蒼海郡，尋罷。賈捐之云：『武帝東置蒼海郡西置朔方□州是也。』」

20．女真五國頭城下：「在會寧府東北，自此而東，分爲五國，因名。遼金紀事：海東青出於女真東北鐵甸等五國，遼主延禧酷愛之，每歲大寒發使趣女真以海東青入貢，發甲馬數百取之。五國界巢穴中，往往戰争而□□□□□。宋史：建炎二年金人徙二帝於韓州之五國城，去其上京千里云。韓州，見三萬衛。」

21．女真廢胡里改路下：「金志：在會寧東六百三十里，北至邊界合里賓忒一千五百里。初置萬户府於此，海陵時罷，金主璟承安三年置節度副使於此。元曰胡里改軍民萬户府。元志：胡里改距上都四千二百里，大都二千八百里。又有桃温路，去上都四千里。○廢蒲與路，金志：在會寧府北六百七十里，初置萬户府，後更爲蒲與路，自此西北至火魯火疃謀克三千里，乃金北邊之極界也。元廢。」

22. 女真廢昌(按：昌字誤，當作曷)懶路下：「金志：在會寧東南千八百里，亦曰合懶路，自此而東南至高麗界五百里。元廢。〇廢恤品路，金志：在會寧東南千六百里，故率賓國地，遼置率賓路，金曰恤品路，亦曰速頻路，西南至合懶路一千二百里，北至邊界斡可阿憐千戶二千里。亦元廢。」

23. 女真長白山下：「在會寧南六十里，西南去三萬衛千里。其山橫亘千里，高二百里。巔有潭，周八十里，淵深莫測，南流爲鴨渌江，北流爲混同江，東流爲阿□□河。」

24. 女真馬鞍山下：「在會寧東南。一統志云在開元城東北四百里建州衛東，誤也。建州在開元東南。又濛溪山，一統志云在開元東七百四十里松花江東岸。舊志：勿吉國南有祁黎山，又有太山，俱女真境內之大山也。」

25. 女真冷山下：「在會寧東北二百里。宋洪皓使金，金人流遞之於冷山。其地苦寒，穴居者僅百餘人而已。舊志：會寧境內有青嶺，又有馬紀嶺，俱高險。」

26. 女真混同江下：「在會寧西南。舊志：在開元北千五百里，源出長白山，一名粟末河，粟末靺鞨所居也。江面闊三里餘，經會寧之西，東北流達五國頭城北，又北合松花江東入海。宋史：『金烏古迺時，自東沫江之北、寧江之東，地方千餘里。』東沫即粟末之訛也。

胡三省云：金人謂鴨淥水爲混同江。」

27. 女真松花江下：「在會寧東南。舊志：在開元東北千里，本名宋瓦江，亦出長白山，東北流達會寧府之東，其北則有忽剌温江諸水流入焉，南則有灰扒江諸水流入焉，下流合於混同江。○忽剌温江，志云出女真北山，南流入松花江，南去開元九百餘里。又灰扒江，出瀋陽廢貴德州東北山中，東北流入松花江，西去開元城三百五十里。」

28. 女真胡里改江下：「志云出建州衛東南山中，東北流爲鏡泊，又北入混同江，金胡里改路以此名也。○黑龍江，舊志：在開元北一千五百里，源出北山，黑水靺鞨舊居此，南流入松花江。或云混同江北流經灰扒地名灰扒江，過兀剌亦地名兀剌江，又北至海西□□東入海，通名烏龍江，兀剌即忽剌之訛也。又境内有潑猪江，或曰即黑龍江之别名。又上木江，志云在開元東北千餘里，亦出長白山，流經女真北山東入海，又□□江，在開元東北千六百里，下流亦入松花江。」

29. 女真金水河下：「在會寧西。一名按出虎水，女真謂金爲按出虎，以水源於此，謂之金源，因建國號曰金。其水面北流，與來流水合，又流入於混同江。一統志：『金水河出黄龍府東山，北流入松花江。』誤。○來流河，在會寧北，源出三衛境馬盂山，東流至黄龍府東，又東南流入女真境會金水河，又東北流入混同江。」

30．女真哈剌河下：「志云在開元東四百里，源出長白山，流經松山東，又東合灰扒江。龍安一秃河，見兀良哈境。○掃兀河，志云在開元東北五百七十里，源出建州衞東南山，東北流入秃魯麻河。又秃魯麻河，在開元東北六百里，亦出建州東山，下流入松花江。」

31．女真合蘭河下：「在建州衞東，東南流千餘里入海，元合蘭府以此名。又恤品河在建州衞東南，下流亦合於海，金人恤品路之名以此。又阿也苦河，源出長白山，東流入海。○蘇子河，在建州西，近塞。永樂間建州酋李滿住款塞，駐牧蘇子河爲邊患。」

32．女真惱温河下：「志云在開元北千里，源出長白山，南流入松花江。或謂之托温江，又訛爲□□江。明初女真部野人寇遼東，命將宋晟討之，晟過惱温江，分兵爲三道，進至鎖兒口，與賊戰，敗之。志云廢肇州西有洮兒河，入開元□北境；有兀良河，源出沙漠，東南流合洮兒河、惱温河，俱入於松花江。」

33．女真理河下：「志云在開元東北千二百里，源出幹乃憐城南諸山，北流入松花江。又徒門河，在建州南，東南流入於海。○忽汗河，在開元東南。志云在故靺鞨國，昔勃海□□□，故平襄□號忽汗州，蓋本於此。」

34．女真闢登水下：「在建州南境，近高麗。宋崇寧三年，女真將石適歡破高麗於曷懶甸，□□□入闢登水逐其殘衆，高麗懼而請和。又有五水亦在曷懶甸之境，高麗引兵救曷懶甸，五水之兵皆附之是也。」

35．女真斡憐濼下：「在黃龍府東北。宋政和四年，女真阿骨打敗遼兵於出河店，又進敗遼將蕭糺里於斡憐濼東，遼賓、祥、威三州及鐵驪王均降於女真。明年，遼主延禧親征，女真駙馬蕭特末將兵至斡憐濼是也。○部堵濼，在黃龍府東。阿骨打自燕京還，死於此，吴乞買葬之於海古城西是也。」

36．女真駝門寨下：「在黃龍府西。宋政和五年遼主延禧親征女真，至駝門。或曰即駱駝口也，在長春州北。長春，見兀良哈境。○爻剌屯，在黃龍府東。遼主延禧討金，先鋒至斡憐濼，金主阿骨打行次爻剌，議深溝高壘以待之。會遼將耶律章奴作亂，遼主引還，金人敗之於護步答岡。岡蓋在混同江之西。」

37．女真御子林下：「在會寧府境。宋史：紹興八年王倫使金，見金主亶於御子林，即此。○揑怯□□，在會寧東境，女真別部也。又有吾者野人部，元至正三年遼陽路以捕海東青，煩擾吾者野人及水達達部，於是二部皆叛入奴兒干地，在會寧東南。元史：俊禽海東青由海外飛來，至奴兒干，土人羅之以爲貢。至治初竄成珪等於奴兒干地是也。向置都司□□□此。」

卷一〇六，廣西一：

38．廣西方輿紀要序下：「事變既至，則從容應之，不惟覆敵於境上而已。遠之可以擊楫江淮，近亦可以揚鞭荆楚，東南半壁猶足有爲，何至跼蹐邊郵，坐待滅亡也哉？」（按：此段文字之前，顧祖禹已有一番訓練廣西百姓足食足兵的話語，接下來的這段話，很明顯是鼓動西南地區人民起來反清復明，故被抄書者删去，只保留了「遠之可以擊楫江淮，近亦可以揚鞭荆楚」兩句。）

卷一一三，雲南一：

39．雲南方輿紀要序下：「且夔門尚有操戈之士，鄖中亦多挺梧之夫，松潘、龍安之交番族之戴我豢養者不難揭竿起也，因利乘便，驅而用之，北震關中，東臨三峽，不患無策矣。豈將坐槁於寂寞之鄉哉？誠如是也，吾計黔楚之間，雖有壓境之師，見我方縱横四出，擣其不備也，勢必還而自救，則東道之患寬矣。」（按：此段文字反清復明意圖也很明顯，故爲抄書者所删。）

40．雲南方輿紀要序下：「誠以數千里之地接壤吾之封内，又爲吾所恃以圖中原之本也，乃竟同甌脱置之，不亦異哉？」（按：所謂「圖中原」，亦即反清復明之代稱，故亦爲抄書者删也。）

卷一二〇，貴州一：

41．貴州方輿紀要序下：「客曰：然則貴州誠爲險要之區，英雄當從而争之矣。余曰：是又不然。天下有創起之地焉，有根本之地焉。創起云者，惟其所在不擇地而皆可以有爲者也。根本云者，得之則興，失之則亡，當竭智盡能以圖之，竭智盡能以保之者也。漢高創起於泗上，而以關中爲根本；光武創起於南陽，而以河北爲根本。泗上、南陽非無形勢可取，而苟無與天下之要會，英雄亦以郵傳視之矣。項羽戀戀於彭城，李密拳拳於鞏洛，狼戾無成，千古同歎，皆不知創起之地非根本之地者也。夫不知創起之地而以根本視之，不知根本之地而以創起置之，其敝皆足以至於亡。客曰：貴州之較泗上、南陽又何如哉？余曰：子姑置之□□□州在秦漢之交亦未入版圖，彼二君者亦□□□於其地耳。使貴州而爲今日之貴州，二君□□□地，而適當亡秦亂新之際，二君者，其竟以匹夫□乎哉？」

（按：此條是借主客對話的形式，指出雲南、貴州等地只可作爲創起之地，而非根本之地，這也是顧祖禹鼓動西南地區的漢人反清復明，希望他們去奪取關中、河北等根本之地。後來吴三桂、尚之信、耿精忠發動三藩之亂時，顧祖禹曾親自前往福建，爲耿精忠反清出謀劃策。由此可見，顧祖禹的反清，不但有思想及言論，而且有實際行動。）

上録四十一條，皆是讀史方輿紀要稿本所原有，而爲抄書者所删除。這些明顯爲清廷所忌諱的文字雖被删除了，但顧祖禹反清思想仍然貫串在全書之中。所以，乾隆帝修四庫全書時，宫中雖然採進了多本讀史方輿紀要，但此書最終却未能入選四庫全書，其原因蓋亦出於此。